ALPINISME
ET ESCALADE

COORDINATION CAF : PIERRE RISLER

© Éditions du Seuil, mai 1998
ISBN 2-02-021085-1

Le Code de la propriété intellectuelle interdit les copies ou reproductions destinées à une utilisation collective. Toute représentation ou reproduction intégrale ou partielle faite par quelque procédé que ce soit, sans le consentement de l'auteur ou de ses ayants cause, est illicite et constitue une contrefaçon sanctionnée par les articles L. 335-2 et suivants du Code de la propriété intellectuelle.

JEAN COUDRAY,
DR MICHEL CADOT,
CLAUDE GARDIEN, LUC JOURJON
ET JEAN-PIERRE VERDIER

ALPINISME ET ESCALADE

SEUIL

DANS LA MÊME COLLECTION

La Météo de montagne
de Jean-Jacques Thillet

Les Sports de neige
sous la direction de Jean-Paul Zuanon

La Randonnée en montagne
de Catherine Elzière

SOMMAIRE

AVANT-PROPOS : DU RÊVE À LA RÉALITÉ, *par Luc Jourjon* — 9

INTRODUCTION — 11

COMMENT DÉBUTER ? *par Luc Jourjon* — 13

Débuter en escalade — 13

Débuter en alpinisme — 14
   L'initiation – L'initiateur – L'engagement personnel en alpinisme.

Progresser — 15
   Les facteurs de progrès en escalade – Les facteurs de progrès en alpinisme.

Les structures d'initiation et de perfectionnement — 17
   Les structures associatives – Les structures professionnalisées – Les autres structures.

ÉQUIPEMENT ET MATÉRIEL, *par Claude Gardien* — 21

Introduction et généralités — 21
   Historique – Matériel et sécurité – Apprentissage.

Les normes — 23
   Les normes CE.

Le matériel technique — 24
   Chaussons d'escalade – Chaussures d'alpinisme – Harnais – Cordes – Sangles – Mousquetons et dégaines – Mousquetons de sécurité – Pitons – Marteau – Pitons à expansion – Coinceurs – Broches à glace – Crampons – Antibottes – Piolets – Dragonnes – Descendeurs et freins – Plaquettes – Poignées d'ascension, bloqueurs – Absorbeurs d'énergie – Casques – Étriers – Corps morts.

Équipement — 34
   Sac à dos – Guêtres, surbottes – Gants – Vêtements.

Accessoires — 36
   Lunettes, masques – Orientation – Lampe frontale – Gourde – Réchaud – Bâtons télescopiques – Trousse de secours.

L'achat du matériel — 37

BASES DE L'ASSURAGE : GÉNÉRALITÉS, ENCORDEMENTS, *par Claude Gardien* — 39

Généralités — 39
   La chute, conséquences et dangers – Le facteur chute – La force choc – Conséquences de ces deux notions sur la pratique – Les longes d'auto-assurage.

Encordements — 41
   Mise en place du harnais – Mise en place du nœud – Les nœuds d'encordement – La longueur de l'encordement – Réduire l'encordement : les anneaux de buste – Encordement à trois dans ce type de terrain – Encordement sur glacier.

TECHNIQUES DE L'ESCALADE ROCHEUSE
INITIATION ET PROGRESSION,
par Jean-Pierre Verdier — 47

Faire de l'escalade, pourquoi ? — 47
De l'alpinisme à l'escalade sportive — 48
L'escalade sous toutes ses formes — 51
> Les terrains de l'escalade – La SAE – Le pan – Le bloc – La falaise – La haute montagne – Des pratiques multiples.

De l'escalade instinctive à l'escalade sportive — 54
Identifier les prises — 54
> Le volume – La forme – Les directions de préhension – Les préhensions.

Lire une voie, décoder son passage — 58
> Lire la voie – Décoder un passage – Lire dans l'action.

Équilibre et placements — 60
> Être en équilibre en escalade – Vers un nouvel équilibre – Se placer, la ligne d'équilibre et de force – Acquisition d'un répertoire gestuel, les placements – Thèmes à travailler et leurs exercices – Thèmes et exercices à réaliser en moulinette.

Grimper en tête — 68
Comment progresser ? — 71
> Le niveau de performance – Facteurs limitant votre évolution.

Les thèmes de la progression — 75
> Techniques de sécurité – Enrichir son répertoire gestuel.

Parvenir à maîtriser ses émotions — 79
Entraînement – échauffement — 80
Stratégie pour réussir une voie — 82

TECHNIQUES DE L'ASSURAGE,
par Claude Gardien et J.-P. Verdier — 83

Matériel d'escalade — 83
L'équipement matériel des sites naturels sportifs — 84
Assurage dans les voies d'une longueur — 85
> La chaîne d'assurage – Techniques de l'assurage – Les divers assurages – Le parage – Techniques de mousquetonnage et passage de la corde – Gérer la sortie d'une voie d'une seule longueur – Rappel de la corde – Au relais, assurer son équipier – Ranger sa corde – La première réchappe.

Les assurages et manœuvres de corde dans les voies de plusieurs longueurs — 95
> Autoassurage – L'assurage : un acte qui demande de la vigilance – Le relais – Assurer les seconds de cordée – Le départ du premier de cordée – La descente.

Application en course — 99
> Les types de terrains rencontrés – La double corde – Poser des points d'assurage – Communiquer entre équipiers – Cas du terrain rocheux facile – La vie en paroi – Les points d'aide.

Retraite – Sauvetage – Récupération — 108
> Matériel nécessaire – Les manœuvres.

SOMMAIRE

TECHNIQUES EN NEIGE ET GLACE, par Jean Coudray et Claude Gardien — 115

Introduction — 115

Niveau nécessaire — 115

Techniques de progression — 116
> Matériel – Progression sur neige – Progression sur glace et neige très dure – Progression en terrain mixte.

Les assurages sur neige, glace et terrain mixte — 128
> Le danger dominant est le dévissage – Les assurages en mouvement – Les assurages en semi-mouvement – Les assurages sur relais – Risque de chute en crevasse et cas particuliers.

Les manœuvres de corde — 137
> Les ancrages – Placement et utilisation d'une main courante – Évacuation de une ou deux personnes vers le bas.

Les techniques de sauvetage en crevasse — 139
> Autorécupération – Récupération d'un alpiniste dans l'incapacité de procéder à son autosauvetage – Sauvetage à la suite d'une chute en étant décordé.

Apprentissage et perfectionnement — 141
> L'école de glace et de neige – Quelques exercices – Les terrains appropriés – Apprendre à grimper en tête.

SÉCURITÉ EN MONTAGNE, par le Dr Michel Cadot — 147

Les dangers — 148
> Les dangers objectifs – Les dangers subjectifs.

Les secours — 157
> Conduite à tenir – Organisation des secours.

Aspects médicaux — 162
> Les efforts physiques en hypoxie – Pathologies spécifiques – Autres pathologies médicales – Les petits traumatismes – Les traumatismes graves – La pharmacie-trousse de secours.

S'ABRITER EN MONTAGNE, par Claude Gardien — 181

Les refuges — 181
> Refuges gardés – Refuges non gardés – La tente – L'igloo – Le trou à neige – Le bivouac.

MENER UNE COURSE, par Luc Jourjon — 187

Choisir sa course — 187
> Les moyens d'information – Le compagnon de cordée – Critères de choix d'une course.

Préparer sa course — 192
> Informez-vous – Vérifiez votre matériel avant le départ – Pour votre confort et votre sécurité – Calculez votre horaire.

Mener sa course — 193

ANNEXES — 195
BIBLIOGRAPHIE — 197
INDEX — 199

AVANT-PROPOS

DU RÊVE À LA RÉALITÉ

Tout commence toujours par un songe.
Cela peut être la nuit. Ou bien le jour.
Qu'importe.
Ce rêve est toujours très profond.
Il plonge ses racines dans l'enfance.
D'un souvenir particulier, d'une image, on ne sait d'où il vient.
Ce rêve flotte. Il est là. Il attend. Il attend le bon moment.
Les rêves sont comme les poussins dans les œufs.
Il leur faut mûrir au chaud et se préparer à sortir. En temps voulu.
D'aussi loin que je me souvienne, la montagne m'a fait rêver.
Quelques photos ont dû être à l'origine de cette passion pour les sommets. La pureté des lignes, les arêtes neigeuses se prolongeant dans les brumes, ces pointes de rochers nimbées d'irréels cumulus, tout cela, ajouté au flou et à l'imprécision technique des clichés rapportés par des expéditions lointaines, était de nature à exacerber la sensibilité de l'enfant que j'étais, comme tous les enfants, en attente d'aventures et de liberté.
Rien ne me semblait laissé au hasard dans cet univers dont la beauté me touchait.
On ne sait rien encore, à cet âge-là, ni de la science, ni de la raison.
On ignore encore quels phénomènes naturels ont créé toutes ces choses avec une rigueur implacable et l'on regarde ces montagnes comme d'abstraits tableaux peints pour nous seuls.
Bien plus tard, j'ai connu la brutalité des arêtes chaotiques où l'élégance cédait la place à la fatigue et à la soif.
Mais le rêve a persisté. Malgré cela. Malgré tout. A cause de cela même. A cause de toutes ces joies trouvées là-haut, et de ces moments parfois difficiles où le doute est là, où l'on ne comprend plus bien pourquoi toujours chercher à s'élever.
Et puis le temps a passé. Et ce rêve, chevillé au corps, ne m'a pas quitté.
La plus haute montagne du monde ne l'a pas tué. On aurait pu croire. Croire que le rêve avait un nom, un seul, et qu'après, tout serait dit, clos et muré, dans un monde froid et de raison.
Mais non !
Rien de cela.
Il a juste pris d'autres couleurs, ce rêve.
Il s'est peuplé de visages, de sourires, d'altitude, de respiration difficile, de souvenirs de gestes précis, de plaisirs du retour.
Il a pris son envol et n'est plus souterrain.

Altitude 8 750 mètres
à l'arête nord de l'Everest.

Il éclate en pleine lumière, en plein ciel, comme un oiseau de feu, en mille éclats que prennent d'autres enfants dans leurs mains.

Je relis ces lignes et tente de mesurer le chemin parcouru.

Étroit et sinueux il est. Et si discret qu'on le devine à peine.

C'est ce chemin-là, enfin, presque le même, le vôtre, que ce livre va vous inviter à suivre.

Il n'est pas tout à fait tracé et les herbes l'encombrent parfois.

Mais vous aimez défricher et vous devinez déjà le bonheur que vous aurez là-haut.

Bien sûr, pour ce travail qui vous attend, il vous faut des outils.

Nous vous en offrirons, mais nous vous aiderons aussi à en construire car rien ne vaut ce qui est fait sur mesure.

Certains sont coupants, prenez-y garde.

Mais n'oubliez surtout jamais qu'ils ne sont que des moyens.

Ne vous laissez pas emporter à élargir trop la piste.

Parce que vous finiriez sûrement par avancer trop lentement sur le chemin des sommets.

Mais aussi parce qu'il est essentiel de revenir au rêve.

La tête alors restera froide, mais votre cœur sera plein d'étoiles.

Sachez encore, de temps en temps, lever le nez quand l'heure de la pause arrive.

Et dégustez avec lenteur les plats de connaissance qui vous sont servis.

Certains n'attendent pas, d'autres méritent qu'on en reprenne. N'hésitez pas.

Mettez-vous l'eau à la bouche de savoir.

Et le parfum suave de l'expérience ajouté au goût précis et fort de la technique apprise vous porteront peut-être jusqu'à l'extase.

Au plaisir de vous retrouver bientôt sur ces chemins, ou plus haut encore, de se croiser sur cette si belle arête de neige.

Rêvez et vivez votre montagne.

Luc Jourjon
26 juillet 1997

Sur le glacier de Rougbak (Everest) à 6 000 mètres. Le chaos ou les pénitents !

INTRODUCTION

*C'est au pied du mur…
que l'apprentissage
commence.*

L'évolution sportive, l'équipement fiable de nombreuses falaises, l'apparition des structures artificielles (SAE) ont consacré l'autonomie de l'escalade.

Les passerelles entre escalade et alpinisme n'en sont pas moins vivantes, et nos institutions gèrent toujours conjointement les deux disciplines.

Le Club alpin français, fort de son expérience plus que centenaire, a su s'adapter aux évolutions actuelles, assumant sa vocation de formation sur toutes les pratiques ayant trait, de près ou de loin, à la montagne.

Le volume qui vous est livré aujourd'hui traite d'escalade et d'alpinisme, mêlant verticalité et altitude telles qu'elles se rejoignent souvent au cœur des montagnes.

La contemplation et la rêverie furent les premiers ressorts de nos pratiques.

Ce sont les images d'une montagne originelle et inaccessible.

Besoin de s'élever dans la pureté d'un monde vierge dont parlait Rousseau, matrice idéale des expressions poétiques, romantiques ou spirituelles…

Des images de luttes, aussi, achevées dans la lumière de la réussite quand, les difficultés surmontées, on parvient au but.

La verticalité, stéréotype de l'obstacle, motive notre curiosité, notre volonté d'y aller et d'adapter nos capacités physiques.

Par ces supports mêmes – verticalité et altitude –, escalade et alpinisme contiennent des valeurs communes de connaissance du milieu et de maîtrise de soi.

Chacun vivra celles-ci au niveau où il l'entend.

Vivre l'aventure, qu'elle soit sportive ou non, c'est créer les conditions pour que l'inattendu soit le plus riche possible d'émotion.

Dans la réalité, l'aventure ne peut pas se passer d'un minimum d'organisation.

Il faut maîtriser les techniques et connaître l'histoire des aventuriers qui nous ont précédés pour que l'aléatoire prenne un sens.

Pour que l'imprévisible existe, il faut avoir prévu…

Voilà bien l'objet de ce volume, vous permettre une préparation efficace pour que l'inattendu ne se transforme pas en accidentel et que le piquant de l'inédit en soit plus fort parce que préparé.

COMMENT DÉBUTER ?

DÉBUTER EN ESCALADE

Les années 1980 ont consacré la naissance et le développement de l'escalade sportive. Il ne faut pas entendre par ce terme « escalade de haute difficulté », mais plutôt la variante plus ou moins aseptisée d'une pratique dont les formes originelles se déroulaient jusque-là exclusivement sur des sites naturels équipés de façon variable. La plupart des falaises étaient ce que l'on appelle de nos jours « terrain d'aventure ». Il existait bien sûr des « écoles d'escalade », des rochers voués à l'initiation et à l'entraînement, mais l'équipement restait rudimentaire.

La recherche de la difficulté et le culte du geste provoquèrent l'équipement à demeure des rochers, notamment à l'aide de broches scellées à la résine. Sécuriser la chute apporta un changement irréversible de mentalité.

Il n'était désormais plus indispensable de faire lourd pour être efficace, et tomber était enfin autorisé !

Le plaisir prend une place de choix dans l'activité.

Actuellement, de la ville aux falaises, du mur d'escalade aux parois d'altitude, chacun peut trouver son terrain de prédilection, ainsi que les moyens d'un apprentissage harmonieux et sans risque majeur.

Rien de plus simple que de débuter en escalade.

De nombreux clubs, surtout en ville, proposent une formation de base sur structure artificielle d'escalade (SAE). Vous y aborderez l'essentiel des techniques du geste et de la sécurité.

Un accompagnement efficace, bénévole ou professionnel (brevetés d'État en escalade), vous permettra d'acquérir en peu de temps un niveau suffisant pour découvrir l'escalade en milieu naturel.

Pour le citadin, les falaises sont le prolongement logique des SAE. Certaines sont équipées de façon identique aux SAE et permettent l'initiation. Leur seul inconvénient réside souvent dans l'éloignement des villes. Un compagnon, un club ou un professionnel vous y accompagneront, selon vos motivations... et l'épaisseur de votre portefeuille...

Le rocher propose une bien plus grande diversité de formes, de sensations, de mouvements que la surface synthétique des murs artificiels.

Cela suppose d'ailleurs parfois un temps d'adaptation lorsqu'on est habitué aux mouvements un peu stéréotypés des SAE...

Mais l'âme de la grimpe est là : calcaire, granit, gneiss ou grès, chaque rocher offre de mutiples formes, sculptures, textures, et c'est à leur contact que vous deviendrez un expert disposant d'une panoplie complète de gestes.

ALPINISME ET ESCALADE

**Assuré au relais,
le premier repart.**

DÉBUTER EN ALPINISME

L'initiation
Le vocabulaire est toujours révélateur. Le terme d'initiation, utilisé en alpinisme depuis fort longtemps, caractérise à lui seul un mode d'accès spécifique et révèle une perception des méthodes d'apprentissage propres à cette discipline.
Si l'escalade trouve maintenant sa place auprès d'un large public, de nombreux équipements permettent une approche pédagogique identique à celle de toute autre activité physique et sportive. L'alpinisme reste plus complexe et oblige à un apprentissage plus long. Aux aspects théoriques et techniques s'ajoute une indispensable pratique du terrain et une connaissance du milieu.
La montagne demeure un milieu originellement hostile qui inspire un premier sentiment de méfiance. Les débuts s'y font au gré d'une attitude mêlant bravade et respect, celui-ci pouvant inhiber le désir d'action. C'est un moyen terme entre ces deux comportements qui permettra une vision lucide et rationnelle d'un environnement complexe.
L'apprenti alpiniste doit assimiler simultanément de nombreux paramètres : technique, sens de l'itinéraire, respect de l'horaire, qualité du rocher ou de la neige, climat, météo, résistance physique, dangers objectifs...
Voilà le sens même de l'initiation : accéder à un monde inconnu dont la complexité exige une approche globale.

L'initiateur
Ami, cadre de club ou professionnel, c'est lui qui vous ouvrira les premières portes. L'importance du modèle est forte dans une démarche d'initiation. Observer les gestes techniques, les reproduire, suivre les pas, les rythmes, voilà le premier travail de l'apprenti montagnard.
Libéré de la responsabilité de la sécurité, vous serez disponible pour vous concentrer sur les progrès techniques.
De nombreuses structures vous permettent de trouver votre « maître à grimper ».

■ Les clubs alpins et autres clubs d'alpinisme proposent des cycles d'initiation organisés par des cadres compétents. Ces cycles ont lieu sur un ou plusieurs week-ends et peuvent être suivis par des stages proposés sur un plan local ou national. Ils concernent aussi bien l'escalade que l'alpinisme et s'adressent aux tranches d'âge les plus variées.

■ Les professionnels (guides de haute montagne) multiplient également les stages de formation. Vous trouverez auprès d'eux un autre type de réponse à vos désirs d'apprentissage ou d'entraînement.

L'engagement personnel en alpinisme
L'initiateur ne peut pas tout pour vous...
Un engagement personnel reste indispensable à vos premiers pas.
Une bonne condition physique est le gage de votre sécurité, mais aussi de votre plaisir. Vous ne regretterez jamais un entraînement physique régulier. Un jogging

COMMENT DÉBUTER ?

hebdomadaire peut faire l'affaire, la course à pied reste un entraînement adapté aux efforts de longue durée qu'occasionne une course en montagne.

La randonnée en moyenne montagne permet de maîtriser l'équilibre dans les terrains délicats, le rythme dans l'effort, l'interprétation d'un bulletin météo ou la lecture d'une carte... Connaissances que vous réinvestirez rapidement.

Si vous accédez à l'alpinisme par la randonnée, vous compléterez votre préparation par l'acquisition des techniques de base : sécurité et progression, au cours de quelques écoles de rocher et de glace. Car même un parcours glaciaire très facile suppose la connaissance des règles élémentaires de l'assurage.

Les journées d'école ne sont jamais du temps perdu. Vous y prendrez certainement beaucoup de plaisir.

De nombreux adeptes de l'escalade, parfois de très bon niveau, ressentent un besoin d'espace et d'altitude et sont attirés par l'alpinisme. La technique gestuelle n'a guère de secrets pour eux, et ils peuvent théoriquement envisager des itinéraires difficiles. Il leur faudra pourtant résoudre des problèmes d'assurage plus complexes, s'adapter au milieu naturel et à un rythme d'effort différent.

Aussi le grimpeur apprenti montagnard risque-t-il quelques surprises... Quelques courses « trop faciles pour lui » l'aideront à se faire une idée plus juste du nouveau jeu auquel il vient de s'adonner. Les Préalpes calcaires offrent à ce sujet une agréable adaptation au terrain d'aventure.

Il est probablement plus facile d'accéder à l'alpinisme par l'escalade que par la randonnée. Les deux entrées sont toutefois aussi légitimes. L'une privilégie la connaissance des techniques rocheuses, l'autre celle du milieu. Chacune d'elles fait partie au même titre de la formation du montagnard.

PROGRESSER

L'alpinisme a vu se développer des tendances « épicuriennes » : recherche de sommets faciles d'accès, de versants ensoleillés, de descentes en rappels rapides de parois escaladées sans sac...

Progression en terrain facile.

ALPINISME ET ESCALADE

L'alpinisme, l'escalade vécue dans une optique sportive, n'en restent pas moins des pratiques exigeantes.

Les progrès ne sont pas toujours rapides. Ils demandent persévérance et sens de l'effort. Ils sont accessibles à tous, à condition d'y consacrer un minimum de temps. Seule la passion qui conditionne nos comportements et nos capacités à progresser nous permet de développer notre potentiel.

Les facteurs de progrès en escalade

Ceux-ci sont développés dans le chapitre concernant l'escalade.

Le perfectionnement s'applique à la motricité, aux capacités physiques, aux limitations affectives et aux connaissances. Les interactions entre ces champs sont évidentes.

Une meilleure connaissance du matériel et des techniques d'assurage permet par exemple un meilleur contrôle de ses émotions.

On distinguera dans l'ordre les niveaux suivants :
– découverte,
– maîtrise des connaissances de base (sécurité, gestuelle),
– amélioration de la coordination générale,
– maîtrise des affects (acceptation de la chute...),
– développement du répertoire gestuel,
– développement de stratégies (échauffement, escalade à vue et après travail),
– amélioration des capacités physiques pures (entraînement).

La littérature traitant ces sujets est abondante, mais rien ne remplace ni la pratique, ni le rôle de « l'entraîneur », que celui-ci ait un titre reconnu ou qu'il s'agisse simplement d'un ami plus fort que vous.

Juste avant la récompense du sommet de la Meije.

Les facteurs de progrès en alpinisme

Vous ressentirez vite le besoin de vous débrouiller seul... Vous avez trouvé un compagnon de cordée et vous allez mener votre première course.

Cette démarche individuelle est indispensable. Elle est l'essence même de l'alpinisme. Cette pratique sur le terrain, de manière autonome, va vous faire progresser. Plus personne pour répondre aux questions, indiquer l'itinéraire, décider de la poursuite de la course ou de son abandon ; plus personne pour prendre la tête de la cordée dans un passage difficile. Vous devez assumer tout cela.

La clé de la réussite reste la préparation. Consultez les personnes compétentes : vous choisirez plus facilement une course adaptée à votre niveau et aux conditions du moment.

Vous seul pourrez par contre faire une analyse de chacune de vos sorties afin d'en retirer le plus grand nombre d'enseignements possible.

Les critères suivants vous aideront dans ces observations, vous pourrez noter les progrès réalisés dans chaque domaine :
– technique gestuelle,
– adaptation de la course à votre niveau technique,
– amélioration de votre potentiel physique,
– acquisition de nouveaux savoir-faire en matière de sécurité,
– diminution de votre réactivité face au stress.

COMMENT DÉBUTER ?

Rappel dans les gorges du Verdon. Le casque ne serait pas un luxe!

Vous procéderez par objectifs simples. Ne soyez pas trop exigeant, et ne choisissez qu'un point à la fois, du moins dans un premier temps. Par exemple, pour un niveau technique donné, vous pouvez tenter une course plus longue, testant ainsi votre résistance physique. Si au contraire vous voulez passer un cran de difficulté technique supplémentaire, choisissez une course plus courte que celles où vous avez l'habitude d'évoluer.

Chaque acquisition prend du temps. Elle doit être consolidée par une répétition fréquente des gestes et lors de la mise en œuvre de vos acquis dans des situations de plus en plus complexes (course située à une altitude plus élevée, météo moins favorable, marche d'approche plus longue...).

Votre niveau technique régresse lors de situations difficiles : arrivée du mauvais temps, fatigue, petit problème de santé... Ne vous inquiétez pas, ces situations démultiplient votre expérience.

LES STRUCTURES D'INITIATION ET DE PERFECTIONNEMENT

Les structures associatives

Organisation générale

Les associations sportives sont régies par la loi sur les associations de 1901. Ces groupements à but non lucratif ont pour mission de réunir les personnes désirant pratiquer, sans autre objectif que de partager des émotions, une passion, des compétences.

Le Club alpin français, fondé en 1874, fut la première structure française permettant de se retrouver autour des activités de montagne. Elle fut l'une des seules à gérer celles-ci, jusque dans les années suivant la Seconde Guerre mondiale, en participant également à l'édification de nombreux refuges de montagne.

La Fédération française de la montagne à partir de 1947, devenue Fédération française de la montagne et de l'escalade à l'arrivée de cette discipline sportive, a alors participé à cette gestion.

Le fonctionnement d'un club local peut se résumer ainsi :
– accueil des nouveaux adhérents,
– cycles d'initiation conduits par des cadres bénévoles,
– cycles de perfectionnement débouchant sur une pratique autonome,
– organisation de stages ou de séjours encadrés par des bénévoles ou des professionnels,
– formations préparant un brevet de cadre bénévole.

Chacun des cent cinquante-six clubs alpins, répartis sur l'ensemble du territoire, propose de nombreuses sorties, séjours, week-ends et formations, dans toutes les régions. Vous pouvez recevoir la liste des clubs sur simple demande au 01 53 72 87 00 ou en écrivant au Club alpin français, 24, avenue de Laumière – 75019 Paris. Assistez aux réunions préparatoires avant les sorties!

Formation de base. Courses collectives dans les clubs

L'escalade peut très bien se pratiquer en salle, ce qui en facilite l'accès. L'alpinisme, par contre, nécessite un aller-retour permanent entre terrain et théorie.

Chaque cycle d'initiation débute par un certain nombre d'apprentissages de la technique et la sécurité. Souvent, une « école de rocher », une « école de neige » préparent une « course collective ». Ces sorties « écoles » sont d'excellentes occasions d'accéder aux rudiments de la technique.

Les rassemblements d'alpinisme

Rien ne remplace la pratique personnelle. Les rassemblements organisés par différentes institutions permettent aux alpinistes de rencontrer leurs pairs. Ces regroupements peu formels sont d'excellents tremplins pour des alpinistes disposant déjà d'un bon niveau d'autonomie. La rencontre d'autres modes de pratique n'est pas leur moindre intérêt. Le CAF propose un grand nombre de stages et de formations, dont l'annonce est faite par la revue interne *Montagnes infos*, distribuée deux fois par an aux adhérents et disponible au Siège national.

Les formations à vocation d'encadrement

Le club qui vous a accueilli à vos débuts vous propose une formation à l'encadrement. Ces formations recherchent deux buts :
– poursuivre l'engagement de formation en vous permettant de réinvestir les compétences déjà acquises ;
– assurer la pérennité du système et la vocation de nouveaux initiateurs.
Tout le monde n'a pas la même fibre associative, mais l'encadrement en matière d'alpinisme est facteur de progrès. On constate que la plupart des grands noms de l'alpinisme contemporains sont passés par le métier de guide. Assumer la responsabilité d'une cordée influence directement l'évolution de son propre niveau technique. Être plus fort, c'est appliquer à soi-même une pédagogie interne efficace.

Les structures professionnalisées

Les guides

Indépendants ou exerçant au sein de compagnies, les guides, outre leur fonction traditionnelle d'accompagnement, poursuivent, depuis « l'école d'alpinisme » de

Portage du matériel en début de stage.

Roger Frison-Roche dans les années 1930, leur action de formation. Ils travaillent souvent en partenariat avec le monde associatif et développent l'accession à l'autonomie. Leur compétence est indiscutable.

Ils proposent des prestations très souples, où la personnalisation et les rapports humains tiennent une place de choix.

Les agences de voyage et d'aventure

La demande de voyages de type « aventure » a imposé une démarche commerciale plus lourde. L'importance de ces structures permet par exemple d'envisager des expéditions difficiles à organiser pour des non-professionnels, comme celles qui visent les grands sommets himalayens. Les guides y jouent un rôle d'organisateurs et de conseillers techniques. Les limites de leur intervention, en ce qui concerne particulièrement les expéditions à haute altitude, restent difficiles à apprécier.

Les associations organisatrices de stages

■ UCPA (Union des centres de plein air). Créée en 1965, formée de la réunion d'associations comme le CAF, la FFME, la FSGT (Fédération sportive et gymnique du travail) et d'institutions comme le ministère de la Jeunesse et des Sports, l'UCPA poursuit une vocation d'intérêt général en matière d'éducation sportive. L'UCPA n'est pas un club, mais elle dispose de nombreux centres de séjour. On y envisage le sport comme un apprentissage de la responsabilité et un moyen d'appréhender la nature, avant de viser un apprentissage technique.

Les programmes, du sport détente au sport passion, sont disponibles dans deux catalogues annuels (été – hiver). Ils visent un public adulte et un public jeune. Vous pouvez vous procurer ces catalogues auprès de l'UCPA, 62, rue de la Glacière – 75640 Paris cedex 13 – Tél. 01 43 36 05 20 ou sur Minitel 3615 UCPA.

■ Montagnes de la terre.

Structure du Club alpin français, créée en 1993, Montagne de la terre regroupe des professionnels au service des adhérents du Club.

Cette structure répond à la demande en matière d'organisation et de prestations professionnelles, met en place des stages ouverts aux jeunes (à partir de huit ans) et assure certaines formations.

Ses offres sont regroupées dans trois catalogues annuels :
– adultes hiver (parution fin octobre),
– adultes été (parution fin janvier),
– jeunes (parution mi-novembre).

Catalogue disponible au CAF, 24, avenue de Laumière – 75019 Paris.

Les autres structures

L'armée de terre

Les appelés du contingent avaient la possibité d'intégrer une unité de montagne. Bientôt, cette possibilité ne s'adressera qu'aux candidats à l'engagement professionnel, qui pourront, pour certains d'entre eux, suivre une formation à l'école militaire de haute montagne, à Chamonix.

Les services de secours : gendarmerie, CRS

Comme dans le cas de l'armée, seul un engagement professionnel permet d'intégrer ces corps et d'y bénéficier des formations techniques appropriées.

ÉQUIPEMENT ET MATÉRIEL

INTRODUCTION ET GÉNÉRALITÉS

Historique

Les premiers explorateurs de l'altitude ne disposaient que d'un équipement sommaire, celui des paysans montagnards. Ceux-ci parcouraient la montagne dans le cadre de leur vie agricole : accès aux paturages d'altitude, cueillette, chasse, puis plus tard recherche de cristaux. Vêtements chauds, large chapeau et bâtons ferrés furent pendant longtemps les uniques auxiliaires des audacieux qui couraient la montagne.
– Ce matériel rudimentaire suffisait toutefois à nos ancêtres : ils allaient là où il était possible de progresser sans risque inconsidéré. Les notions de danger et de difficulté étaient intimement mêlées : un accès dangereux était un accès impraticable. L'apparition de l'alpinisme va changer les données du problème. Il s'agit dès lors d'explorer les moindres recoins des montagnes, puis d'escalader les sommets justement parce qu'ils sont difficiles. L'homme sort de son territoire naturel et met au point un matériel de plus en plus efficace, dans le but de faciliter sa progression et d'assurer sa survie en montagne.
– La mise au point d'un matériel performant n'alla pas sans tâtonnements et controverses ; la recherche était le plus souvent empirique, bien que fondée sur l'expérience.
Ainsi la corde, emblème de l'alpinisme, mit-elle un certain temps à s'imposer. Citée par Josias Simler en 1574, elle est absente lors des premières expéditions au mont Blanc, deux cent vingt ans plus tard ! M. de Saussure marche agrippé à un bâton fermement tenu, à ses extrémités, par deux guides. Au XIXe siècle, les guides ne s'encordent pas systématiquement : ils tiennent la corde de leur client à la main, comme une laisse ! Le début du XXe siècle consacre enfin l'usage de la corde...
– Comme la corde, de nombreuses innovations ont connu la résistance des pratiquants, voire la polémique ; l'alpinisme, activité pourtant jeune, a toujours prétendu s'attacher à une tradition. Les nouveautés y ont souvent eu la vie dure...
– L'apparition d'un nouveau matériel est toujours liée à une progression dans la difficulté : soit il la précède, permettant aux grimpeurs d'envisager de nouvelles possibilités, soit la recherche de la difficulté les conduit à imaginer les outils et les techniques d'un nouvel alpinisme. Souvent, les deux phénomènes sont liés, et les recherches se déroulent dans des pays différents, au sein de milieux sans grands liens entre eux : l'évolution du piolet traction, à la fin des années 1960 et au début des années 1970, est menée simultanément en Écosse, en Amérique du Nord et, avec le minimum de retard qui sied au vieux continent, dans les Alpes occidentales.
A chaque apparition de matériel nouveau correspond une évolution de la pratique : les crampons permettent d'évoluer sur les pentes de glace en diminuant,

Quelques-uns des compagnons indispensables de l'alpiniste.

21

Les longs piolets, les vêtements de nos arrière-grands-pères : H. O. Jones, Josef Knubel et G. W. Young en 1911. Avec cet équipement rudimentaire, ils gravirent l'arête du Brouillard au mont Blanc ou la face est du Grépon...

puis en supprimant la taille des marches. Les pitons et les mousquetons limitent les risques de chute du premier de cordée. Très vite, ils sont utilisés comme moyens de progression : c'est l'avènement de l'escalade artificielle. Les semelles de caoutchouc (Vibram) détrônent les brodequins cloutés et les espadrilles de feutre : une seule chaussure, compacte et légère, autorise enfin une évolution aisée en glace comme en rocher. L'époque moderne n'a pas échappé à la dictature du matériel. L'apparition et l'amélioration des piolets, broches à glace, crampons, pitons à expansion, broches scellées, dans deux domaines très différents, ont transformé radicalement la pratique. Goulottes, puis cascades de glace sont devenues envisageables et carrément classiques. Quant à l'escalade, la banalisation de la chute reléguée au rang de simple péripétie a provoqué la plus fantastique élévation de niveau technique de toute l'histoire de l'alpinisme.

Matériel et sécurité

Si l'amélioration du matériel influe toujours sur les progrès dans le domaine de la difficulté, il semble que son impact se situe de nos jours plutôt du côté de la sécurité. Souvent, l'avance vers la difficulté s'est résumée à une question d'audace. Si celle-ci est toujours de mise dans le haut niveau, on observera que la répétition d'itinéraires connus se fait dans des conditions de sécurité sans aucune parenté avec ce qui se pratiquait à l'époque de leur ouverture. On peut citer l'exemple du couloir Cordier à l'aiguille Verte, dont la première remonte à 1876, à l'époque des longs et lourds piolets destinés à tailler des marches, des chaussures à clous et des vêtements de drap. On le parcourt maintenant avec des crampons performants, deux piolets à l'ancrage sûr et facile, en s'assurant sur des broches à glace enfin fiables, les pieds au chaud dans de confortables coques plastique munies de chaussons, et vêtu de Goretex, véritablement imperméable et respirant. L'exposition au danger et aux intempéries n'est pas la même. Et c'est tant mieux !

REMARQUE   L'alpiniste apporte un soin particulier au choix de son matériel et à son entretien. Le choix aujourd'hui est plus complexe qu'il n'y paraît : l'éclatement de l'activité en de multiples spécialités a généré un matériel spécifique qui ne peut pas prétendre à la polyvalence. A chaque activité son matériel et ses accessoires : rares sont les équipements adaptés à plusieurs spécialités. Malgré un cousinage évident, l'escalade d'une grande face dolomitique n'a rien à voir avec celle d'une falaise ensoleillée des

Calanques : l'une impose des vêtements chauds, pendant que l'autre se satisfait d'un maillot de bain et d'une crème solaire ! On n'y utilisera pas les mêmes chausson ni les mêmes cordes, et pourtant dans les deux cas il s'agit bien d'escalade.

Apprentissage

Le matériel simple des débuts s'est parfois sophistiqué de façon imprévue... D'une manière générale, l'utilisation de systèmes nés de la haute technologie, en particulier au niveau des matériaux, reste assez simple. Ce qui n'empêche pas leur fonctionnement d'être précis. Il importe donc, au-delà de l'acquisition d'un matériel adapté, d'apprendre à s'en servir de façon correcte. L'étude du matériel obéit à présent à des critères scientifiques. Il serait dommage de ne pas profiter de cette rigueur en utilisant son matériel à contre-emploi, ou à contre-sens...

Le choix, l'acquisition, l'entretien, l'apprentissage du matériel font partie des contraintes que s'imposent les alpinistes. Ils font aussi partie de leurs joies. Qui n'a pas contemplé avec tendresse son piolet neuf, songé aux promesses de courses qu'il représente ? Qui n'a pas attendu avec impatience de pouvoir enfin s'offrir l'équipement qui le mènera vers l'altitude ? Rapidement un lien se crée entre l'homme et ces objets inanimés porteurs pourtant de la plus grande force de l'alpiniste : le désir d'être en montagne. Les catalogues, les vitrines, les livres sont le début du rêve : ils amènent un peu de la montagne vers l'« apprenti montagnard » cher à Gaston Rébuffat.

LES NORMES

Normes CE

Le matériel d'alpinisme et d'escalade doit répondre à un cahier des charges précis. Les associations d'alpinisme en ont été très vite conscientes, et il existait un label UIAA (Union internationale des associations d'alpinisme). Mais un label reste facultatif.

La Communauté européenne a mis en place un système de normalisation, de façon à rendre conforme tout matériel circulant à l'intérieur de ses frontières. Le matériel de montagne entre dans la catégorie EPI : équipements de protection individuel.

Une norme présente un caractère obligatoire. Le sigle « CE », inscrit sur tout matériel normalisé, signifie « conforme aux exigences ». Il est accordé à tout matériel répondant à un cahier des charges défini en concertation avec les différents partenaires intéressés, en particulier les fabricants.

Outre les exigences de résistance et de sécurité, la norme CE impose des contraintes en matière d'information : marquage du matériel ainsi que notice d'utilisation. Sauf dérogation, un matériel ne peut pas être vendu sans notice.

L'introduction de la norme CE suppose une implication de toute la chaîne intéressée par le matériel : fabricants, bien sûr, mais aussi détaillants, au niveau de l'explication du fonctionnement et de la destination du matériel, et utilisateurs, qui ont à présent en main toutes les données permettant une bonne utilisation du matériel. A côté des normes et des labels, certains fabricants optent pour une certification. La certification de type ISO 9 000 atteste de différents niveaux de qualité intervenant lors de la fabrication.

LE MATÉRIEL TECHNIQUE

Chaussons d'escalade

Les premiers chaussons d'escalade conformes à ceux que nous connaissons aujourd'hui sont dus à Pierre Allain, le plus grand alpiniste français des années 1930. Auparavant, les grimpeurs utilisaient des espadrilles à semelle de feutre, dont ils faisaient une grande consommation : la matière utilisée ne résistait pas longtemps aux contraintes de l'escalade.

S'il a beaucoup évolué, le chausson d'escalade est resté tel que l'avait pensé Pierre Allain dès 1948 : une chaussure de sport très ajustée, munie d'une semelle de caoutchouc. Les évolutions concernent le confort, la tenue de pied et l'adhérence. Les nombreux modèles disponibles représentent autant de « chaussants » différents et il convient à chacun de trouver chausson à son pied ! La tenue de pied, donc la précision, est fonction de la forme, de la structure et des matériaux utilisés ; ceux-ci doivent résister aux déformations pour rester à la taille de l'utilisateur... Un chausson trop grand perd sa précision. L'adhérence a fait un bond spectaculaire avec l'arrivée des caoutchoucs résinés.

Le chausson connaît plusieurs déclinaisons.

■ La ballerine. Chaussure très légère, dépourvue de laçage et dont la tenue est assurée par des bandes élastiques. Le pied se trouve très près du rocher, du fait de la faible épaisseur de la ballerine. Sa souplesse autorise également d'excellentes sensations. Conçue à l'origine comme un chausson d'entraînement, simple et confortable, la ballerine a gagné en précision et en solidité, jusqu'à devenir le chausson exclusif de certains grimpeurs.

■ Le chausson taille basse. Le modèle majoritairement utilisé actuellement. Plus épais, plus résistant que la ballerine dont il garde la taille basse. Plus précis, il peut être de différentes souplesses : semelle fortement armée ou non. La tendance actuelle est une rigidité assez faible.

■ Le chausson taille haute. Les chevilles sont protégées comme dans le cas d'une chaussure de basket. Il s'agit de la forme originale, celle de la « PA » de 1948. Plus rares de nos jours, ces chaussons sont réservés aux modèles moins techniques qui privilégient le confort plutôt que la précision. Ce sont les compagnons des longues escalades rocheuses en altitude, si toutefois on renonce aux performances des chaussons de falaise...

Chausson taille basse : le plus performant, très utilisé en escalade difficile.

Chaussures d'alpinisme

■ Les chaussures en cuir. Après une éclipse due surtout au coût élevé de la matière première à la fin des années 1970, elles font un retour attendu aux pieds des alpinistes. Si la forme n'a guère changé depuis l'époque de Lionel Terray ou René Desmaison, conseillers techniques des chaussures les plus vendues dans les années 1960, les matériaux et leurs traitements ont considérablement évolué : techniques de tannage, inserts de type Goretex leur assurent une imperméabilité inconnue sur les anciens modèles. L'arrivée des crampons à attaches rapides automatiques leur a imposé une totale rigidité de semelle et un débord suffisant permettant la tenue de ces systèmes (voir Crampons, p. 29). La nouvelle génération de chaussures en cuir est très agréable, en particulier en escalade rocheuse : à taille identique, la chaussure en cuir est plus petite que la coque plastique et les sensations sont meilleures. Ce sont des chaussures polyvalentes : certains modèles haut de gamme très chauds conviennent parfaitement à une utilisation en glace (cascade ou mixte).

Certains modèles récents font appel à une base coque en plastique sur laquelle est montée une tige en cuir. On obtient ainsi des qualités de rigidité, de confort, de solidité et d'imperméabilité propres aux deux techniques : cuir et plastique.

■ Les chaussures en plastique. Elles sont nées en 1976 et ont envahi le marché à partir de 1980. Les premiers modèles, peu confortables, à la tige trop rigide, ont eu du mal à gagner un public attaché au cuir. Leurs qualités d'étanchéité et de chaleur, leur entretien facile (l'eau du robinet !), l'amélioration de leur confort (chausson amovible malléable) en ont fait les chaussures obligatoires des grandes courses de neige et de glace, des expéditions, des hivernales et des cascades de glace. Elles répondent aux mêmes obligations que les chaussures en cuir en ce qui concerne le port de crampons à fixations automatiques : rigidité de la semelle et débord suffisant.

Harnais

Communément appelé « baudrier » par les grimpeurs, le harnais (définition officielle...) sert à répartir les chocs en évitant les traumatismes dus à l'arrêt brutal d'une chute. Il doit également rendre confortable l'attente à un relais, au cours de laquelle le grimpeur reste suspendu aux points d'ancrage. Enfin, le harnais est indispensable à la survie d'un alpiniste pendu à la suite d'un incident : chute dans une crevasse, par exemple. Sans celui-ci, la survie est trop courte pour permettre une opération de sauvetage. C'est dire l'importance du port de cet accessoire...

La tendance actuelle est au cuissard. Le baudrier complet, enveloppant torse et cuisses, est aujourd'hui moins utilisé, sauf en ce qui concerne les jeunes enfants, ou certaines pratiques comme le ski de randonnée et la randonnée glaciaire.

Salomon Mountain Guide : chaussure cuir base coque.

Coque plastique de Koflach, un best-seller indémodable.

Harnais à boucles automatiques (Troll).

Harnais complet pour enfants (Camp).

Le harnais d'escalade est simple et léger. Non réglable, il présente une ou deux boucles porte-mousquetons ; on peut y accrocher une douzaine de paires de ces accessoires.
Le harnais destiné à la pratique de l'alpinisme est réglable, de façon à pouvoir envisager des tenues de différentes épaisseurs. Les boucles d'accrochage du matériel sont plus nombreuses et peuvent recevoir mousquetons, pitons, broches à glace, coinceurs...

Cordes

Les cordes actuelles ont des performances spécialement étudiées pour chaque pratique. Résistantes, souples, légères, elles absorbent une partie de l'énergie développée par une chute, et n'en restituent qu'une partie au moment de l'arrêt, aux points d'assurage d'une part, et au corps du grimpeur d'autre part. Cette énergie résiduelle est appelée FORCE CHOC. Cette notion est indispensable à la compréhension du fonctionnement de la chaîne d'assurage. La force choc ne doit pas dépasser 1 200 daN pour être supportée sans dommage par le corps humain.

En blanc : corde statique, puis corde d'attache à simple (10 millimètres) et corde à double (8 millimètres).

On distingue deux types de cordes :
– les cordes dynamiques, qui absorbent une partie de l'énergie et sont donc utilisées pour l'assurage en escalade et en alpinisme ;
– les cordes statiques, en général de couleur blanche, qui sont conçues pour travailler uniquement à la traction, sans choc. Elles sont utilisées comme cordes fixes, car elles s'allongent très peu sous le poids d'un grimpeur. Leurs domaines d'utilisation vont de la spéléo aux travaux acrobatiques en passant par l'équipement des falaises ou la préparation de passages sur les parois de grande ampleur nécessitant plusieurs tentatives. Ces cordes statiques ne doivent jamais être utilisées pour l'assurage.

■ Diamètres.
– La corde à simple, 10 à 10,5 millimètres de diamètre, est la corde d'escalade par excellence. Elle est repérée par le symbole 1/1, inscrit au milieu d'un cercle, sur les embouts fixés à chaque extrémité.
– La corde à double, 8,5 millimètres de diamètre, permet les descentes en rappel

(voir chapitre 4). On peut aussi mousquetonner alternativement un seul des deux brins, pour dimimuer les frottements dans les points d'assurage ou pour obtenir une force choc moins importante lors de l'utilisation de points d'assurage de résistance incertaine... (voir p. 101). La corde à double est repérée 1/2 à chacune de ses extrémités.
– La corde jumelée, 8 millimètres de diamètre, permet les manœuvres de rappel, mais pas le mousquetonnage d'un seul brin. Son symbole est OO.

Sangles

Les sangles permettent d'allonger la connection avec un point d'assurage éloigné. Elles servent aussi à relier plusieurs points lors de la confection d'un relais, ou encore à coiffer un bloc rocheux solide, offrant ainsi un point d'assurage rapide à mettre en œuvre. La fermeture d'un anneau de sangle est aujourd'hui assurée par une couture industrielle (ne pas chercher à coudre soi-même ses sangles!), plus résistante qu'un nœud. Si l'on utilise un nœud, celui-ci est d'un modèle spécial dit « nœud de sangle ».
Les sangles sont un matériel statique et ne doivent pas être utilisées pour l'auto-assurage : une longe doit être confectionnée en corde.
Des sangles en Spectra ou Dynema sont apparues sur le marché. Elles donnent entière satisfaction, en particulier au niveau de l'usure, beaucoup plus lente que sur des matériaux classiques.
On utilise de la même façon des anneaux de corde, fermés par un nœud de pêcheur double (voir planche de nœuds, p. 111 à 113).

Mousquetons et dégaines

Le mousqueton est un anneau métallique muni d'un doigt mobile permettant son ouverture. Un ressort le maintient fermé en permanence. Le mousqueton est l'intermédiaire entre le point d'assurage et la corde. Sa résistance suivant son axe longitudinal est de 2 500 à 3 000 daN. Suivant son axe transversal, sa résistance tombe à quelques centaines de daN. Ces informations sont inscrites sur le corps du mousqueton. Doigt ouvert, le mousqueton perd également une partie de sa résistance.
Certains mousquetons présentent un doigt coudé qui facilite le passage de la corde.
Une dégaine est l'ensemble de deux mousquetons reliés par une courte sangle. On utilise en général un mousqueton à doigt droit (côté point d'assurage) et un mousqueton à doigt coudé (côté corde).
Récemment sont apparues des dégaines repliées sur elles-mêmes et maintenues en forme par une couture « explosant » sous l'effet d'un choc, d'où leur nom d'origine « dégaine explose »... La dégaine s'allonge d'autant, absorbant dans la rupture de la couture une partie de l'énergie dégagée par la chute. Ces dégaines, appelées aujourd'hui « shock absorber », sont utilisées en terrain d'aventure où les points d'assurage ont une tenue parfois précaire : cascade de glace, escalade artificielle ou libre dès qu'il y a doute sur la résistance d'un point. Le shock absorber soulage alors le point litigieux en cas de chute sur celui-ci.

Mousquetons de sécurité

Ils sont munis d'un système verrouillant la fermeture du doigt. Plus résistants, ils sont utilisés pour l'encordement, pour les manœuvres d'assurage, d'autoassurage, de rappel, ainsi que pour les relais et les manœuvres de sauvetage.
Les mousquetons de sécurité destinés à la pratique de la *via ferrata* sont d'une résistance minimale de 3 000 daN.
Il existe des mousquetons de sécurité piriformes, destinés à l'assurage par l'intermédiaire d'un nœud de demi-cabestan, technique simple et très sûre.

Pitons

Lames métalliques munies d'un œilleton, ils sont enfoncés dans les fissures à coups de marteau. Ils présentent différents profils et longueurs.
Les pitons sont en acier tendre lorsqu'ils sont destinés plutôt au calcaire, ils se déforment dans la fissure. En alliage dur (chrome-molybdène-vanadium), ils sont très utilisés en granite. Ils fonctionnent alors comme des ressorts et sont plus faciles à retirer. Ils sortent des fissures en meilleur état qu'un modèle en acier tendre.

Marteau

Destiné à poser et retirer les pitons, il est muni d'une tête de frappe et d'une pointe afin de pouvoir nettoyer les fissures. Un œilleton permet d'utiliser une chaîne pour enlever les pitons récalcitrants.

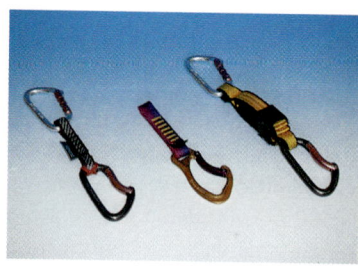

Dégaine classique (Simond), à sangle captive (DMM), shock absorber (Charlet-Moser).

Mousquetons de sécurité : Camp, Simond, Petzl. Noter sur ce dernier la bande rouge indiquant qu'il n'est pas verrouillé.

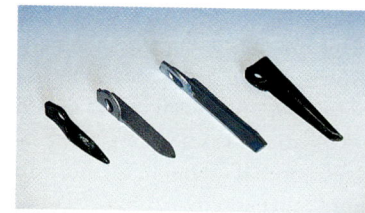

Divers pitons plats et en U. Le dernier à droite est réalisé en alliage dur chrome-molybdène-vanadium.

Pitons à expansion

A l'origine, ce sont des petits pitons de section carrée enfoncés dans des trous forés au tamponnoir. On parlait alors de « gollots », et ce terme est parfois utilisé. Ils étaient destinés à la progression artificielle et provoquèrent de belles polémiques. Aujourd'hui, plus sophistiqués, ils fonctionnent suivant un système d'expansion déclenché par vissage (on parle de goujon) ou par enfoncement d'un coin dans l'extrémité du piton (système du vieux « Spit », du nom de la marque qui les fabrique). Beaucoup plus résistants que les premiers « expans » plus ou moins artisanaux, ils sont couramment utilisés dans l'équipement à demeure des falaises.
On utilise aussi beaucoup les scellements de broches métalliques, qui ont une durée de vie plus longue.
Spit, goujons, broches, pitons, coinceurs, une fois placés, deviennent les points d'assurage ou d'ancrage quand il s'agit de

ÉQUIPEMENT ET MATÉRIEL

relais utilisés notamment pour les descentes en rappel. On parle aussi plus simplement de « points ».

Coinceurs

Ils sont de deux types, simples ou mécaniques. Les coinceurs simples sont des blocs métalliques de différentes formes, la plus classique étant pyramidale, que le grimpeur place dans les fissures de façon à ce qu'une traction vers le bas les verrouille dans une étroiture. Certains modèles, dits excentriques, se vrillent dans la fissure sous l'effet de la traction.

Les coinceurs mécaniques fonctionnent grâce à un jeu de cames montées sur un ou deux axes. Une barrette permet d'effacer les cames au moment du placement dans la fissure. Un ressort les écarte et celles-ci prennent appui sur les bords de la faille. Une traction sur l'axe provoque une expansion des cames qui se verrouillent à ce moment-là dans la fissure. Certains modèles modernes sont montés sur câble, ce qui permet de les utiliser dans des fissures horizontales ou des trous.

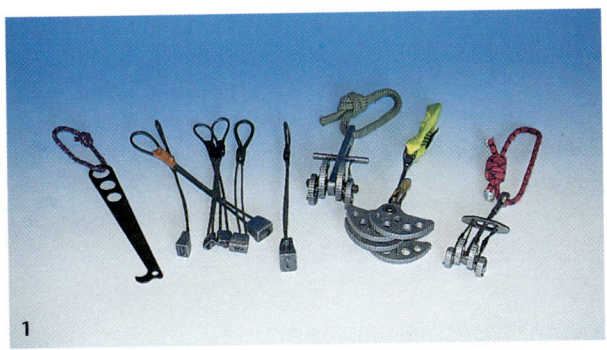
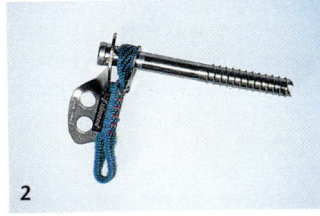

1-Nut key (crochet destiné à la récupération des coinceurs), rocks (Wild Country), un friend rigide et deux souples.
2-Broche à glace Simond munie de sa sangle.

Broches à glace

Aujourd'hui presque exclusivement tubulaires à visser. Un trépan affûté et un pas de vis très adapté assurent un placement facile. La broche pénètre la glace sans l'éclater. L'état de surface de la broche fait également l'objet de l'attention des fabricants, car il conditionne le glissement de la broche au moment de la pose.

La tenue d'une broche moderne répond aux contraintes d'une chute, mais elle reste fonction de la qualité de la glace dans laquelle elle est vissée…

Certaines broches sont munies de sangles courtes, type « dégaine », passées directement sur le tube. On économise ainsi un mousqueton, et la sangle coulissant le long du tube supprime le bras de levier lorsque la broche n'est enfoncée que partiellement. Cette disposition permet au leader de mousquetonner la corde avant d'avoir fini de poser la broche, ce qui lui apporte un certain confort psychologique. Le second peut retirer la broche sans la démousquetonner, et ne risque pas de la laisser tomber…

Crampons

Ils sont connus depuis le Moyen Age, mais l'alpinisme des pionniers les ignore… Ils reviennent au début du siècle grâce à Oscar Eckenstein. Le crampon moderne, muni de deux pointes frontales, est mis au point par Laurent Grivel, de Courmayeur, au début des années 1930. Les crampons d'aujourd'hui sont des évolutions du crampon Grivel d'il y a soixante ans.

On distingue trois grandes familles de crampons : articulés, semi-rigides, rigides.

29

ALPINISME ET ESCALADE

Le crampon articulé est le plus classique. Il est confortable en marche sur neige et se fixe sur tous les types de chaussures, en particulier les chaussures souples destinées à la randonnée. Lui seul peut épouser les déformations de la chaussure. L'alpiniste lui préfère le crampon semi-rigide, polyvalent et plus précis en cramponnage technique. Le crampon rigide est le crampon de la glace raide : goulottes, cascades. Certains modèles, destinés plus particulièrement à la glace extrême, présentent des pointes frontales disposées suivant un axe vertical, comme des petites lames de piolet. On trouve aussi des crampons à une seule pointe frontale.

FIXATION DES CRAMPONS

Le mode de fixation des crampons sur la chaussure a beaucoup évolué et demande une grande attention de la part de l'utilisateur.

Les lanières, système classique, imposent un réglage rigoureux de la longueur du crampon. La chaussure doit s'y introduire en forçant, de manière à ce que le crampon tienne tout seul. Les lanières ne jouent qu'un rôle de sécurité. Il ne doit subsister aucun jeu entre chaussure et crampon. Les lanières peuvent être ressenties comme mal commodes. Elles sont pourtant le système universel qui s'adapte à toutes les chaussures de montagne, même si la rigidité de celles-ci n'est pas totale.

Les systèmes rapides supposent un débord de semelle suffisant, de façon à pouvoir y loger la talonnière et, le cas échéant, l'étrier avant la fixation. La chaussure doit être rigoureusement rigide, afin que celle-ci ne joue pas dans le crampon lors de son utilisation. Le réglage doit être effectué de façon à ce que le système force lors de sa fermeture.

Enfin, il existe un système mixte combinant une talonnière automatique et une lanière passant à l'avant du pied. Ce système allie une bonne rapidité de mise en place à la sécurité inhérente à une fermeture par lanières. Il peut se fixer dès que la chaussure présente un débord arrière suffisant. Il ne convient pas sur une chaussure souple et doit, comme les autres modes de fixation, faire l'objet d'un réglage minutieux.

Antibottes

Certaines neiges ramollies collent au crampon, formant des sabots instables, neutralisant l'action des pointes. On les décolle d'un coup de piolet. Le risque de « bottage » est éliminé en grande partie par l'adjonction d'une plaque en caoutchouc sous la

1-Crampon Grivel à douze pointes.
2-Crampon Charlet black ice et son antibotte.

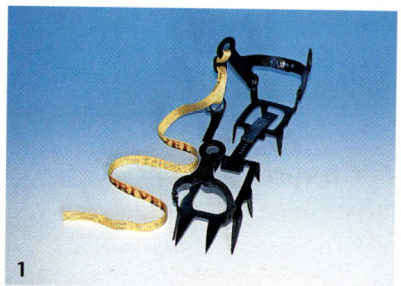

ÉQUIPEMENT ET MATÉRIEL

Piolet cascade (quasar de Charlet), piolet à manche droit (Charlet), hyper-couloir de Camp. N.B. Bien choisir en fonction du but : cascade, neige... les « lames cascades » ne permettent pas le « piolet rampe ».

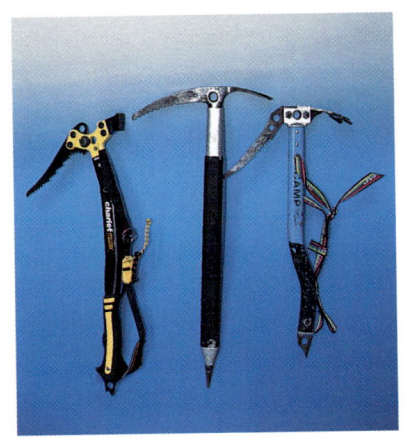

semelle du crampon. La plupart des fabricants proposent cet accessoire appelé « antibotte ». C'est un élément de sécurité essentiel, qui devrait accompagner chaque paire de crampons.

Piolet

Comme la corde, c'est l'attribut symbole de l'alpiniste. Au début, le piolet servait à l'équilibre de l'alpiniste, mais aussi, pendant longtemps, à la taille de marches dans les pentes de glace. Les crampons d'aujourd'hui ont fait disparaître le besoin de taille, sauf sur de très courtes sections. Les piolets ont évolué vers l'ancrage. La progression moderne en glace est devenue rapide, sûre et agréable.

Les piolets d'alpinisme classique portent une lame incurvée légèrement inclinée vers le bas. Leur manche est droit et s'enfonce facilement dans la neige. La tendance actuelle va vers un raccourcissement des manches : 60 à 70 centimètres maximum. Les piolets destinés à l'escalade raide (goulottes, cascades) portent une lame plus inclinée, incurvée, à l'inverse d'un piolet classique (lame « banane »). Les manches ne sont plus droits mais coudés, de façon à protéger les doigts de l'écrasement contre la glace. Ils sont parfois munis de poignées préformées pour une meilleure préhension. Ce sont des outils très techniques.

Un piolet est constitué d'un manche, terminé à sa partie inférieure par une pointe. La partie supérieure est appelée tête. Elle est composée d'une lame, destinée à l'ancrage ou à la taille, et d'une panne, sorte de mini-hache destinée à la taille en neige dure. Celle-ci peut être remplacée par une surface de frappe semblable à celle d'un marteau : on parle alors de marteau-piolet.

On trouve aujourd'hui des petits piolets destinés aux enfants. Les adultes les ont adoptés comme piolets de secours ou comme auxiliaires lors d'escalades rocheuses présentant des sections mixtes.

Dragonnes

Peu utiles en utilisation classique, elles sont indispensables en pente raide, quand on progresse suivant la technique moderne dite « piolet traction » (voir p. 126). Elles doivent être confortables et permettre la sortie de la main lors de la pose de points d'assurage. Il existe de nos jours des modèles amovibles : c'est dans ce cas la dragonne qui est désolidarisée du piolet qui reste assujettie au poignet pendant la manœuvre.

Descendeurs et freins

A l'origine, les descendeurs ne sont destinés qu'à la descente en rappel. Accrochés au harnais des grimpeurs, ils glissent le long de la corde en faisant office de frein. Le premier fut l'œuvre de Pierre Allain. Encombrant, jugé peu sûr, il ne rencontra pas

1-Dispositifs d'assurage : grigri de Petzl, huit de Simond, ABS, plaquette Cassin.
2-Poignée d'ascension, bloqueur et shunt (Petzl).

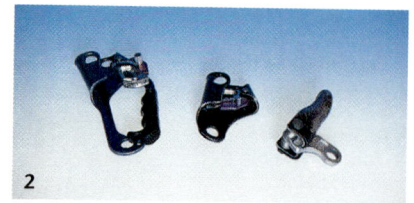

un succès énorme. Il faut attendre le huit, inventé par les Britanniques, pour que l'usage du descendeur se généralise. Il existe aujourd'hui de nombreuses variantes de ce système qui fonctionne toujours sur le même principe : la corde passe à travers le descendeur de façon à ce qu'elle ne puisse s'en extraire inopinément. Les tours effectués dans le descendeur font office de frein.

Le descendeur a été détourné de son usage originel pour être utilisé lors des manœuvres d'assurage. Il facilite alors la retenue de la chute et évite tout risque de lâcher la corde, qui est toujours assujettie au frein.

Cette évolution a conduit vers l'étude de freins destinés à l'assurage. Ceux-ci, moins polyvalents, sont très efficaces dans le cadre pour lequel ils ont été conçus. Les plus connus sont le « grigri » de Petzl et l'ABS d'Alp'Tech. Ce sont des outils plutôt destinés à la falaise dite de « type sportif aménagé » d'une longueur de corde avec descente en moulinette (voir p. 66), à l'exclusion des terrains de plus grande ampleur où l'usage du rappel est de rigueur. On pourra alors se tourner vers le nouveau et astucieux descendeur-bloqueur dérivé de l'ABS.

Les systèmes affectés à l'assurage peuvent être remplacés par un nœud de demi-cabestan confectionné sur un mousqueton destiné à cet effet : sans doute l'un des meilleurs freinages du marché, et le moins cher...

Plaquettes

Introduites récemment sur la marché, les plaquettes d'assurage (New Alp, Cassin) se sont montrées très utiles, voire indispensables lors de l'assurage des seconds de cordée. Il s'agit d'un matériel léger et peu encombrant, très polyvalent. On l'utilise également pour l'assurage du premier et la descente en rappel. Sa fonction de blocage lui permet d'être utilisé lors de nombreuses manœuvres.

Poignées d'ascension, bloqueurs

Les poignées d'ascension sont destinées à remonter le long des cordes fixes. Une came glisse le long de la corde lorsque l'on pousse la poignée vers l'avant, et se bloque lorsque l'on tire dessus. Les poignées ont révolutionné l'himalayisme, où l'on utilise encore beaucoup les cordes fixes. Auparavant, les grimpeurs utilisaient des nœuds de Prüssik, qui compliquaient singulièrement la tâche.

Les premiers systèmes autobloquants furent les pinces Hiebeler, au début des années 1960. Puis vinrent les « Jumar » (du nom de leurs inventeurs, Jüsi et Marty), d'où découlèrent nos poignées modernes (Petzl).

Les poignées d'ascension et leurs dérivés sans poignées, les bloqueurs, sont utilisés lors des manœuvres de sauvetage. Il s'agit là de matériel très important qui ne devrait pas quitter le harnais des alpinistes engagés en paroi, et surtout lors de la progression sur glacier. A noter le « ropeman » de Wild Country, très compact. Un autre type de bloqueur sert à l'autoassurage lors de la descente en rappel : le « shunt » (Petzl) remplace alors un nœud autobloquant.

Absorbeurs d'énergie

La vogue grandissante de la *via ferrata* a mis en évidence des problèmes d'assurage spécifiques. Les pratiquants progressent ici, assurés le long de cordes ou câbles fixes par l'intermédiaire d'une longe. En cas de chute, le grimpeur glisse le long du câble jusqu'au point d'amarrage précédent. La longe d'autoassurage faisant couramment une longueur d'environ un mètre, la chute développe alors un facteur de chute très élevé, de toute façon supérieur à 2, valeur considérée comme extrême en escalade. Il y a alors danger de rupture de la chaîne d'assurage...

Les absorbeurs d'énergie fonctionnent comme des freins. La longe d'autoassurage (en corde, jamais en sangle) fait, un peu comme dans le cas d'un descendeur, un ou plusieurs tours dans l'absorbeur de choc. En cas de chute, une longueur plus ou moins importante de la réserve de corde prévue à cet effet glisse dans l'absorbeur, qui fait office de frein.

Casques

Malheureusement pas toujours agréable à porter, le casque reste trop souvent au placard... Il est indispensable dès que l'on s'engage en terrain où l'on risque de croiser la trajectoire de divers matériaux en route vers le sol : cailloux, glaçons... Et dès que le risque de chute dépasse ce qu'il est communément admis en site sportif aménagé. Notons qu'il existe aujourd'hui des modèles légers, plus agréables et conformes aux exigences (ultra-light de Camp, meteor de Petzl).

Un casque classique de montagne (Bernard Mudry, goulotte Albinoni-Gabarrou, mont Blanc du Tacul).

Étrier

Destiné à l'escalade artificielle, l'étrier se présente sous la forme d'une petite échelle de corde. Confectionné en sangle, il est placé sur un point d'assurage. On y glisse le pied et l'on se redresse pour atteindre des prises plus éloignées. En usage courant, il représente une aide pour se tirer d'un passage difficile. On parle alors de « point d'aide ».

Corps mort

Inventé par les Britanniques, ce qui lui vaut d'être appelé de son nom original *dead man*, il s'agit d'une ancre plate reliée à un câble. Enfoncée dans la neige, celle-ci y plonge toujours plus profondément sous la traction. C'est une excellente réponse à certains cas d'assurage en neige molle, trop souvent ignorée des alpinistes continentaux.

ÉQUIPEMENT

Sac à dos

Sert à transporter son matériel... Donc, à tort considéré par certains montagnards comme secondaire. Le sac reste toute la journée sur les épaules de son propriétaire. Il doit être parfaitement adapté à sa morphologie et à l'usage qui va en être fait. Le réglage du système de portage (bretelles) doit être opéré correctement, ainsi que le remplissage.

Un sac d'alpinisme reste compact, évitant les poches latérales. Il est bien sûr solide : la perte de matériel ou, pire, du sac, à la suite d'une quelconque rupture peut avoir des conséquences dramatiques.

Un sac adapté à l'activité et à la morphologie de son utilisateur est le gage d'un gain de fatigue substantiel. Quant aux sacs mal chargés, déséquilibrés, battant le bas du dos de leur propriétaire, ils mènent tout droit au lumbago !

Guêtres, surbottes

Afin d'éviter le remplissage de la chaussure par la neige, on utilise des guêtres, qui recouvrent le haut de la chaussure. Elles doivent être adaptées à la

Combinaison en Goretex, gants, guêtres.

ÉQUIPEMENT ET MATÉRIEL

Les gants sont indispensables en haute montagne : ils protègent du froid, mais aussi des chocs contre la glace.

dimension de celle-ci, sous peine d'enfourner tout ce qui se présente et de produire l'effet inverse à celui souhaité, la guêtre faisant alors office de réservoir de stockage !

Le stop-tout, plus court, ne protège que la cheville, c'est-à-dire l'entrée de la chaussure. Il est souvent suffisant, dans le cas de chaussures étanches n'ayant pas besoin de protection supplémentaire.

La guêtre, passée par-dessus le bas de pantalon, si elle en affecte l'esthétique, le protège des inévitables coups de crampons...

Dans le cas de grands froids, ou de grosses quantités de neige, on utilise la surbotte, qui enferme la totalité de la chaussure. Réservée aux expéditions et aux grandes hivernales.

Gants

Protègent les mains du froid, mais aussi des chocs, en particulier lors de l'escalade sur glace, où les mains subissent de fréquents chocs entre glace et manches de piolets.

Les gants vont du gant léger en cuir, utilisable en escalade rocheuse facile, à la grosse moufle destinée aux grands froids. Ils sont une pièce maîtresse de l'équipement du glaciériste, qui ne doit pas lésiner lors de son choix. Un gant chaud, imperméable, solide, permettant les manœuvres de mousquetonnage et de brochage représente la quadrature du cercle. Rarement bon marché !

Vêtements

Aujourd'hui, le meilleur système est celui dit des « trois couches », soit :
– une couche de sous-vêtements synthétiques évacuant la transpiration, type Carline,
– une couche de vêtements en fibre polaire, chaude et confortable,
– une couche de protection contre les intempéries, type Goretex.

En cas de bivouac ou d'ambiance très froide, les vêtements en duvet sont toujours agréables.

Les vêtements techniques de qualité sont souvent chers... En dehors de l'agrément qu'ils apportent, ils sont l'ultime rempart contre les conditions difficiles qui sont l'apanage de la montagne. Ils révèlent alors leur caractère indispensable...

ACCESSOIRES

Lunettes, masques

Les lunettes de soleil sont indispensables en altitude. Elles seront munies de verres filtrants spécialement étudiés en fonction de l'intense luminosité de l'altitude. Des lunettes de soleil classiques sont insuffisantes.

Elles seront munies d'un cordon afin d'en éviter la perte.

En cas de mauvais temps, on utilise un masque de ski, protégeant le regard et accentuant le relief dans le brouillard.

Orientation

L'évolution en montagne dans le brouillard fait appel aux classiques méthodes de navigation. On se sert alors de la carte et de la boussole, mais aussi de l'altimètre : le relief et l'altitude sont des indications précieuses.

Dernier en date des équipements d'orientation, le GPS (*global position system*) se montre utile lorsque l'on évolue dans des étendues vastes, où les points de repère sont éloignés.

Lampe frontale

Le départ pour une course est souvent nocturne. Le retour peut l'être aussi. Une lampe frontale est indispensable : elle permet d'avoir les mains libres. Ce qui n'empêche pas d'avoir une pensée émue pour nos grands-pères qui ne disposaient que d'antiques lanternes...

Le froid décharge les piles... et il fait souvent froid en montagne ! Il existe des lampes dont le compartiment piles se porte au chaud, sous les vêtements.

Gourde

Boire est une nécessité absolue. La gourde fait toujours partie du voyage. Une gourde isotherme permet de disposer d'une boisson chaude pendant la durée de la course. Dans les escalades difficiles, pour lesquelles on a tout intérêt à rester léger, une gourde à pipette, portée comme un petit sac à dos ou un sac banane, permet de se désaltérer régulièrement.

Réchaud

Même si l'on n'envisage pas de bivouac, le réchaud trouve sa place au fond du sac lors des sorties en altitude. Il en existe des modèles légers et compacts, qui seront bien utiles pour faire fondre de la neige si l'on manque d'eau lors d'une course d'altitude.

Le réchaud fait partie des équipements de survie indispensables.

Bâtons télescopiques

Accessoires devenus essentiels aux randonneurs. Soulagent l'effort à la montée, les genoux à la descente... Ils sont un auxiliaire précieux lors des passages scabreux. Les alpinistes les utilisent lors des marches d'approche et en terrain facile. Repliés, ils tiennent dans le sac.

Trousse de secours

Il en existe de toutes prêtes. Le contenu en est exposé p. 177.

L'ACHAT DU MATÉRIEL

S'équiper de façon complète revient cher. Vous pouvez heureusement procéder progressivement.

En ce qui concerne l'escalade, l'achat de chaussons d'escalade est une priorité. Les locations sont rares et il est plus agréable d'avoir, dans la mesure du possible, un chausson « à votre pied », confortable et surtout précis.

Les clubs et les professionnels disposent souvent de baudriers à prêter, mais le harnais se fait vite sentir comme un objet personnel. Vous le compléterez par un mousqueton de sécurité et un descendeur. Muni également de l'objet culte que représente aujourd'hui le sac à magnésie, vous deviendrez dès lors autonome pour suivre des cours d'escalade.

Dès que vous envisagerez de grimper en dehors d'une structure (club, organisation professionnelle), vous devez posséder une corde, des dégaines, quelques sangles et mousquetons de sécurité. Cet achat déjà plus important peut se faire en commun par une équipe de deux ou trois grimpeurs ayant l'habitude de sortir ensemble.

Au stade des voies de plusieurs longueurs, vous vous procurerez un casque, une corde de rappel, quelques coinceurs...

L'alpiniste est contraint à des frais plus importants. Au début, vous pouvez louer des chaussures. Les coques plastique se prêtent bien à cette pratique, et la location est courante dans les magasins spécialisés. Vous passerez à l'achat dès que possible.

Il n'est guère envisageable de louer vêtements, gants, bonnets, guêtres... Les premières incursions en altitude font souvent appel à la garde-robe du skieur et vous ressentirez vite le besoin d'une tenue de protection (veste et pantalon type Goretex).

Autre accessoire nécessaire, le sac à dos, adapté à votre taille et à vos besoins.

Il est agréable pour l'alpiniste d'avoir son harnais : il le connaît et peut le mettre facilement au petit matin, quand il n'est encore qu'à moitié opérationnel ! C'est d'ailleurs le moment de penser à acquérir une lampe frontale, primordiale pour la vie nocturne au refuge (nocturne, pas noctambule...) et pour les départs toujours trop matinaux.

Introuvables en location, les lunettes de soleil adaptées à l'altitude font partie des achats précoces.

Le matériel technique : crampons, piolets, peut se louer très facilement.

Une cordée autonome doit disposer d'une corde, de mousquetons, de sangles, de quelques coinceurs et de deux ou trois broches à glace, une seule serait un peu juste pour un relais..., d'anneaux pour confectionner des autobloquants ou, mieux, de bloqueurs mécaniques. Le casque est vite indispensable, dès que l'on quitte le domaine des pentes de neige débonnaires.

La chute en falaise : aujourd'hui une simple péripétie.

BASES DE L'ASSURAGE : GÉNÉRALITÉS, ENCORDEMENTS

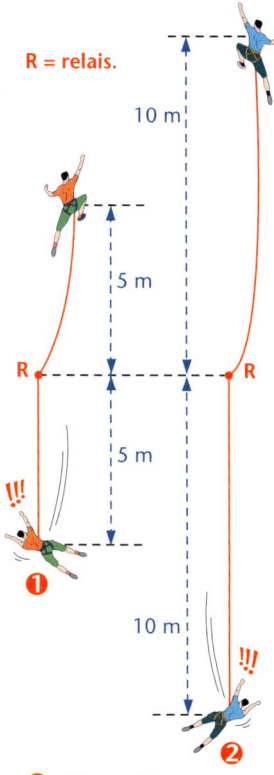

GÉNÉRALITÉS

La chute : conséquences et danger.

Chuter, pour reprendre une expression bien choisie de Georges Livanos, c'est répondre à « l'irrésistible appel de la pesanteur ». Cet aphorisme résume avec humour la triste condition du grimpeur : lui qui cherche à s'élever reste soumis aux règles élémentaires de la physique.

Le grimpeur évoluant en tête de cordée risque donc de revenir, avec plus ou moins de bonheur, à la case départ. La chute en elle-même n'est pas dangereuse, c'est l'atterrissage qui pose problème... Il est intéressant de prendre en compte la différence séparant la notion de difficulté et celle de danger. Une escalade difficile est en général très raide et lisse, dépourvue de saillies. L'infortuné grimpeur en train de dévaler le long d'une telle paroi ne rencontre rien sur son passage, et sa chute ressemble à celle d'un parachutiste en plein vide : il fait en quelque sorte un trou dans l'air ! Il ne reste plus qu'à stopper tout cela avec un maximum de confort et un minimum de frais... Une paroi facile, peu raide, offrant de nombreuses prises et points de repos, présente un faciès moins accueillant aux corps en délicatesse avec les lois de l'équilibre ; les « arrêts » intermédiaires sont nombreux et dépourvus de douceur.

On l'a dit, la chute appartient au domaine de la physique. Un corps en chute libre dégage des forces, une énergie. Ce sont ces forces que les méthodes d'assurage doivent prendre en compte.

Le facteur chute (Fc)

Le facteur chute, par définition, est le rapport de la hauteur de la chute sur la longueur de corde utilisée. En escalade, sa valeur maximale est de 2. Elle correspond à la chute d'un grimpeur directement sur le relais, sans point d'assurage intermédiaire : si le grimpeur s'est élevé de 5 mètres, il chute de 10 mètres ; le facteur chute est alors de 2. La même chute de 10 mètres effectuée en fin de longueur de corde de 40 mètres donne un facteur chute de 1/4, soit 0,25.

On voit que la même hauteur de chute ne détermine pas les mêmes conditions.

La notion de facteur chute est importante : c'est elle qui définit les forces appliquées sur les points d'assurage. Le facteur 2 est le cas le plus défavorable, celui qu'il faut essayer d'éviter en plaçant convenablement les points d'assurage.

Le facteur chute est indépendant de la hauteur de la chute. C'est pourtant lui qui spécifie les forces mises en œuvre par celle-ci (voir croquis ci-contre et p. 40).

R = relais.

❶ Chute : 10 m.
Corde utilisée : 5 m.
Facteur de chute : $\frac{10}{5} = 2$.

❷ Chute : 20 m.
Corde utilisée : 10 m.
Facteur de chute : $\frac{20}{10} = 2$.

Deux hauteurs de chute différentes pour un même Fc. Dans ce cas (Fc = 2), le grimpeur encaisse une force choc à peu près égale à 10 kN.

ALPINISME ET ESCALADE

La force choc

Il s'agit de la force restituée par la corde au moment de l'arrêt d'une chute. Elle ne doit pas dépasser la valeur de 1 200 daN en bout de corde. Au-delà, l'énergie transmise à l'organisme risque de causer d'importants dommages. Les cordes sont donc étudiées de façon à ne restituer que cette valeur limite, dans les cas les plus défavorables, c'est-à-dire en facteur 2. Après quelques expériences, on se rend compte que le choc développé en fin de longueur (cas Fc = 0,25 du paragraphe précédent), que l'on en soit l'acteur ou l'assureur, « secoue » moins qu'une chute de même hauteur sur le relais (cas Fc = 2).

La force choc s'applique également aux points d'assurage. Le point d'assurage, par effet poulie, reçoit environ deux fois la valeur de la force choc ressentie par le grimpeur qui chute. Toute la question est de la réduire, ou d'en tenir compte, dans le cadre d'une pratique autonome en terrain non préparé (voir croquis p. 41).

Conséquences de ces deux notions sur la pratique

– Les cordes, on l'a vu, au-delà de leur résistance au choc, doivent absorber une partie de l'énergie afin de n'en transmettre qu'une partie tolérable par l'organisme.

– Vous devez veiller à ne pas évoluer, ou à évoluer le moins souvent possible, en situation de facteur 2.

REMARQUE Le facteur 2 est impossible en terrain sportif aménagé d'une longueur (ce que l'on appelle parfois « école d'escalade »), puisque l'on ne peut pas chuter plus bas que terre ! En paroi, le grimpeur posera non loin du relais un point d'assurage qui diminuera la valeur du Fc. Il veillera ensuite à ne pas attendre de se trouver trop loin de cet assurage, cas où le facteur chute s'approche de 2. Au-delà du choc ressenti par l'organisme, il faut penser à soulager les points d'assurage, qui ne sont pas toujours aussi solides qu'on le voudrait dès que l'on quitte le domaine du site sportif aménagé. La réduction du Fc participe à cet effort. Au besoin, on utilisera des dégaines shock absorber, qui « grilleront » une partie de l'énergie.

La gestion de la force choc détermine le choix du matériel et des techniques.

Choix de la corde

– Vous réserverez l'usage de la corde à simple aux sites sportifs aménagés. Ici, les points d'assurage sont en principe d'une résistance largement supérieure aux forces développées lors d'une chute, du fait de la solidité intrinsèque des points ainsi que de leur espacement, qui n'est jamais très important. On a vu d'autre part que le facteur 2 n'entrait pas dans ces conditions d'escalade. Attention toutefois, et ceci est valable dans tous les terrains, aux frottements occasionnés par les trop nombreux coudes que peut faire la corde. Désagréables pour le grimpeur, ils peuvent changer radicalement les données du problème en ce qui concerne le Fc. En effet, la corde, freinée par le passage dans les mousquetons et le frottement contre le rocher, peut se trouver bloquée lors d'une chute, en aval du dernier point d'assurage. Celui-ci travaille alors en situation de facteur 2.

– En terrain non équipé, ou équipé de points à la résistance variable, ou inconnue (pitons en place, vieux Spit...), vous utiliserez une corde à double, en mousquetonnant

---

Une chute de 10 mètres dans deux cas différents :

❶ Fc = $\frac{10}{5}$ = 2.

❷ Fc = $\frac{10}{40}$ = 0,25.

R = relais : lieu où la cordée s'arrête en bout de corde.
Il doit comporter au moins deux points d'ancrage ou d'assurage (pitons, coinceurs, broches, etc.).
Pour une même chute de 5 mètres, en 2, la force choc est d'environ 0,25 au lieu de 2.

un seul brin à la fois, si possible alternativement. Un brin de corde à double restitue une force choc inférieure à une corde à simple. Le point d'assurage sollicité qui reçoit, rappelons-le, deux fois la valeur de la force développée par la chute, s'en trouve soulagé d'autant.

Vous ne devez pas mousquetonner les deux brins dans ce cas de figure : la force choc est alors supérieure à celle découlant de l'utilisation d'une corde à simple.

Choix de la technique d'assurage
– En site sportif aménagé d'une longueur, les méthodes d'assurage bloquant la corde sont les plus sûres. L'utilisation d'un outil de type grigri ou ABS convient parfaitement.
– En paroi, un outil classique, de type huit ou plaquette, ne bloquant pas la corde est préférable. Le bon vieux nœud de demi-cabestan est remis au goût du jour : son freinage progressif, très sûr, est devenu agréable grâce à l'utilisation des mousquetons destinés à cet usage.

Les longes d'autoassurage
Lors de descentes en rappel, notamment, les grimpeurs évoluent décordés. Leur sécurité est assurée par des longes.

Celles-ci sont obligatoirement faites d'un morceau de corde (la sangle est un matériau incapable de résister à un facteur de chute élevé, ce qui est le cas lors d'un autoassurage). En effet, si le grimpeur se trouve au-dessus du point, pour les besoins de la manœuvre (défaire un nœud...), il se trouve très vite proche d'un facteur 2. Le simple fait de chuter, autoassurage non tendu, fait monter la valeur du Fc à des valeurs proches de 1. **Il faut se souvenir ici que la hauteur de chute n'a pas d'incidence sur la valeur du facteur de chute.**

Force encaissée par le point d'assurage.

LE CAS DE LA *VIA FERRATA*

Le cas de la *via ferrata* est plus complexe. Une chute s'y déroule sur plusieurs mètres, le long d'un câble sur lequel le grimpeur est mousquetonné, jusqu'au point d'ancrage inférieur. La longueur d'une longe étant d'environ un mètre, une chute de x mètres développe un Fc de valeur x... L'utilisation d'une corde ne résout pas le problème : il faut impérativement utiliser un absorbeur d'énergie de type « zyper » (Petzl) ou « KKS » (Kong).

ENCORDEMENTS
L'encordement se fait toujours par l'intermédiaire d'un baudrier (harnais) pour des raisons pratiques, mais aussi physiologiques directement liées à la survie de l'infortuné alpiniste déguisé momentanément en lustre.

Mise en place du harnais
La plupart des modèles se ferment par l'intermédiaire d'une boucle plate. La sangle doit y passer trois fois : une fois naturellement sous chaque montant vertical, puis

ALPINISME ET ESCALADE

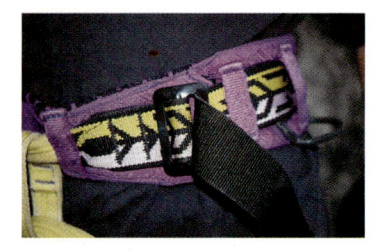

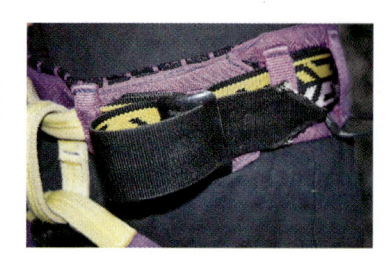

Fermeture d'un harnais : la sangle passe trois fois dans la boucle en y faisant un aller-retour.

une troisième fois en retour, par-dessus la deuxième et par-dessous la première. La sangle est alors bloquée. On ne doit plus voir qu'un seul des deux montants verticaux de la boucle. La partie devant rester cachée est teinte en rouge par certains fabricants.

Un harnais non fermé de cette façon s'ouvre aux valeurs communes d'une chute en tête de cordée.

Notons la présence de plus en plus fréquente de boucles automatiques supprimant ce risque d'oubli.

Mise en place du nœud

Vous vous encorderez directement sur le harnais, en supprimant tous les intermédiaires : mousqueton ou anneau de corde.

Dans le cas de cuissards, l'encordement se fait en passant la corde autour de la ceinture et de la sangle reliant les cuisses. Certains modèles présentent une ou deux boucles prévues à cet effet. Les harnais complets appartiennent à cette catégorie ; ils sont munis de deux ou de quatre boucles.

L'encordement sur mousqueton de sécurité est utilisé en montagne, en terrain peu raide et sur glacier. Le pontet (anneau de sangle reliant la ceinture et les cuisses) est réservé aux longes et aux mousquetons portant les descendeurs et les freins.

Les nœuds d'encordement

Le nœud en huit : c'est le nœud de base. Le plus simple, le plus sûr, le plus utilisé.

Mise en place du nœud d'encordement : la corde passe derrière la ceinture et le cuissard, comme le « pontet » qui relie les deux parties du harnais.

Le nœud de bouline : plus compact, plus rapide à faire, il est aussi plus difficile à réaliser. Les risques d'erreur sont plus grands qu'avec le nœud en huit. De plus, il doit toujours être complété par un nœud d'arrêt sans lequel il risque de glisser sur lui-même sous de fortes tractions (voir planche de nœuds, p. 111 à 113).

Il doit être connu des alpinistes, car il est très utile lors de certaines manœuvres de sauvetage et peut être réalisé d'une main.

La longueur de l'encordement

La longueur de l'encordement varie en fonction de l'activité et du terrain.

Le cas le plus simple est celui où les participants s'encordent aux deux extrémités de la corde : paroi rocheuse, courses de neige et glace raides nécessitant des relais.

Dans le cas d'une cordée de trois, vous utiliserez une corde à double : le premier s'encorde au milieu, les suivants aux deux extrémités (encordement dit « en flèche »).

BASES DE L'ASSURAGE

La longueur des cordes ne cesse de s'allonger... Le besoin s'en est fait sentir, au fil des progrès techniques : les alpinistes évoluent dans des terrains de plus en plus difficiles, où les relais pratiques sont plus rares. D'autre part, les progrès technologiques ont permis, par des gains en poids et en souplesse, ainsi que par une diminution du diamètre, d'allonger les cordes sans pour autant alourdir ou freiner le premier de cordée.

Un intervalle de 45 mètres est classique en escalade rocheuse ou glaciaire. Les courses récentes (depuis la fin des années 1980) ont été ouvertes avec des cordes de 50 mètres. Il est impératif de disposer de cette longueur si l'on veut atteindre les relais et les rappels. Aujourd'hui, il est courant, en terrain d'aventure (mixte de difficulté, glace, artificielle), de grimper avec des cordes de 60 mètres.

REMARQUE   Les courses faciles ne nécessiteraient pas de grandes longueurs de corde... si elles ne se déroulaient pas fréquemment sur glacier, où la sécurité exige une des longueurs de corde importantes ! (voir Encordement sur glacier).

Réduire l'encordement : les anneaux de buste

Les courses classiques de difficulté peu élevée ne nécessitent pas de telles longueurs de corde, qui sont plutôt un handicap. La corde se révèle de toute façon encore trop longue dans les sections faciles où la progression se fait simultanément pour les deux ou trois membres de la cordée.

Il faut alors réduire l'encordement par la technique des anneaux de buste. Celle-ci consiste à enrouler la corde en bandoulière autour du buste. Les anneaux doivent être assez lâches pour ne pas gêner le mouvement, mais assez serrés et réguliers afin de ne pas pendre et s'accrocher aux aspérités du terrain comme au matériel du grimpeur. Une bonne longueur utilise le coude replié comme gabarit.

Ces anneaux effectués jusqu'à obtenir la longueur voulue, il faut impérativement les arrêter par un nœud, qui les maintient en place d'une part, et fait office de nœud

Les anneaux mis en bandoulière sont tous de la même dimension et sont enroulés avec soin.

La corde étant suffisamment réduite, on arrête les anneaux en passant une boucle derrière.

La boucle de l'anneau est passée dans un mousqueton de sécurité que l'on verrouille.

43

ALPINISME ET ESCALADE

d'encordement d'autre part. Ce nœud doit soit passer dans le harnais, soit y être relié par un mousqueton de sécurité verrouillé.

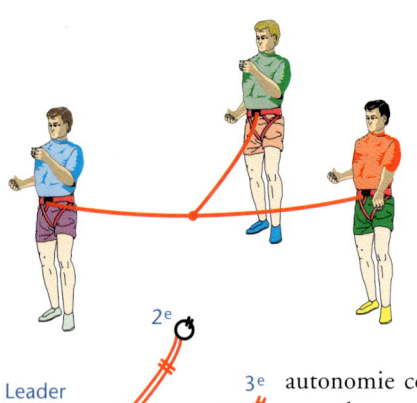

Encordement à trois dans ce type de terrain

En terrain facile, l'assurage est effectué « à la main » par le premier de cordée, qui doit bien évidemment dominer son sujet... La distance d'encordement est alors très courte, afin d'éviter les chocs importants (voir chapitres 4 et 5).

Assurer deux personnes est difficile. On a recours à l'encordement « en épi », dit aussi « en potence » (charmant...). Il s'agit d'encorder le second en dérivation sur la corde. Il bénéficie ainsi d'une autonomie confortable lors de son évolution, mais, surtout, la chute d'un des seconds ne provoque pas systématiquement celle de l'autre (voir croquis ci-contre).

Détail
// = nœud en huit.
⊘ = mousqueton de sécurité.

Encordement « épi ».

REMARQUE — La confection des anneaux de buste, comme l'assurage « à la main » sont des techniques qui demandent un apprentissage sérieux. Ces gestes doivent être répétés sur le terrain, au cours d'entraînements réguliers. Très utilisées en neige, ces techniques trouvent une application en terrain rocheux facile, décrite dans le paragraphe Application en course.

Encordement sur glacier

Le glacier est un cas particulier pourtant fréquent ! Le danger réside dans la possibilité de chute dans une crevasse. L'encordement pratiqué ici est un encordement long. Il évite de se trouver à deux sur le même pont de neige... Et il est plus facile de retenir une chute lorsqu'elle est éloignée, même au prix de un ou de deux pas.

Progression sur glacier : encordement long.

BASES DE L'ASSURAGE

≃ 17 m
≃ 15 m
≃ 17 m

17 m de réserve
roulée sous le rabat du sac

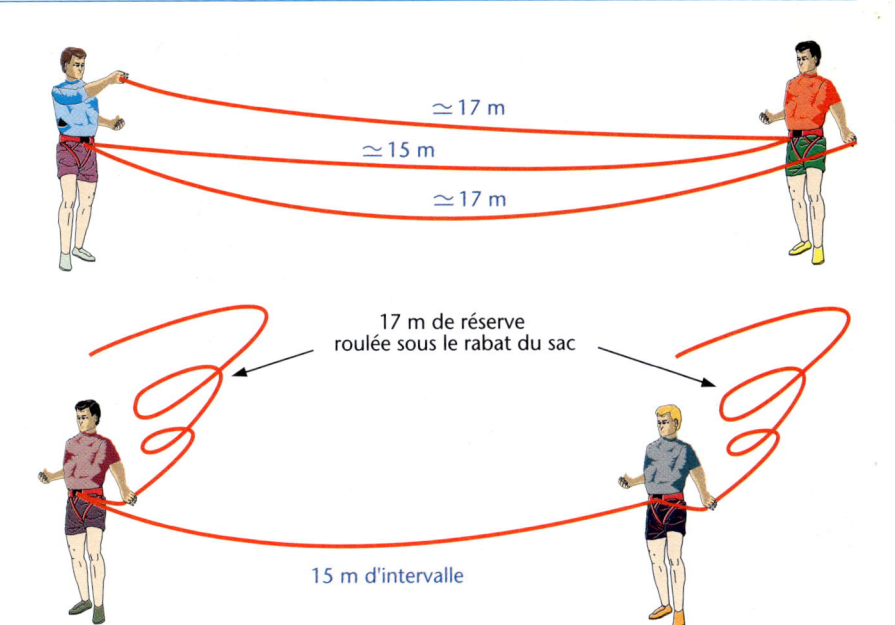

15 m d'intervalle

Encordement « en N ».
Comment s'encorder en égalisant les réserves de corde.
La corde coulisse dans le mousqueton de ceinture. La réserve est ensuite roulée sous le rabat du sac, une fois que les membres de la cordée se sont encordés à la distance déterminée par la mise en N de la corde.

Toutefois, il est indispensable de garder une réserve de corde, destinée à la confection d'un mouflage. Vous ne vous encorderez donc pas à chaque extrémité de la corde, mais vous laisserez libre une longueur de corde légèrement supérieure à la distance d'encordement, de façon à pouvoir atteindre l'accident à l'aide de cette réserve. Celle-ci est placée sous le rabat du sac, immédiatement accessible. Ce type d'encordement est dit en « N », appellation qui rappelle la manière la plus simple d'étalonner les distances : chaque alpiniste attrape une extrémité de la corde, celle-ci étant mousquetonnée au baudrier du partenaire. Les deux participants s'éloignent alors l'un de l'autre jusqu'à la tension de la corde qui forme un N, chacun d'eux se trouvant à un sommet du N.

Pour une corde de 50 mètres : encordement à 15 mètres, avec réserve de 17 mètres pour chacun des membres de la cordée. Un intervalle de 15 mètres semble une valeur minimale entre les membres d'une cordée de deux. Ce qui implique donc une longueur de corde importante pour réaliser ce type d'encordement.

Si l'on ne dispose pas d'une telle longueur, on réduira la réserve de corde de chacun des partenaires. Une longueur permettant de confectionner un mouflage de surface est suffisante. Il faut privilégier l'arrêt de la chute au prix, il est vrai, d'une manœuvre de sauvetage un peu plus compliquée (voir croquis ci-dessus).

REMARQUE   L'encordement ainsi pratiqué est complété par un nœud autobloquant installé sur la corde et fixé au mousqueton de sécurité du baudrier. Le fonctionnement de ce système est expliqué au chapitre 5. L'encordement est un geste souvent répété, mais vital. Il devient vite automatique. Une vérification est indispensable. Sur soi et pour le compagnon de cordée.

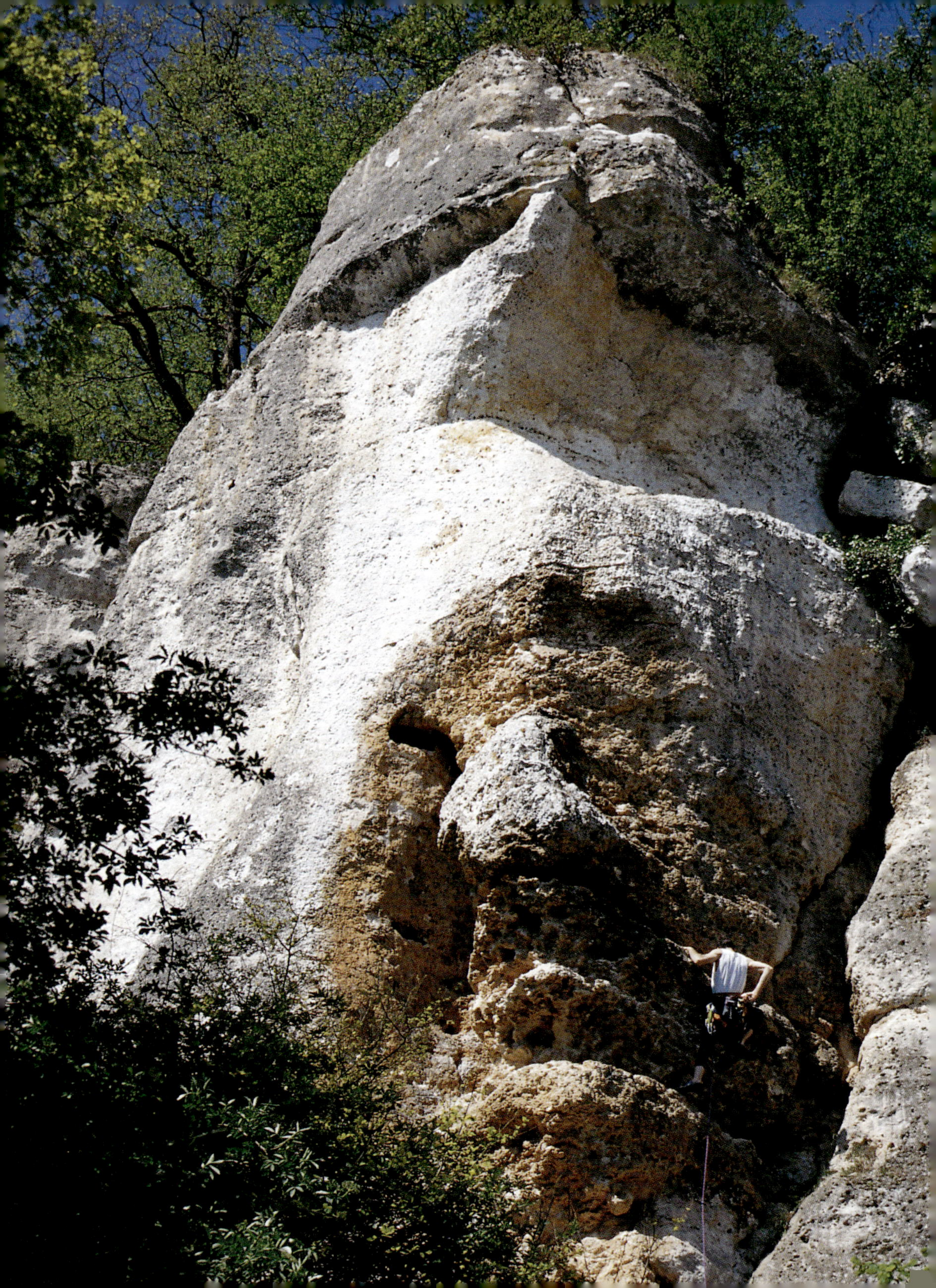

TECHNIQUES DE L'ESCALADE ROCHEUSE
INITIATION ET PROGRESSION

FAIRE DE L'ESCALADE, POURQUOI ?

L'escalade est, pour l'essentiel, une activité de pleine nature, un sport de détente, de loisir et de passion pour certains. Le milieu naturel est son univers, situé dans des paysages somptueux. Le rocher, sa raison d'exister, est parfois proche de l'eau, elle en est son miroir ; légère ou tumultueuse, de son chant elle l'accompagne au fond d'une gorge... Un chaos de blocs parsemé et tapis en forêt, des hautes tours de grès, telles des forteresses émergeant de la cime des arbres, des bandes de calcaire bordant des plateaux seront vos terrains de jeu et aussi au bord du Verdon, dans le Vercors, en haute montagne, comment ne pas être fasciné par ces hautes parois ?

Sur le rocher, votre regard vagabondera sur ses formes, si variées que votre imagination saura y découvrir des silhouettes familières. La lumière fait chanter ses couleurs, c'est un monde de contraste. Vous serez troublé par l'harmonie subtile de l'odeur du rocher au soleil, mêlée au parfum des fleurs, des plantes et des arbres. La vie est là, très présente. Vous serez attentif aux bruits, aux frémissements, mais aussi éveillé, interpellé par le chant des oiseaux. L'une des joies de l'escalade, c'est d'apprendre à connaître l'environnement de son existence... Vous surprendrez, vous serez surpris. Très souvent, vos rencontres seront heureuses. Peut-être d'ailleurs, lorsque vous grimperez, serez-vous accompagné d'un papillon ou d'un lézard !

L'escalade c'est, bien sûr, jouer avec son corps. C'est s'exprimer avec lui, c'est le faire vivre autrement. C'est un dialogue entre soi et le rocher, parfois c'est une confrontation houleuse, mais qui, avec humilité, vous élèvera, vous valorisera certainement. L'escalade est un jeu créatif et récréatif. Il faut trouver l'harmonie entre le rocher et vous : il est le chef d'orchestre, vous être le chorégraphe, le danseur... Peut-être serez-vous l'artiste !

L'escalade est un monde de sensations à découvrir, d'émotions et de joies à vivre ; elle est source d'exploits personnels. C'est une activité d'équilibre et de rééquilibre de soi ; elle apporte la sérénité et le calme, la confiance et une certaine pugnacité. Avec elle vous vous évadez. Elle est un espace de liberté. Elle ouvre la porte à d'autres activités telles que l'alpinisme, la randonnée ou le canyoning. Elle vous fera voyager, vous découvrirez votre pays, d'autres pays. Elle est un moyen de culture et d'échange, de relations.

Pour la découvrir, pour la vivre pleinement et en retirer les plaisirs attendus, il est

Un site naturel, un espace de liberté.

sage de suivre une formation maîtrisée et sérieuse. Les clubs alpins français ont cette vocation et possèdent tous les éléments pour vous amener à être autonome et responsable dans cette activité. La didactique de la formation est devenue très précise. Peut-être la trouverez-vous trop structurée, trop scientifique, ne laissant pas assez de place à l'intuition, à l'inspiration ou à de joyeuses innovations personnelles. Soyez rassuré, l'apprentissage de l'escalade comporte beaucoup d'exercices très ludiques. Sachez qu'en confirmant vos acquis, votre imagination deviendra fertile, elle trouvera la place pour s'exprimer, vous deviendrez créatif. Dès lors, vous découvrirez les axes de la formation, vous cheminerez sur les pistes de la progression, vous décoderez ses mystères. Vous deviendrez un grimpeur. Les clés de l'escalade vous seront offertes.

DE L'ALPINISME À L'ESCALADE SPORTIVE

Dès le début, au XIXe siècle, les alpinistes lancés à la conquête des plus hauts sommets des Alpes perçoivent le caractère ludique de l'escalade rocheuse. La variété des mouvements, le côté spectaculaire des situations, le jeu avec le vide contrastent avec le côté répétitif des longues marches qui leur livre alors les clés des 4 000... Ainsi le célèbre Mummery, futur vainqueur du Grépon, fait-il demi-tour sur la route du mont Blanc, au grand dam de ses guides, sous prétexte que la voie normale l'ennuie !

Très vite, des passionnés défrichent l'activité en des lieux restés mythiques. Le Peak District, en Angleterre, le Salève, à côté de Genève, sont déjà fréquentés alors que l'exploration des Alpes ne s'est guère éloignée des pentes de neige.

L'ascension des derniers bastions vierges, considérée comme l'acte fondateur de l'« alpinisme acrobatique », se résoudra souvent sur le rocher (premières de la Meije en 1877, du Petit Dru en 1879, surtout du Grépon en 1881). L'expression est bien choisie, c'est précisément dans l'acrobatie que le grimpeur exprime le plaisir de l'escalade. Un plaisir qu'il connaît bien, souvenir des jeux d'enfant, à l'école ou au jardin public, où tout n'est qu'escalade et franchissement : échelles, cordes, pans inclinés...

Les grandes courses rocheuses du siècle dernier mirent en évidence la nécessité d'un apprentissage, d'un entraînement. Les Parisiens découvrirent les blocs de la forêt de Fontainebleau, vers 1897. Plus tard, aux Gaillands, près de Chamonix, dans les combes du Dijonnais ou dans les Calanques de Marseille, les apprentis montagnards se livrèrent aux joies et aux nécessités de l'« école d'escalade ». Mais nombre d'entre eux limitèrent leur activité à ces seuls exercices, sans jamais envisager une application en montagne. On commence à parler de « grimpeurs ».

Le mouvement s'accélère à la fin des années 1970. Les grimpeurs se tournent vers ce que l'on nommera « l'escalade libre ». Le jeu consiste à ne pas utiliser comme aide à la progression le matériel destiné à l'assurage. Auparavant, il était admis de se servir des pitons enfoncés dans les fissures du rocher pour remplacer une prise de main ou de pied. Le Belge Claudio Barbier fut un précurseur de cette conception de l'escalade. A Freyr, dans les Ardennes belges, il peignait en jaune les pitons dont il avait réussi à ne pas se servir pour franchir un passage. Les suivants étaient ainsi invités à tenter d'en faire autant. En France, Jean-Claude Droyer fut le prophète, parfois provocateur, de l'escalade libre. Les choses n'allaient pas toujours assez vite à son goût. Les grimpeurs n'échappent pas à cette règle bien humaine qui dicte une certaine inertie dès qu'il s'agit de bousculer des habitudes. Désormais, se tirer sur les pitons n'est plus de mise, le jeu se complique et provoque une spectaculaire élévation du niveau. L'entraînement fait son apparition, au début rudimentaire et empirique : tractions, footing et assouplissements.

Cette évolution est relayée par la découverte d'un site enchanteur et spectaculaire, les gorges du Verdon, et d'un personnage charismatique révélé par les films de Jean-Paul Janssen : Patrick Edlinger. L'escalade, activité marginale réservée à quelques casse-cou, fait son entrée dans les foyers, par télévision interposée.

La recherche de la difficulté, particulièrement au Verdon, mène les grimpeurs sur les dalles compactes. Là, les pitons ou les coinceurs sont inopérants. Le piton à expansion fait son entrée dans la panoplie des moyens d'assurage. L'escalade gagne en difficulté et en esthétique, puis en sécurité, les voies toujours plus dures nécessitant une protection de plus en plus rapprochée. En escalade extrême, la frontière entre le mouvement juste et l'erreur sanctionnée par la chute est ténue. Le « vol » fait partie désormais de la vie du grimpeur. Il se doit d'être sans danger, s'accepte et s'envisage (normalement !) sans appréhension. Les falaises équipées de pitons à expansion se font alors de plus en plus nombreuses. Ceux-ci connaîtront des perfectionnements et des évolutions notables (goujons, broches scellées...) répondant à de légitimes exigences de résistance et de longévité.

Progressivement, le monde de l'éducation physique se penche sur ce sport. Au CREPS de Chalain, Thierry Viens et Jef Lemoine analysent l'activité sous un éclairage sportif. Le CREPS de Voiron forme les premiers professeurs EPS ayant choisi une option escalade. Alain Ferrand écrit, en collaboration avec Patrick Edlinger, le célèbre livre *Grimpez !*, qui fait état des techniques de progression et

LES COTATIONS

La cotation procède d'un souci de se donner un outil d'évaluation, de comparaison des difficultés des passages. Après quelques valses hésitations, un système est adopté en 1925. Il fut inventé par un grand alpiniste munichois, Willy Welzenbach. Son échelle comptait six degrés, le sixième étant défini comme « l'extrême limite des possibilités humaines »... Le niveau des performances augmentait sans que quiconque se permît d'ouvrir la cotation. Le cadre devint à force trop étroit pour refléter les performances modernes. Jean-Claude Droyer, encore lui, gravit un 7e degré en 1977, un an avant que l'UIAA l'officialise enfin. En France, la cotation évolue dès lors de façon autonome, abandonnant les chiffres romains de la cotation Welzenbach pour de plus démocratiques chiffres arabes. L'évaluation de la difficulté s'affine grâce à trois subdivisions : a, b, c, que l'on peut encore préciser à l'aide du signe +. Vingt ans plus tard, les premiers 9a sont revendiqués, démontrant s'il en était besoin la légitimité de l'ouverture du système, ainsi que l'étonnante vitalité de ce qui est devenu un sport.

d'entraînement en 1985. Malgré les réticences du milieu, les premières compétitions d'escalade sont organisées. Elles remportent un franc succès auprès du public : en 1985 à Bardonnèche, en 1986 à Vaulx-en-Velin. Entre-temps, l'escalade revendique son autonomie par rapport à un milieu parfois traditionaliste et se dote d'une fédération, la FFE. Elle fusionnera plus tard avec la FFM, formant la FFME.

En 1989, Charles Dupuy, professeur à l'ENSA, organise le premier colloque sur l'escalade, qui marque la fin de l'épopée de celle-ci vers la maturité, l'indépendance et la recherche de la performance sportive.

Parallèlement, la formation du grimpeur fait l'objet d'études précises. Désormais réellement didactique, elle permet des progrès rapides.

La création des compétitions d'escalade a dynamisé la fabrication de murs d'escalade dans les gymnases. L'équipement adapté de ces structures artificielles, puis de nombreuses falaises gomment l'image d'activité dangereuse qui colle à l'escalade depuis ses débuts. Enseignée à l'école par des professeurs désormais formés à cette activité au même titre qu'à l'athlétisme, l'escalade a gagné ses galons de sport à part entière. Elle a ses championnats, rêve d'entrer parmi les sports olympiques, et de nombreux adeptes se livrent à ses joies, en famille ou entre amis, sur mur artificiel après une journée de travail ou en falaise le week-end. Les alpinistes, eux, ne se posent même plus la question de son application en altitude : ils grimpent, tout simplement.

L'ÉQUIPEMENT DES FALAISES

Sécurité et difficulté se sont développées simultanément, l'une permettant l'autre. On peut considérer, actuellement, que le matériel dédié à la protection du grimpeur est sûr.

L'enseignement et la pratique en milieu urbain sur mur d'escalade ont dicté un équipement optimal destiné à réduire au maximum le risque grave d'une activité, sportive ou ludique, trouvant son champ d'application aux côtés des panneaux de basket ou des agrès de gymnastique. Dès lors, la question d'une sécurité semblable s'est posée en ce qui concerne les falaises vouées à l'initiation, au loisir ou à une pratique strictement sportive. Celles-ci sont en général pourvues de points d'assurage rapprochés, à l'image de ce qui se fait sur un mur (SAE). Des recommandations concernant l'équipement en place ont été éditées par le Cosiroc (Commission des sites rocheux). L'IGN, le CAF, le Cosiroc et la FFME ont édité la carte de 1058 sites d'escalade.

Ces recommandations ne sont pas suivies partout. Certains grimpeurs cherchent à préserver la part aventureuse originelle de l'escalade. Les points d'assurage peuvent alors être placés de façon plus fantasque... Certains rochers peuvent se révéler propices à l'utilisation de coinceurs (et au-delà de la nécessité de l'apprentissage de cette technique, le plaisir qu'elle procure mérite quelques « conservatoires »).

Le style d'équipement détermine bien sûr différentes formes d'escalade, qui font une des richesses de l'activité...

TECHNIQUES DE L'ESCALADE ROCHEUSE

Les murs en brique ou en pierre et les châteaux d'eau furent à l'origine des SAE.
De nos jours, elles sont construites spécialement, avec parfois une architecture très inspirée. Tête de l'île de Pâques.

L'ESCALADE SOUS TOUTES SES FORMES

Les terrains de l'escalade
La structure artificielle d'escalade (SAE)
Imaginée et conçue par l'homme, ce terrain de jeu est aujourd'hui construit suivant les normes de sécurité AFNOR et CE. Vous trouverez les SAE à l'extérieur dans les espaces de loisirs ou même sur les aires de stationnement d'autoroutes, mais le gymnase reste son domaine. Par les dévers successifs des parois, le développement des voies peut dépasser 20 mètres. Dans l'absolu, les risques liés à l'équipement de sécurité mis en place sont nuls si le contrôle en est fait régulièrement. Vous ne vous exposerez donc qu'aux risques générés par vous-même ou votre entourage. Les méconnaissances ou le non-respect des manœuvres et consignes de sécurité sont les principaux dangers de l'escalade sur SAE.

Le pan
Sorte de mini-SAE individuelle construite le plus souvent dans des locaux privés, le pan occupe les greniers ou les garages des passionnés. Il répond au besoin d'un entraînement intense et personnalisé. Vous y évoluerez sans corde, la faible hauteur de la chute étant amortie par des matelas. La réalisation d'un pan est le plus souvent artisanale, œuvre d'une famille de grimpeurs ou d'une équipe de copains.

Le bloc
C'est, avec la haute montagne et quelques falaises de réputation historique, le site naturel où la pratique de l'escalade est la plus ancienne. L'escalade se pratique sur des blocs de faible hauteur où le matériel d'assurage est rarement nécessaire. Vous n'y risquerez qu'une chute au sol, dont il faudra toutefois apprendre à maîtriser la réception. Un coéquipier peut également parer votre chute (récemment des matelas *ad hoc* ont fait leur apparition, venus des États-Unis, ils répondent au doux nom de *crash pad*). Le bloc développe sur quelques gestes un très haut niveau de difficulté pure. Les cotations sont sous-évaluées par rapport à un passage de difficulté comparable réalisé en falaise.

La falaise
Elle présente des caractéristiques variables en fonction des caprices de la nature et de l'intervention humaine sur le plan de l'équipement. A la suite du Cosiroc, on peut tenter d'en dégager de grandes familles.

■ Les sites d'initiation ou d'école d'escalade.
Ils sont équipés de façon comparable à une SAE. Les points d'assurage sont très rapprochés afin de limiter la hauteur d'une chute et d'empêcher l'impact au sol du grimpeur. Les sorties des voies sont toutes équipées d'un dispositif complet et simple permettant la descente. Ces falaises sont dites « aseptisées ». Ce terme, sans

doute un peu fort mais consacré par l'usage, précise qu'un travail de nettoyage (blocs instables, prises fragiles...) a été effectué. Ce qui n'empêche pas la nature de faire valoir ses droits. En la matière, l'aseptie totale reste illusoire.

■ Les sites sportifs (une ou plusieurs longueurs).

Également équipés, en général suivant les recommandations du Cosiroc. Les sites sportifs peuvent présenter un espacement plus important des ancrages. En cas de chute, bien que plus longue, elle doit être sans danger majeur. L'équipement prend en compte le risque de chute au sol ou sur terrasse, arête, relief saillant...

REMARQUE   L'équipement n'est pas homogène sur tous les sites sportifs (voir encadré Équipement, p. 50). Une fois admis le caractère non dangereux, *a priori*, de la chute, l'ouvreur reste libre de son appréciation. Le rocher dicte parfois de longues séquences de mouvements au cours desquelles il est difficile ou impossible d'effectuer une manœuvre d'utilisation du matériel d'assurage (voir Mousquetonnage, p. 88).

Afin d'éviter toute mauvaise surprise (on n'est pas obligé d'apprécier l'escalade dite « engagée », c'est-à-dire susceptible d'être sanctionnée par des vols long-courriers...), il convient de se renseigner sur le style adopté dans la falaise ou le secteur dans lesquels on s'apprête à grimper.

Un site d'escalade, fût-il sportif, reste un espace naturel rocheux qui vit sa propre existence en symbiose avec son environnement. Même s'il a été correctement purgé et s'il est régulièrement entretenu, **vous ne devez jamais en ignorer les dangers objectifs**.

La sécurité résultant du placement judicieux des points suppose des gestes d'assurage correctement effectués.

■ Le terrain d'aventure.

En principe, le terrain d'aventure est peu ou pas équipé. Dans la réalité, la qualité et la quantité des points d'assurage que vous y trouverez sont très variables. L'escalade peut y être « exposée », ce qui suppose, au-delà de la hauteur de chute potentielle, une notion de conséquence plus ou moins sérieuse. Vous devez, pour fréquenter ces escalades, vous familiariser avec tout le matériel de sécurité amovible : pitons, coinceurs, sangles... placés par le premier de cordée et récupérés par le second.

Vous devez alors objectivement évaluer votre savoir-faire technique, votre niveau de performance et vos réactions face à des situations imprévues, voire urgentes ou risquées.

Il faudra également savoir :
– organiser une retraite (descente en rappels),
– lire une carte, un topo,
– s'orienter,
– apprécier la qualité du rocher.

Vous ne serez là plus très loin de l'alpinisme. Le port du casque devient impératif. Vous emmènerez également un petit sac à dos contenant de l'eau, éventuellement un peu de nourriture, un vêtement léger et... une lampe frontale. Comme pour l'alpinisme, vous devrez, avant le départ, informer quelqu'un de votre destination.

Grimper en tête sur des sites naturels, c'est s'enrichir !

La haute montagne

Le terrain d'aventure des origines... L'alpinisme présente une importante composante rocheuse. Vous retrouverez sur les parois d'altitude les mêmes ingrédients que ceux que nous avons évoqués à propos des terrains d'aventure. A ceux-ci s'ajoutent l'éloignement, les effets de l'altitude, les aléas climatiques... ainsi que les difficultés glaciaires et leurs dangers objectifs. En effet, une course entièrement rocheuse peut présenter une approche ou une descente entièrement glaciaires.

Des pratiques multiples

L'activité montre autant de facettes que de terrains différents. Si l'escalade peut toujours se légitimer en tant que préparation à l'alpinisme, elle n'en a pas moins acquis une autonomie totale au sein de laquelle se développent diverses approches. Les SAE ont déplacé un sport auparavant exclusivement naturel vers les villes. L'initiation a lieu le plus souvent sur ces structures, particulièrement en milieu scolaire. Outil d'accueil et de pédagogie, le mur reste un support d'entraînement ou de loisirs facilement accessible depuis sa prolifération en milieu urbain. Les récentes salles privées semblent remporter un gros succès. On y vient autant pour se détendre que pour s'entraîner. Les salles offrent d'ailleurs de nombreux services ; on peut y passer une soirée de grimpe et de rencontre. L'escalade y trouve une des expressions de son intégration à la société.

La SAE est d'autre part le support privilégié des compétitions. Celles-ci sont aujourd'hui organisées suivant un schéma classique : championnats nationaux, régionaux, etc., « open », « masters », coupe et championnats du monde, sport scolaire et universitaire.

La pratique en plein air obéit à des règles plus floues. Les différents modes d'équipement évoqués précédemment s'y côtoient. Certaines falaises traitées sur le mode sportif peuvent compter plusieurs longueurs de corde. Là, même si tous les points d'assurage sont en place, l'éloignement, le vide, le temps nécessaire au retour sur terre à l'aide de rappels font flirter sport et aventure. L'escalade extrême sur des parois de grande hauteur est d'ailleurs une spécialité exigeante. A la difficulté technique s'ajoute la longueur de l'effort et quelques données subjectives comme la hauteur et l'isolement, qui rendent plus difficile encore la réalisation des mouvements.

Le passage de la structure urbaine à la falaise naturelle n'est pas forcément facile. L'infinie variété du rocher, les variantes de conception dans l'espacement des points d'assurage demandent une adaptation. On a pu parler d'« accros de la résine » à propos de grimpeurs évoluant exclusivement sur leur pan ou sur des murs.

L'escalade, loisir ou sport, est une activité aux multiples facettes. Chacun y trouvera son lot : performance en compétition

Beaucoup d'écoles élémentaires ont leur propre mur d'escalade, décoré, pour le rendre plus ludique, à l'initiative des élèves et de leurs enseignants. Par exemple : le plan de son village.

ou sur des voies extrêmes, gymnastique purement hygiénique, beauté du geste, jeu de pleine nature, plaisir tactile du toucher d'un beau rocher, aventure à l'issue incertaine, incursion en altitude, voyage initiatique, sortie dominicale et familiale. Spécialisé ou touche-à-tout, le grimpeur dispose maintenant d'une foule de structures ou d'institutions pour faciliter, accompagner l'éclosion de sa passion.

DE L'ESCALADE INSTINCTIVE A L'ESCALADE SPORTIVE

Dès le plus jeune âge, nous possédons tous en nous l'instinct de la « grimpe ». Qui, bravant les foudres des parents, ne s'est pas essayé à l'escalade sur tout ce qui pouvait se grimper ? Aujourd'hui, conséquence des restrictions et des interdits, nous sommes plus ou moins inhibés par la hauteur.

Notre escalade instinctive comporte un répertoire de gestes limités, répétitifs et assez peu élaborés. Pour l'illustrer, observons une personne grimpant à une échelle. Ses gestes et ses mouvements sont comparables à ceux d'un débutant en escalade. La complexité grandissante des situations rencontrées en escalade exige, pour les résoudre, de créer des mouvements inhabituels, puis de les mémoriser.

Vous allez créer instinctivement certains de ces mouvements. Vous en découvrirez d'autres, plus subtils, par la réflexion et l'analyse personnelle, ou par l'observation d'autres grimpeurs. Vous compléterez avec bonheur cette démarche en vous confrontant à l'expérience technique et pédagogique d'autres grimpeurs ou à celle des cadres et enseignants ayant suivi une formation.

L'ensemble de ces mouvements est regroupé sous le titre de « répertoire gestuel » ou « répertoire moteur » de l'escalade. Chaque geste, une fois acquis, sera perfectionné, afin de le rendre plus pur et plus efficace, par des exercices à caractère éducatif appropriés.

Depuis une quinzaine d'années, le nombre d'exercices ne cesse d'évoluer. Chaque jour, pour un geste précis, de nouveaux éducatifs sont trouvés. Actuellement, à travers des approches différentes, un grand nombre de parutions traitent de la pédagogie de l'escalade et de ses techniques de sécurité.

Nous distinguerons dans ce chapitre les points essentiels ouvrant les portes de l'escalade.

Pour sortir de l'escalade instinctive du type « échelle », vous devrez savoir identifier les prises et, parmi l'éventail qui s'offre à vous, lire le cheminement de la voie. Pour chaque passage, il vous faudra décoder l'énigme proposée et, de là, créer un ensemble de mouvements équilibrés et pertinents. Vous devrez parallèlement maîtriser votre affectif (voir p. 66), démythifier la chute et assurer votre sécurité au cours de votre progression. En prolongement de cette synthèse des connaissances nécessaires pour débuter l'activité, vous pourrez suivre les pistes d'un perfectionnement gestuel et technique à travers une démarche personnelle et expérimentée.

IDENTIFIER LES PRISES

Escalader une surface verticale se fait naturellement par l'utilisation des mains et des pieds, en saisissant des prises ou en prenant appui sur celles-ci.

Très tôt les enfants ont la possibilité de découvrir l'escalade. Certains atteignent un niveau de performance de 6c-7a entre dix et douze ans.

TECHNIQUES DE L'ESCALADE ROCHEUSE

Une écaille.
Elle peut être extrêmement rassurante et confortable, mais aussi traîtresse par sa fragilité ou l'agressivité de son arête.

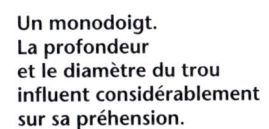

Un monodoigt.
La profondeur et le diamètre du trou influent considérablement sur sa préhension.

Une « lunule »,
sorte de bracelet de rocher qui peut servir de point d'ancrage en l'entourant d'une cordelette ou d'une sangle.

Les prises semblent évidentes en escalade facile, par leur volume, leur forme crochetante ou leur large surface d'appui. Elles se trouvent en outre disposées en « échelle » et leur sens de préhension est vertical, naturel. Leur identification devient complexe au fur et à mesure que le niveau de difficulté augmente.

Votre première vision d'une prise est la suivante : elle a une forme saillante, ou inversement sa forme s'inscrit en creux sur la surface grimpable.

Le volume

Le volume, donc la grosseur de la prise, varie avec la masse de matière ou de non-matière saisissable.
Le volume d'une prise n'est pas l'élément déterminant de sa préhension. Ainsi une grosse prise ronde est-elle moins évidente à saisir qu'une fine écaille où seule la moitié des phalanges de trois doigts vient s'incruster.

La forme

Le rocher offre une richesse de formes infinie. La nature est un artiste de génie.
Quelques formes font toutefois référence. Les grimpeurs les identifient par un vocabulaire évocateur.
Vous distinguerez parmi les prises saillantes :
– le bénitier, le baquet, l'à-plat, la bossette...,
– plus petits : la réglette, la crispette, le téton, le gratton...
Le vocabulaire est moins riche pour distinguer les prises en creux. Vous allez rencontrer le gros trou, la large et longue fissure dans laquelle toute la main ou le pied peuvent entrer. Puis, à l'extrême, le petit trou... le monodoigt, par exemple, dont le nom résume à lui seul l'inconfort. Heureusement, vous trouverez aussi des bidoigts, des tridoigts... Mais gare à votre morphologie, le bidoigt des uns n'est pas forcément le bidoigt des autres !
Enfin, vous aurez à saisir des pinces ou pincettes, pour utiliser par exemple deux trous très proches l'un de l'autre, d'autres fois un bracelet de rocher, appelé lunule, ou une coulée de calcite formant une colonette...

Les directions de préhension

Vous sortirez vite du schéma initial de préhension verticale. Une prise peut proposer ou imposer d'autres préhensions, en fonction de l'orientation de sa partie saillante ou creuse. Vous combinerez alors ce type de préhension avec le placement de votre corps par rapport à la prise.

Au niveau des mains
Le secteur A est utilisable par une action de traction ou de poussée, le secteur C en inversée, paume de la main tournée vers le haut (voir schéma page suivante).

▲ 55

ALPINISME ET ESCALADE

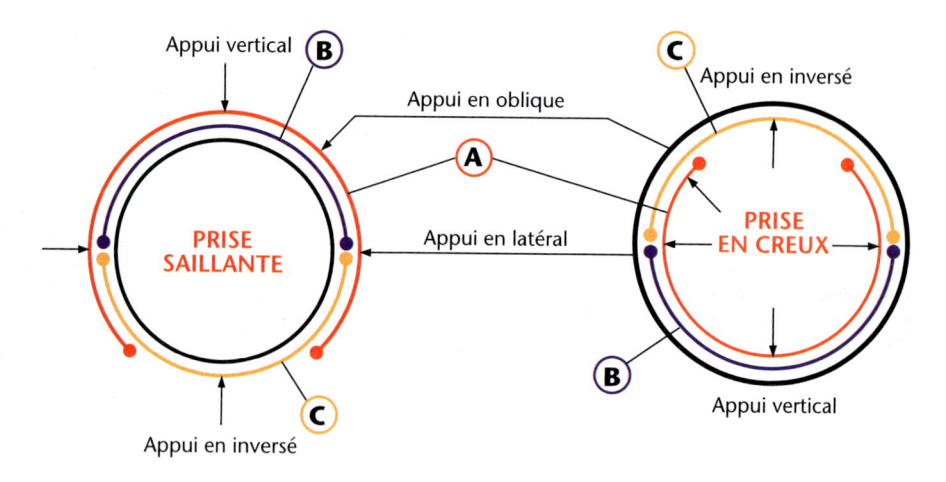

Appui vertical — B
Appui en oblique — A
Appui en inversé — C
PRISE SAILLANTE
Appui en latéral
PRISE EN CREUX
Appui en inversé — C
Appui vertical — B

Au niveau des pieds
Le secteur B est utilisable par une action de poussée. Le secteur C favorise un crochetage du bout de pied, en inversé.

Les préhensions

La main a toute liberté de mouvement, le pied est enfermé dans un chausson plus ou moins confortable. Pourtant, le pied peut opérer un nombre de préhensions assez proche de celui de la main.

Les préhensions de la main

■ Les doigts (en position) tendus.

Vous utiliserez cette préhension sur les à-plats, les bossettes, les prises arrondies. Toute la surface intérieure de la main se trouve en contact avec le rocher, du poignet au bout des doigts, courbés et crispés sur le bord de la prise. Vous emploierez la position tendue dès que possible, quel que soit le type de prise auquel vous avez affaire, car celle-ci ne sollicite pas trop les articulations des doigts.

■ Les doigts (en position) arqués.

Vous serez conduit à utiliser cette préhension sur les prises au rebord fin : petites réglettes, fines écailles. Les phalanges prennent la forme et la position du « valet » de menuisier. La force exercée est importante, sur une surface réduite. Mais cette position est traumatisante pour les articulations.

Vous pouvez augmenter l'intensité de la force sur la prise en plaçant le pouce sur l'index, qui vient ainsi l'« armer », parfois aidé par le majeur. De même, vous pouvez armer l'index et le majeur à l'aide du pouce et de l'annulaire.

■ Préhensions naturelles.

La pince, ou pincette, par exemple, se réalise naturellement entre le pouce et les autres doigts.

■ Les fissures.

Dans le cas d'une fissure lisse, dont les bords ne peuvent pas être utilisés, vous ferez appel aux techniques de coincement ou de verrou. Vous pouvez coincer le poing fermé dans la fissure, ou réaliser un verrou entre la paume et le dos de la main, voire

A droite, la position en arquée où l'on perçoit bien la courbure antinaturelle de l'articulation entre la phalangine et la phalangette.

TECHNIQUES DE L'ESCALADE ROCHEUSE

dans le cas d'une fissure large de l'avant-bras par une opposition du plat de la main et du coude. Le verrou de doigts dans une fissure fine s'obtient par une rotation.
Enfin, n'oubliez pas que prendre appui du plat de la main sur une prise est une forme de préhension. Celle-ci est le plus souvent très économique (voir Placements, p. 61 et suivantes).

1- Une des facultés de la main est de pouvoir faire varier sa forme ; elle s'adapte à la largeur des fissures en agissant tel un coinceur.

2- Escalade en fissure. Par leur coincement, les mains et les pieds, en s'associant, permettent de s'élever dans un système de fissures.

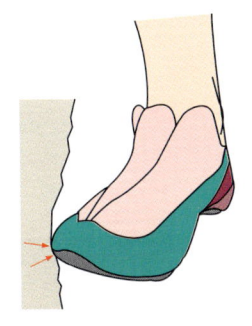

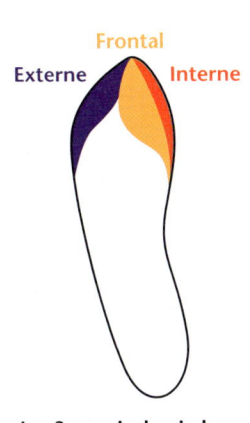

Frontal
Externe   Interne

Les 3 appuis du pied.

Les préhensions de pieds

Bien que votre pied soit enfermé dans un chausson, vos orteils ne sont pas inactifs. Le gros orteil remplit un rôle essentiel : c'est lui que vous chargez la plupart du temps. Les autres orteils se crispent et rigidifient ainsi le chausson. Ils peuvent aussi plaquer la semelle sur le rocher par leur fléchissement et leur poussée à l'intérieur du chausson.

Vous prendrez appui seulement sur la partie avant de vos chaussons. On parle également de « partie frontale » du chausson. Elle remplit deux fonctions : entrer dans les trous et prendre en adhérence les surfaces n'offrant que de très fines aspérités.

La partie située sous le gros orteil est nommée « carre interne ». C'est la partie la plus fréquemment utilisée.

Sur de très fines prises saillantes, vous pouvez augmenter la surface d'appui de vos semelles pour combiner préhension et adhérence. La carre interne attaque alors la prise en oblique un peu au-dessus d'elle. En rapprochant la cheville de la paroi, vous ferez épouser à la semelle à la fois l'arête de la prise et la surface de la paroi.

La carre externe du chausson (côté extérieur du pied) est moins utilisée. Son rôle est essentiel dans les traversées, dans certaines oppositions et surtout dans des placements de profil très efficaces, en dévers notamment.

Dans les fissures, le pied agit comme la main, par coincement. L'enrobage (dit « claquage ») de caoutchouc, destiné à protéger le chausson, adhère alors au rocher. L'adhérence est obtenue par une torsion du pied dans la fissure.

ALPINISME ET ESCALADE

Par sa souplesse, la cheville doit pouvoir s'adapter aux diverses inclinaisons des prises, mais aussi savoir se stabiliser et maintenir fermement une position.

Le crochet du talon, qui consiste à saisir une prise par l'appui du talon (donc en levant la jambe), utilise la partie arrière du claquage.

La prise reconnue, puis saisie, vous allez alors la « travailler ». Dans un premier temps, par palpage, vous interprétez sa forme, ses aspérités. Ces informations vous permettent d'optimiser le placement des doigts.

Vous travaillerez les prises de pied de la même façon, à travers les sensations perçues par les orteils. Dans le cadre de l'initiation, les prises de pied sont visibles, ce qui vous facilite la tâche.

Il est important, dès le début, d'affiner ses perceptions à travers doigts et orteils. C'est d'après elles que vous déciderez vos préhensions, mais aussi le placement de votre corps par rapport aux prises et finalement votre mouvement.

LIRE UNE VOIE, DÉCODER SON PASSAGE

Au pied de la voie, vous avez identifié les prises. Face au système proposé, vous devez imaginer l'itinéraire, la trajectoire, la « route »... lire la voie !

Mais au fait, qu'est-ce qu'une voie ? C'est une ligne de progression définie par une suite de prises. Les ouvreurs en ont imaginé le tracé, puis l'ont équipée.

Ce tracé suit en général un cheminement logique, selon la configuration du rocher. Dans une paroi sculptée, vous pouvez aisément percevoir un cheminement logique.

Une voie fait une certaine hauteur. Le développement de son profil et de son tracé en détermine la longueur.

Ce développement, qui prend son origine au pied de la voie et sa fin à la sortie, représente la trajectoire que vous allez lire, puis décoder afin de la parcourir.

Cette trajectoire se décompose en passages, chaque passage représentant une séquence de mouvements cohérents. Sur la paroi, cela se traduit de façon plus ou moins lisible par une analogie des prises et du profil.

Le crochet du talon est un point d'appui qui ne peut être pris par une partie traditionnelle du pied ; celle-ci permet de maintenir le corps en équilibre et de le rapprocher de la paroi.

Lire la voie

La lecture d'une voie est complexe, l'information n'étant jamais évidente.

Vous devrez vous livrer à une lecture globale, puis fractionner sa trajectoire en séquences pour aboutir à une lecture affinée, dans la limite de perception des détails éloignés...

La lecture globale définit deux éléments : le point d'arrivée de la voie et sa trajectoire. Le point d'arrivée peut être difficile à percevoir, du fait de son éloignement ou du profil de la voie qui peut le dissimuler.

La perception de la trajectoire est soumise aux mêmes aléas.

Sur un site sportif, votre lecture est guidée par des éléments supplémentaires : l'emplacement des points d'assurage, éventuellement les indices du passage de vos prédécesseurs. L'usure du rocher, mais aussi les traces de magnésie sur les prises (même si cela est inesthétique et souvent regrettable...).

Ces éléments ne donnent qu'une idée de la voie. La découverte du terrain, dans l'action, garde une place prépondérante.

Ainsi une trajectoire peut louvoyer entre des points d'assurage, pour des raisons de sécurité ou pour éviter que la corde ne fasse trop d'angles en passant dans les mousquetons (le frottement ainsi produit est appelé « tirage »). Des traces de magnésie trop nombreuses sur une surface réduite doivent provoquer chez vous une attention accrue : elles sont le signe des nombreux essais de vos prédécesseurs...

Apprécier le nombre de passages, leur type, n'est pas chose plus facile, du fait de la hauteur et du relief qui limitent la perception visuelle.

Les points d'assurage (ou ancrages) peuvent fournir des indications précieuses : même pour un bref instant, le mousquetonnage suppose une interruption de l'enchaînement des mouvements, ce qui vous laisse entrevoir un repos au moins partiel, ou une position stable, une position dite « de moindre effort » (PME).

Décoder un passage

Vous avez terminé l'observation de la totalité de la paroi. Vous commencez à étudier la première séquence d'escalade. Parmi les prises qui vous font face, vous sélectionnez celles qui vous permettent d'imaginer un enchaînement de mouvements sur quelques mètres (jusque vers le deuxième ou le troisième point).

Votre lecture se concentre alors sur les détails, les subtilités de la sculpture. Cette « page de lecture » est forcément limitée. Au pied d'une paroi, vous disposez d'un atout, celui de pouvoir vous reculer et de vous déplacer de part et d'autre de la voie. Votre champ d'observation s'élargit, faisant apparaître le relief sous des perspectives et des éclairages différents.

Dès lors, vous devez résoudre la conjugaison de deux problèmes :

1) Dans le passage qui vous fait face, vous devez distinguer les prises, puis les comprendre pour sélectionner celles qui, *a priori*, sont utilisables.

Les apparences sont parfois trompeuses. Dans un rocher riche en sculptures, l'ampleur de l'offre complique le choix. Les « bonnes prises » sont noyées dans la multitude.

2) Vous devez de plus concevoir leur compatibilité, d'après leur direction de préhension et leur disposition les unes par rapport aux autres. Vous pourrez alors imaginer l'enchaînement de mouvements qu'elles suggèrent.

Lire dans l'action

Vous réalisez la première séquence de la voie. Une fois engagé, votre visage se trouve tout près de la paroi et votre champ visuel est rétréci. Vous devez éloigner votre visage du rocher, afin d'en percevoir les reliefs un peu plus loin. Votre poids, pour autant, doit rester chargé sur vos pieds. Lors d'une phase d'observation, vous adoptez donc une position cambrée, le bas du corps proche du rocher, le buste, au contraire, rejeté en arrière.

Vous n'oublierez pas les prises de pied ! Elles sont primordiales. Le défaut courant du débutant est souvent de ne pas rechercher les prises de pied en cas de difficulté. Pensez également à observer latéralement les possibilités qui s'offrent à vous. La nature ignore la ligne droite ! Apprenez à vous mobiliser pour porter votre regard au-dessus, au-dessous, sur les côtés... en vous reculant, bras tendus, dans une PME. Votre perception doit être pointue, sélective et systématique !...

ÉQUILIBRE ET PLACEMENTS

Nous venons de voir que, au début, votre champ visuel se situe dans un couloir vertical peu large ; vous le balayez de façon anarchique. La conduite de votre progression se fera dans l'axe de ce couloir par une escalade du type « échelle » en cherchant à vous sécuriser souvent par des placements hyperstatiques et des blocages. L'objectif va donc consister à vous faire sortir de ce type de progression en élargissant votre champ de vision tous azimuts. Vous allez découvrir de nouvelles sensations d'équilibre à l'aide de placements initiaux de référence. Là, vous commencerez à constituer votre répertoire gestuel.

Être en équilibre en escalade

La verticalité du support sur lequel on pratique l'escalade impose de devoir constamment se maintenir en équilibre. D'une part, pour progresser dans la voie en accomplissant des mouvements, d'autre part, pour éviter la chute.

Pour que le mouvement envisagé soit possible et totalement accompli, trois conditions sont à assurer :
– à l'origine du mouvement, il faut que le placement du corps soit équilibré ;
– pendant toute la conduite du mouvement, il faut maîtriser l'équilibre de son corps en action ; or, suivant le cas, la conduite de cette action se fera de façon dynamique ou, par opposition, d'apparence statique ;
– le mouvement totalement accompli, il faut retrouver une position d'équilibre.

D'autre part, l'équilibre est à établir et à maintenir pour exécuter d'autres tâches telles que :
– observer, lire et décoder le passage suivant ;
– mousquetonner et se reposer si nécessaire.

Dans ces cas précis, il faut un équilibre durable, c'est-à-dire très stable, ne devant pas puiser dans les ressources physiques, donc trouver une PME.

1-Face à la paroi, le grimpeur a les bras et les jambes écartés. Entre elles, les mains sont au même niveau, de même que les pieds. Dans cette position, il est peu ou pas mobile, il est hyperstatique.

2-Pour aboutir à un déplacement équilibré et efficace, il déplace le bras gauche et le descend en le fléchissant.

3-En opposition à ce bras, par le tranfert du bassin, il déplace son centre de gravité sur la droite. Ainsi la jambe gauche est soulagée d'une partie de son poids.

TECHNIQUES DE L'ESCALADE ROCHEUSE

4-Il élève et fléchit la jambe gauche, puis place le pied en appui au-dessus du pied droit. Il charge cette prise de pied en alignant son centre de gravité sur celui-ci par le transfert du bassin. Dans cette position, il est équilibré. Son pied droit ne supporte plus le poids du corps, une ligne d'équilibre est établie et passe par trois points : une main haute, le plexus et le pied carre intérieur jambe fléchie
(voir croquis p. 62).
Ce placement permet un déploiement total de la jambe fléchie.
Pour l'essentiel, l'effort est produit par les muscles de la cuisse les plus adaptés à cette action.

5-En ayant optimalisé l'usage des prises, il a obtenu une élévation maximum. S'étant totalement déployé, la ligne d'équilibre étant maintenue, la main gauche et le pied droit sont alors disponibles pour aller chercher un nouvel appui dans toute une zone de prises
(voir croquis p. 62, BA).

Vers un nouvel équilibre

Une deuxième fois dans votre vie, vous allez devoir gérer votre centre de gravité. La première fois, ce fut pour vous redresser et commencer à marcher sur un plan horizontal.

La première difficulté a consisté à placer le centre de gravité de votre corps entre vos pieds, puis à trouver votre équilibre. Ensuite, la deuxième difficulté fut de transférer ce centre de gravité sur un seul pied pour... élever l'autre pied et le déplacer, etc., tout en restant en équilibre !

Or, pour grimper, vous devrez passer de la progression horizontale du bipède à la progression verticale, en évoluant en quadrupède. Là, de nouveau il est nécessaire de réapprendre à placer ou déplacer son centre de gravité pour libérer cette fois-ci l'un des quatre membres, c'est-à-dire savoir quitter une position hyperstatique à quatre points d'appui pour la modifier en une position équilibrée sur trois points, voire parfois sur deux points. Notre centre de gravité se situe approximativement entre le plexus et le nombril.

En escalade, comme pour la marche, le centre de gravité est à placer alternativement d'un pied sur l'autre... mais, en avons-nous bien conscience ?

Un petit éducatif va vous permettre de retrouver ces sensations : dans un sentier pierreux, en n'utilisant que le sommet des pierres d'apparence stable, passez de l'une à l'autre en prenant appui seulement sur les orteils. Cette marche réalisée sans précipitation apprend déjà à observer donc à lire, à anticiper, viser, puis poser le pied, tout en maîtrisant son équilibre. Cet éducatif est à poursuivre sur des petits blocs, sans l'usage des mains, en alternant rythme lent et rapide de déplacement. Ces sensations d'équilibre retrouvées, il ne vous reste plus qu'à les transférer dans la verticalité.

Se placer - La ligne d'équilibre et de force

Pour cela, observez les photos 1 à 5.

Remarquons que pour établir une nouvelle ligne d'équilibre, dès lors que, par exemple la main gauche aura sélectionné une prise, le pied droit ne disposera plus que d'un choix réduit de prises.

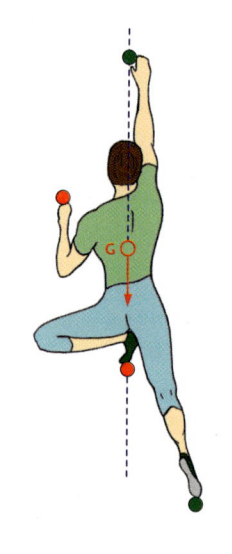

Le grimpeur a sans doute fait le choix, conçu à partir du système de prises proposé ; il a imaginé le placement ci-contre devant lui permettre la réalisation de son élévation future. Mais vous, à partir des cas de figure proposés, imaginez les placements possibles en recréant à chaque fois la ligne d'équilibre. Par exemple, le pied droit sur la prise abcde, la ligne d'équilibre doit passer par elle. Le grimpeur, avec pour centre de rotation le pied droit, transfère son bassin sur ce pied en abaissant le genou (s'il est gêné ou limité par son bras droit, il l'aura déplacé vers la droite). A partir de là, si de sa main gauche il trouve la prise acd acceptable, la ligne d'équilibre sera établie (voir croquis ci-dessous).

Jouez et tentez de résoudre les autres cas de figure proposés par les croquis de la page 63.

Vous aurez sans doute remarqué que le choix de la prise sélectionnée par l'un des membres limite considérablement le champ d'exploration de l'autre membre. D'où l'intérêt d'avoir un très large champ visuel et de le balayer systématiquement. Vous vous apercevrez aussi qu'une très grande mobilité du bassin est à acquérir ; il faudra la travailler, le transfert de celui-ci étant souvent la clé de l'équilibre et du juste placement.

Ce placement de base, une fois acquis, est loin de permettre toutes les escalades. Mais, il est une référence, plus pour l'image que l'on doit se faire de la poussée sur une prise que pour l'équilibre qui parfois sera rendu précaire par les contraintes du support grimpable.

Acquisition d'un répertoire gestuel
Les placements

L'escalade est faite de gestes variés, de simples à très complexes. Ils sont faits de petits ou de grands pas, de regroupements ou d'extensions, de mouvements de petite ou grande amplitude. Les actions pourront être relativement statiques ou au contraire très dynamiques. Puis, parfois, il faudra que vous acceptiez de vous engager dans un déséquilibre tout en étant à l'aise et économique dans le choix de vos solutions... un vaste programme que vous réaliserez en plusieurs étapes.

Sur le plan technique et pédagogique, le principe général, pour découvrir et acquérir les gestes de l'escalade, consiste en un apprentissage qui, dans un premier temps, pour l'essentiel, se traduit par des traversées réalisées à une faible hauteur au pied des falaises ou des SAE. Donc, sur la base d'objectifs ciblés et de consignes précises, vous réaliserez dans les deux sens des traversées à thème.

Pour cela, vous serez au moins deux. Alternativement, vous et votre coéquipier resterez au pied de la paroi pour suivre pas à pas les évolutions du partenaire. Bras tendus au niveau de votre taille, il vous surveillera, prêt à enrayer votre éventuelle chute. Cela s'appelle faire le « parage » ou parer un grimpeur ; vous apprendrez à le faire (voir Le parage, p. 87).

Mais surtout, dès à présent, commencez à détecter, puis anticiper le moment où vous allez chuter. Ainsi, en vous positionnant, vous parviendrez à contrôler votre trajectoire dans l'espace et à bien vous réceptionner.

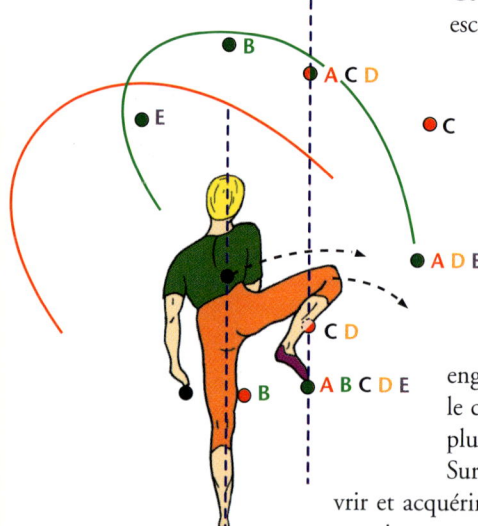

Le pied droit prend appui sur la prise ABCDE. Elle est commune à toutes les situations proposées ensuite. Jouez en imaginant les mouvements faits par le grimpeur lorsqu'il a seulement à sa disposition les jeux de prise A, puis B, puis C, etc.

TECHNIQUES DE L'ESCALADE ROCHEUSE

◄ Il est tout à fait possible de se dispenser de la prise main droite, dès que l'inclinaison de la paroi est positive.

◄ La position retournée là est exactement l'inverse de celle du départ (p. 62). Ensuite, suivant la disposition des prises, le pied gauche peut monter sur la prise à gauche.

◄ Là, l'équilibre est maintenu par le bras et la main tirant la prise en arrière.

◄ Ce placement s'appelle un « grenouillage » (voir Pousser sur la prise avec efficacité, p. 65).

◄ Pour s'élever, on ressent parfois la nécessité de quitter le grenouillage en ramenant une jambe dans l'alignement du pied en appui.

▲ Ensemble, le bassin pivote vers la droite ; la jambe, elle, relève et passe entre la paroi et l'autre jambe.

◄ Par une élévation directe produite par les jambes, la prise haute est atteinte.

◄ Départ d'une traversée sur la droite.

◄ Ce placement de profil (voir Aboutir à des progressions différentes, p. 67) est aussi appelé « lolotte ».

◄ Pour aller chercher la prise à droite, il faut faire passer l'épaule gauche puis la tête entre le rocher et le bras droit. C'est un mouvement pivotant appelé un « derviche », de derviche-tourneur.

63

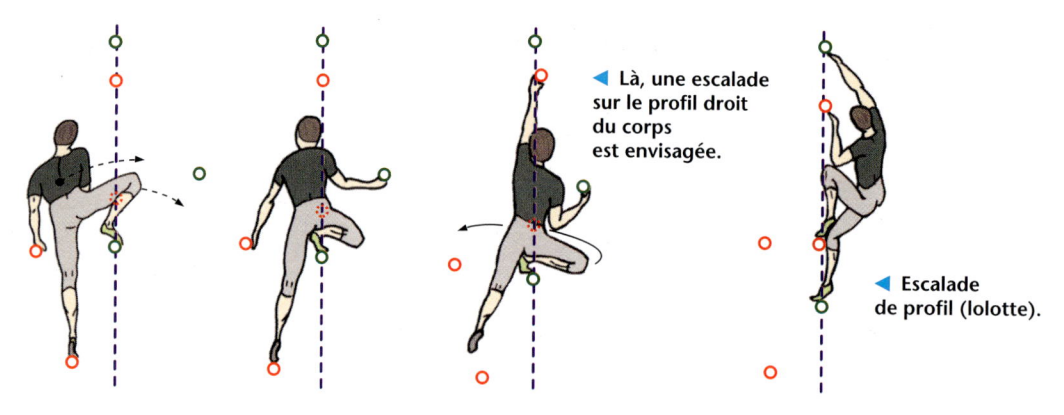

◀ Là, une escalade sur le profil droit du corps est envisagée.

◀ Escalade de profil (lolotte).

Le principe consiste en une élévation hélicoïdale du corps pivotant sur le pied droit ; ainsi le genou passe de l'autre côté.

◀ Là, c'est le cas où la trajectoire future de la voie impose une traversée sur la gauche avec pour départ la main droite.

En traversée, voici les principaux thèmes à travailler et leurs exercices

■ Poser les pieds avec précision.
– Observer la prise, sur elle guider le pied, le poser sans faire de bruit.
– Éliminer toute hésitation, tout tâtonnement.

■ Travail de la cheville et du poignet (amélioration de leur souplesse).
– Pour les pieds : traverser en les croisant systématiquement. Le pied croisant l'autre lorsqu'il arrive sur la prise visée, prenez-la avec la carre intérieure du chausson. Cela exigera de votre cheville une grande rotation pour qu'elle aille au-delà de la pointe du pied, développant ainsi sa souplesse.
– Pour les mains : traverser en croisant et décroisant les mains, par-dessus, puis par-dessous l'une de l'autre. Cet exercice débute le travail à réaliser pour apprendre à accepter et contrôler les premières situations de déséquilibre.

■ A la recherche de nouvelles préhensions.
– Pour les pieds : sur des prises de plus en plus petites, recherchez le placement sûr, travaillez l'adhérence des pieds sur des prises lisses ou moins saillantes. Vous obtiendrez une bonne adhérence en abaissant le talon, plaquant ainsi sur la paroi une plus grande surface de la partie frontale du chausson.

TECHNIQUES DE L'ESCALADE ROCHEUSE

– Pour les mains : progressez en utilisant des prises verticales, déversantes, inversées et obliques.

Sur un plan général

■ Amélioration du champ visuel.

– Après chaque pas, quel que soit le placement du corps, trouvez une position bras tendus vous décollant de la paroi. Cela favorise la décontraction des muscles des bras en améliorant la circulation du sang. C'est la PME la plus simple, elle ouvre le champ visuel.

■ Amélioration de la lecture.

– En traversée, jouez à « prise touchée, prise jouée ». Ce jeu oblige bien sûr à lire, puis à imaginer le déplacement futur ainsi que la nouvelle position d'équilibre – le contrat étant que la prise touchée (pied ou main) devra impérativement être négociée.

– En traversée sur un passage déterminé, l'un après l'autre éliminez une ou plusieurs prises après chacun de vos tours (débutez par les prises de pied).

– A partir d'une prise centrale saisie par une main, autour d'elle et si possible sur 360°, allez de l'autre main toucher le plus grand nombre possible de prises éloignées. Cet exercice est assez complet, car il oblige à trouver de nouveaux placements et impose d'accepter de s'engager dans des déséquilibres. De plus, il optimalise l'utilisation d'une prise.

■ Augmenter l'amplitude de ses mouvements.

– En créant dans les traversées des obstacles à contourner.

■ Pousser sur la prise avec efficacité.

– Sur la prise, pousser jusqu'à extension complète de la jambe (en doublant cet exercice par une inspiration profonde, le buste s'allonge, ainsi une prise haute peut être atteinte par la main).

– Ne poser le pied que si l'autre jambe est en extension complète (voir croquis p. 62).

■ Améliorer sa vitesse de progression, aboutir à une prise d'information et de décision rapide.

– Réaliser des courses-poursuites avec relais.

■ Apprendre à s'engager dans un déséquilibre.

– Reprendre l'atelier, croiser, décroiser les mains, mais en imposant, par exemple, à la main droite croisant la main gauche (par-dessus ou par-dessous) d'aller chercher une prise située au-delà de l'aplomb passant par la prise de pied située le plus à gauche.

■ Un petit atelier permet de faire la synthèse de tous les exercices. Il peut être fait seul, mais il est aussi très intéressant de l'envisager à plusieurs, par la dynamique de groupe qui s'en dégage et qui peut être positive pour l'engagement, la détermination et la ténacité. De plus, cet atelier améliore la finesse gestuelle, favorise et renforce les aptitudes à soutenir un effort – la continuité – ainsi qu'ensuite la capacité de récupération.

– Sur la paroi, vous déterminez un parcours de forme rectangulaire ou carré, d'où son nom de « carré magique ». Attention à ne pas le situer trop haut, le parage

Le pied droit anticipe son orientation future pour se trouver dans sa position naturelle une fois le corps translaté. Il prédispose le transfert du corps.

devant pouvoir être fait et le saut possible. Ce carré est à placer en fonction des objectifs recherchés. Sont donc à prendre en compte la densité des prises, leur grosseur, les divers types de préhension, l'inclinaison de la paroi..., sa forme en général. Le jeu consiste à aller d'un coin à l'autre en montant, traversant, descendant, en retraversant pour rejoindre le point de départ. Repartez sur ce tracé autant de fois que vous le voudrez ou que vous le pourrez ! Pour chaque parcours, imposez-vous des thèmes, des challenges, des contrats.

La liste des exercices proposés pour chaque thème n'est pas exhaustive, il vous en sera proposé bien d'autres et, de votre côté, tout en progressant, vous en imaginerez de nouveaux.

Ensuite, vous allez transposer vos premiers acquis gestuels en escaladant verticalement un passage, une suite de passages, puis l'ensemble des voies. Ces voies reprendront en partie les thèmes déjà abordés. A la fois, vous aurez à lire le rocher, décoder le passage, puiser dans votre répertoire gestuel et assurer votre sécurité tout en maîtrisant vos émotions. Certes, là, vous coordonnerez tous ces éléments en étant, pour le moment, assuré au moyen d'un atelier poulie ou moulinette. Dans cette seconde phase, vous apprendrez à grimper en tête et votre **affectif*** commencera à être sollicité. Mais n'ayez aucune crainte, une attention toute particulière et soutenue sera apportée pour vous éviter des situations pouvant conduire à la régression de votre comportement.

> ***Affectif.** Cette notion, utilisée dans le monde de l'escalade, renvoie à l'ensemble des ressources mentales qui doivent être sollicitées pour faire face à une situation qui met le grimpeur en difficulté. Elle est en rapport avec le stress, la peur et les manifestations motrices, perceptives qui perturbent le grimpeur (crispation, régression technique, perte de lucidité, peur...). Elle forme, avec la gestuelle et le physique, les trois registres traditionnels permettant d'analyser et de réaliser toute tâche en escalade.

Pour l'atelier poulie ou moulinette, vous devez, ainsi que votre coéquipier, mettre le cuissard et faire l'apprentissage des divers encordements et techniques de l'assurage (voir Assurages et manœuvres de corde, p. 42).

Thèmes et exercices à réaliser en moulinette

Dans cette seconde partie, dont l'axe de progression est maintenant vertical, vous devez vous imposer d'avoir les bras tendus lors du maintien d'une position, en particulier pour observer, puis imaginer, le mouvement futur. Et, si possible, avoir l'un des deux bras tendu pour effectuer toutes les opérations de mousquetonnage. Évitez que vos bras ne soient refermés durablement le long du corps ou à la hauteur des épaules, position dite « en ailes de poulet ». Le sang circule mal dans les bras, ils se contractent, deviennent durs et douloureux, ils se chargent en acide lactique. De plus, cette position est très déséquilibrante. Pour y remédier, il suffit de déplacer l'une des deux mains en la plaçant bien au-dessus de l'autre, le mieux étant de bien anticiper cette position.

■ Augmenter l'amplitude de ses mouvements.
– Grimper dans un couloir vertical dans lequel les prises sont interdites et dont vous ferez varier la largeur en l'augmentant progressivement.

TECHNIQUES DE L'ESCALADE ROCHEUSE

En plus de l'ample développé offert par ce placement, il est aussi une éventuelle position de moindre effort et d'observation.

La lolotte favorise des développés d'envergure en limitant les efforts à produire, surtout dans les dévers. Elle rapproche le corps de la paroi.

■ Pousser avec efficacité sur la prise.
– Grimper des passages où l'extension et la poussée sont obligatoires. Pour cela, réaliser des groupés-dégroupés en allant chercher des prises les plus hautes possibles.
– Grimper en utilisant pour les mains uniquement des prises inversées que vous optimalisez.

■ Amélioration de la prise d'information.
– Sur une faible hauteur déterminée, s'imposer des contrats, des challenges. Exemples : j'envisage de grimper avec x prises pour la main gauche et droite et x prises pour le pied gauche et droit. Le jeu consiste à réduire le nombre de prises utilisées après chaque passage. Cet exercice favorise la concentration, la lecture, l'imagination des mouvements, l'amplitude, la détermination.

■ Améliorer la rapidité de sa prise d'information et la vitesse de sa progression.
– Grimper en utilisant une prise pas plus de trois secondes.
– Grimper en ne gardant pas le bassin immobile plus de cinq secondes.
– Chronométrer le temps de réalisation d'un passage, puis réduire progressivement le temps de son enchaînement avec, pour objectif, l'amélioration de la vitesse de son déplacement.

■ Aboutir à des progressions différentes :
– Grimper de profil (lolotte). A réaliser sur des voies légèrement déversantes, aux prises bonnes et sensiblement alignées verticalement.
– Grimper en changeant de profil. C'est, en réalité, un basculement du corps fait alternativement d'un côté sur l'autre autour d'un même axe de prises alignées verticalement. L'intérêt de cet exercice est d'apprendre à travailler la préhension de la prise sous des angles divers, car tout en vous élevant et en changeant de côté, vous devrez conserver les mêmes prises de main et de pied.
– Grimper en opposition. Cette technique de progression s'apprend très bien dans des dièdres d'inclinaison positive. Pour que vous imaginiez la forme de ceux-ci, sur une table, posez verticalement un livre ouvert à environ 90°, les deux pages intérieures forment les côtés du dièdre sur lequel vous grimperez. Suivant la qualité des prises, leur présence ou leur absence sur les parois, il sera possible de le grimper de trois façons :

▲ 67

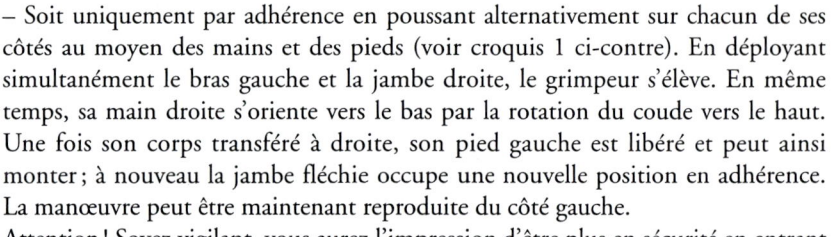

– Soit uniquement par adhérence en poussant alternativement sur chacun de ses côtés au moyen des mains et des pieds (voir croquis 1 ci-contre). En déployant simultanément le bras gauche et la jambe droite, le grimpeur s'élève. En même temps, sa main droite s'oriente vers le bas par la rotation du coude vers le haut. Une fois son corps transféré à droite, son pied gauche est libéré et peut ainsi monter ; à nouveau la jambe fléchie occupe une nouvelle position en adhérence. La manœuvre peut être maintenant reproduite du côté gauche.

Attention ! Soyez vigilant, vous aurez l'impression d'être plus en sécurité en entrant progressivement au fond du dièdre. Ce sentiment, vous l'aurez aussi lorsque vous grimperez dans une fissure ou une cheminée. Dans tous les cas, donnez et conservez la place nécessaire à vos membres pour qu'ils puissent se déployer. Dans un dièdre, partant du fond, les pieds sont à placer plus à l'extérieur que les mains.

– Soit en utilisant un côté en adhérence pour les pieds, les mains, elles, tirant sur le bord de la fissure séparant les deux côtés du dièdre en son fond. Les pieds « marchent » sur la paroi. Cette technique d'escalade est dite aussi « Dülfer », du nom de son inventeur Hans Dülfer (1892-1915). Ce célèbre alpiniste allemand occupa une place primordiale dans l'histoire de l'alpinisme, ; il fut un partisan actif des nouvelles techniques d'escalade (voir croquis 2 ci-contre).

– Soit en utilisant partiellement la technique Dülfer, combinée à des poussées directes sur des prises saillantes lorsque les parois en sont pourvues (voir croquis 3 ci-contre).

La technique de progression en opposition s'applique aussi dans d'autres circonstances. Par exemple, dans une cheminée qui est une large fissure aux faces parallèles, entre elles vous vous élèverez par des oppositions (voir croquis p. 69).

Ensuite, la technique des oppositions s'emploie sur des dalles relativement lisses, flanquées d'une écaille au bord vertical un peu décollée offrant ainsi un bord utilisable (voir croquis 4 ci-contre).

Enfin, vous ferez aussi une opposition lorsque vous optimaliserez une prise de main, qui, à partir d'un moment, deviendra une prise de pied. C'est faire un pied-main.

GRIMPER EN TÊTE

Dans les ateliers moulinettes, vous aurez appris les gestes pour assurer la progression d'un coéquipier, qui constituent à rependre de la corde lorsqu'il grimpe et ensuite à le faire descendre doucement (voir Assurages et manœuvres de corde et Assurage en moulinette, p. 85 à 87). De même, vous aurez appris à descendre le long de la paroi en vous positionnant de telle sorte que vous puissiez voir en dessous de vous et ainsi diriger votre trajectoire. C'est la même position que vous adopterez pour descendre en rappel.

Avant de grimper en tête, vous ferez les exercices suivants, équipé du cuissard et de quelques mousquetons :

■ Montez verticalement, les pieds jusqu'à une hauteur d'environ 1,80 à 2 mètres. Trouvez une bonne position d'équilibre permettant de libérer une main, puis de prendre et de poser un mousqueton dans un trou ou

TECHNIQUES DE L'ESCALADE ROCHEUSE

S'élever en opposition dans une cheminée.

1- L'élévation du buste se fait en déployant les bras et les jambes. Les mains et les pieds s'opposent par une poussée en adhérence sur le rocher.

2- Le pied droit et le bassin s'opposent à partir de deux appuis adhérents. La jambe gauche peut s'élever.

3- Le pied gauche relaie le pied droit dans son opposition au bassin. Les bras remontent, les mains se plaquent en adhérence sur le rocher.

4- La jambe droite prend le relais de l'opposition de la jambe gauche, laquelle vient, en étant repliée, se placer sous le grimpeur, préparant ainsi la prochaine élévation.

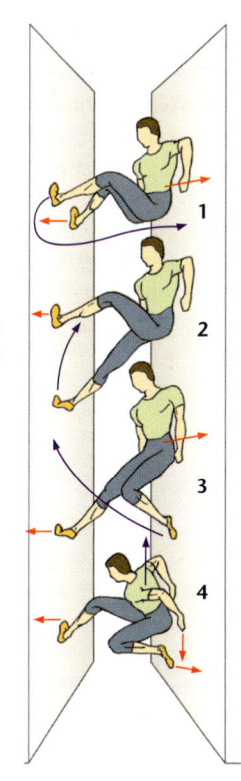

sur une vire. Ensuite, descendez. C'est un travail sur la recherche de bonne position d'équilibre et aussi sur la mémorisation des prises et des gestes, puisqu'il faut descendre, donc reprendre à l'envers les prises déjà utilisées. Ensuite votre coéquipier ira chercher le mousqueton.

■ Horizontalement, au moyen d'un atelier créé spécialement, vous apprendrez les techniques de mousquetonnage aux ancrages et les diverses façons de passer la corde dans les mousquetons (voir Techniques de mousquetonnage et passage de la corde, p. 88).

■ Vous ferez aussi l'exercice suivant (là complètement équipé du cuissard, d'un descendeur, d'un mousqueton de sécurité et de dégaines). Montez jusqu'au premier ou au deuxième ancrage, placez la dégaine, mousquetonnez la corde, puis descendez non pas en moulinette, mais en désescaladant... évidemment assuré par le système de poulie (voir Les assurages [dont Assurage du grimpeur en tête], p. 86 et Le parage, p. 87).

■ Avant de vous lancer en tête, peut-être ressentirez-vous la nécessité de confirmer l'ensemble de votre technique de mousquetonnage. Pour cela, sur une voie équipée sur laquelle vous avez déjà travaillé, en compagnie de deux autres personnes, vous installerez une moulinette. Vous travaillerez tous les trois sur cet atelier. Exceptionnellement vous vous encorderez au moyen d'un mousqueton de sécurité attaché à la corde et passant dans les attaches de votre cuissard. Un des coéquipiers vous assurera, ou plutôt sera là pour parer les éventuelles lacunes d'assurage de votre second coéquipier. Avec une autre corde vous vous encorderez cette fois-ci normalement, l'autre coéquipier vous assurera comme si vous étiez en tête et non contre-assuré par la moulinette. Vous grimperez, paré au départ, et au fur et à mesure de votre ascension, vous mousquetonnerez les ancrages et passerez votre corde afin que votre second vous assure.

■ Enfin, pour grimper en tête, donc être autonome, il vous restera à apprendre plusieurs techniques de sécurité. Il est essentiel que vous les connaissiez et sachiez les mettre en place pour que votre sécurité et celle de votre coéquipier soit assurée. Ainsi, il faudra que vous maîtrisiez :
– votre installation au relais,
– la mise en place d'une moulinette ou d'un rappel,
– l'assurage de votre coéquipier,
(voir ces paragraphes, p. 93).
Toutes ces manœuvres s'apprennent d'abord au sol, ensuite en hauteur à partir de vires aménagées ou en haut des voies. Vous confirmerez vos acquis jusqu'au zéro défaut. D'ailleurs, en même temps, vous serez initié à la descente en rappel et à votre autoassurage durant celle-ci.
Cela fait, vous pouvez grimper en tête !

Mais avant de commencer, au pied de la voie, posez-vous quelques questions au moyen de cette petite check-list :
- Cuissard : est-il à sa place, pontet non vrillé ? Est-il bien bouclé et contre-bouclé ?
- Encordement : sur les attaches du cuissard, le nœud est-il approprié et correctement fait ? Le bout sortant est-il assez long et éventuellement contre-assuré par un nœud de pêcheur double ?
- Mousquetonnage : ai-je assez de dégaines ? Les ai-je bien réparties ? Est-ce que je maîtrise bien les techniques de mousquetonnage ?
- Matériel : ai-je un descendeur, un ou plusieurs mousquetons de sécurité, une longe d'autoassurage, une cordelette et... le casque ?
- Ma corde : est-ce une corde à simple ou à double ? Est-elle assez longue pour aller au relais et/ou pour descendre en moulinette ou en rappel ?
- Est-ce que je sais :
– Installer un relais ?
– Installer une moulinette ?
– Installer un rappel ?
- Ai-je le matériel pour
– Descendre en rappel en m'autoassurant ?
– Descendre en moulinette ?
- Mon coéquipier :
– Sait-il assurer la manœuvre pour me descendre en moulinette et connaît-il les termes pour correspondre entre nous ?
– Sait-il parer et maîtrise-t-il très bien les techniques de l'assurage d'un premier ?
– Est-il encordé si la voie a une hauteur proche de celle de la longueur de la corde ?
– Si je le fais monter au relais, sait-il faire les manœuvres pour descendre ? Est-il équipé pour ? et... Est-ce que je saurai lui expliquer ?

Comme vous pouvez le constater, pour devenir autonome en escalade, le répertoire gestuel et les techniques de sécurité représentent un travail dont l'ampleur peut sembler rébarbative pour parvenir à les acquérir, puis les maîtriser. Mais, tout particulièrement concernant la sécurité et pendant son apprentissage, soyez vigilant, toute improvisation, toute négligence peuvent être fatales.

En dehors de cela, il est sérieux de ne pas se prendre au sérieux... L'escalade est avant tout une activité de loisir et de détente, même si vous la pratiquez avec passion. Sachez alterner les instants d'intense concentration et ceux de détente. C'est dans cet esprit qu'il faut apprendre et ensuite progresser... Rendez ludiques tous les éducatifs gestuels.

Que vous soyez seul ou plusieurs...
– Soyez joueur !
– Débridez votre imagination, soyez créatif, inventif...
– Osez, soyez sans complexe... ambitieux...
– Extériorisez-vous, sans exubérance... simplement.
– Le rocher est joueur, il aimera votre gaieté...
– Il jouera avec vous, il se dévoilera à vous...
– Tout en restant concentré et appliqué, pas à pas, il vous fera découvrir le geste précis, pertinent... il vous guidera.

– De temps en temps, il vous testera sur des pistes aléatoires, déroutantes, pour mieux aiguiser votre sens critique, votre sens de l'observation et d'imagination... votre vigilance !

Vous avez débuté l'escalade par un dialogue avec vous-même, fait parfois de craintes, d'hésitations, de doutes et de pertes de confiance..., puis, progressivement, tout deviendra plus clair... vous comprendrez et dialoguerez avec le rocher !

COMMENT PROGRESSER ?

Vous venez de faire vos premières voies en tête et déjà vous avez atteint un bon niveau de performance, mais vous désirez aller plus loin, partir à la découverte de sites naturels et, en même temps, élever votre niveau actuel.

Concevez déjà qu'un site naturel est un milieu vivant sur lequel il s'impose d'avoir un comportement respectueux...

Respect de la propriété et des grimpeurs ou de toute autre personne bien sûr, mais aussi de ce qui constitue tout l'environnement du site... Nous devons toujours avoir à l'esprit que nous sommes là, intrus au milieu de cette nature libre et sauvage.

L'escalade est un « *espace de liberté* » qui brutalement peut se restreindre ! L'approche de toute falaise devrait donc se faire dans le calme et posément.

Maintenant, arrivé sur un site naturel, exercez-vous le plus possible à l'escalade en tête à vue, renouvelez l'expérience que vous avez vécue à la fin de votre initiation. Puis, osez, tentez aussi le à vue intégral, laissez le topo de côté, seulement pendant le temps où vous allez découvrir le site, vous le consulterez plus tard. Sans *a priori*, laissez-vous imprégner par le milieu, laissez-vous séduire, surprendre et guider !

Parcourez le pied de la falaise en l'observant attentivement, attardez-vous sur ses lignes. En procédant ainsi, il est fort possible que vous soyez accepté à entrer dans l'intimité de celle-ci et de son environnement ; là, vous découvrirez la ligne irrésistible, la voie coup de cœur, celle qui vous parle, celle qui vous invite. Alors, si c'est possible, après une petite reconnaissance sur les sorties de voies, commencez votre dialogue avec le rocher par des voies faciles, vous le découvrez, il vous fera entrevoir ses petits secrets... il vous initiera... en vous invitant à entrer dans son monde !

A vous de le comprendre !

Si tel est le cas, si vous êtes en harmonie avec lui, concentrez-vous et soyez positif, projetez-vous dans la voie, voyez-vous dedans, voyez-vous en haut. Je suis sûr que vous la réussirez. Arrivé en haut, prenez le temps, observez ce qui vous entoure, tout à la fois méditez et savourez votre victoire sur vous-même... et, cette fois-ci, seul, sans motivation extérieure.

L'escalade, c'est tout simplement une rencontre avec soi-même, où l'on est, durant l'ascension, seul face à ses émotions, ses joies, ses craintes... ses doutes !

Bien sûr, ensuite, on tente de partager un peu de tout cela avec la personne qui nous accompagne, mais elle aussi vit « *SON* » escalade, avec sa personnalité, sa propre sensibilité et sa perception des choses !

Et puis, comme j'en suis bien certain, au cours de votre « *voyage* » à la découverte des sites d'escalade, vous tomberez en arrêt, devant « *LA* voie »... celle qui, au-delà du coup de cœur, devient un « *coup de foudre* ». Par la beauté de ses lignes, par la pureté et la chorégraphie des gestes que vous imaginez pour la parcourir, par ses couleurs et l'éclairage de cet instant qui l'anime... elle est irrésistible !

Mais vous percevez que pour être admis à « *danser* » avec légèreté au rythme de son harmonie, il vous faut encore un peu de temps, vous n'êtes pas prêt. Il manque, entre autres, à votre répertoire quelques subtilités gestuelles, de la continuité et un mental bien trempé... disons de l'expérience. Car cette voie, vous voulez la faire à vue et dans un parfait enchaînement de tous les passages !

Alors, face à elle, assis au pied d'un arbre, rêvant, un peu hypnotisé par le jeu d'ombres de la lumière sur le feuillage, vous réfléchirez aux moyens possibles pour progresser dans cette activité qui devient une passion.

L'objet de ce chapitre est de vous apporter l'exemple et l'expérience d'une démarche personnelle conduisant sur les diverses pistes du perfectionnement.

A vous de la partager, de l'expérimenter... de la vivre et de l'enrichir !

Le niveau de performance

D'abord, définissons-le : le niveau de performance est directement lié au degré cotant la difficulté technique du passage de la voie. Votre degré de performance est donc identique à celui des voies les plus difficiles que vous grimpez. Mais aux conditions suivantes : il faut que leur escalade soit faite en tête à vue et que vous confirmiez ce niveau sur tous les types de rocher, quelle que soit la configuration de la voie.

Comment va évoluer votre niveau de performance ? Déjà, quelque temps après votre initiation, peut-être avez-vous constaté une légère régression de votre

---

ÉCHELLE DE COTATION

Cette échelle graduant le niveau de difficulté d'un passage de rocher fut créée à l'initiative de célèbre alpiniste allemand Willy Welzenbach (1900-1934). A l'époque, elle s'arrêtait au 6e degré supérieur qui était considéré comme étant la limite des possibilités humaines. Les choses ont bien évolué depuis !

Aujourd'hui, avec prudence, le monde de l'escalade laisse cette échelle ouverte

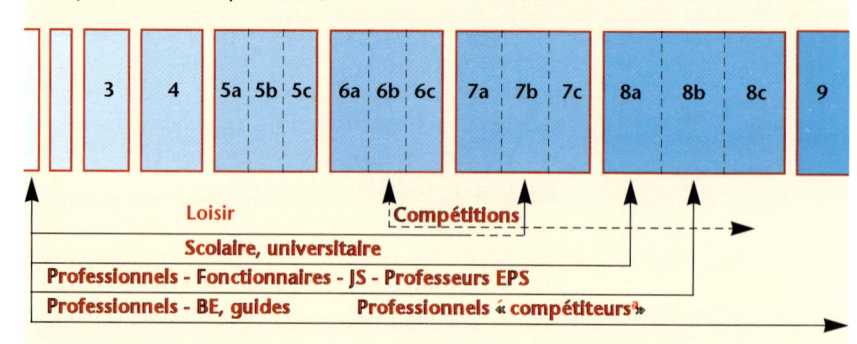

| 3 | 4 | 5a | 5b | 5c | 6a | 6b | 6c | 7a | 7b | 7c | 8a | 8b | 8c | 9 |

Loisir
Scolaire, universitaire
Compétitions
Professionnels - Fonctionnaires - JS - Professeurs EPS
Professionnels - BE, guides
Professionnels « compétiteurs »

Les degrés, cotant les niveaux de difficulté, sont ici représentés symboliquement par les échelons dont la grandeur est proportionnelle à la difficulté, à l'investissement et à la durée d'acquisition et de confirmation de ceux-ci.

TECHNIQUES DE L'ESCALADE ROCHEUSE

comportement ? Vous avez l'impression d'être moins à l'aise. C'est un phénomène normal, surtout si vous étiez dans un stage de formation. Vous viviez sous l'influence de la dynamique de groupe, et puis peut-être grimpez-vous un peu moins aujourd'hui ?

En quelques jours, vous avez fait de rapides progrès, mais qui n'ont pas été confirmés par une pratique régulière.

Comment capitaliser une somme d'expériences ? Quels sont les grands principes ?

- Grimper le plus souvent possible.
- Faire l'ascension de voies correspondant au niveau atteint, mais si possible sur des types de rochers variés et des configurations de trajectoires différentes.
- D'autre part, pour votre évolution, il est indispensable d'oser vous engager sur des voies d'un degré un peu supérieur, mais, dans un premier temps, correspondant à votre style de prédilection.

Facteurs limitant votre évolution

Interrogez-vous, ils sont au nombre de quatre. Quel est celui ou ceux qui semblent vous concerner ?

- Connaissance des techniques de sécurité insuffisante, ainsi que la maîtrise de l'utilisation du matériel.
- Répertoire gestuel restreint.
- Une sensibilité émotionnelle difficile à contrôler.
- Capacités physiques un peu limitées : souplesse, puissance musculaire.

Comme vous le voyez, par vous-même, l'examen de votre situation personnelle n'est pas très facile à faire. Car, au début, encore trop accaparé par plusieurs tâches matérielles non encore dominées, vous n'êtes pas assez disponible pour analyser finement et objectivement vos actes moteurs. Pour le faire, il faut avoir des repères, des éléments de référence, disons de l'expérience.

Si vous envisagez l'escalade comme un loisir, une passion, vous pouvez toutefois par vous-même progresser à partir des pistes développées dans ce chapitre, cela en compagnie d'un coéquipier qui peut servir de vecteur. Former une cordée aux désirs partagés étant encore le mieux, ainsi, l'ambition et la motivation seront-elles là et, en plus, si l'un et l'autre avez un esprit critique, objectif et positif, doublé d'une grande lucidité et de simplicité, entre vous s'installera une complicité qui assurément débouchera sur des progrès certains.

Bien sûr, si vous envisagez d'aller au-delà du simple loisir passion, il faudra vous en remettre à des personnes soit très expérimentées, soit formées pour l'entraînement vers la haute performance.

Apprenez à vous observer

Après avoir grimpé une voie, à partir de la liste ci-dessous, non exhaustive, des critères d'observation, portez sur vous un œil critique et tentez de dégager les éléments qui, indirectement ou directement, vous apparaîtront avoir affecté le plus votre comportement. Bien sûr, votre coéquipier, vous ayant observé, vous aidera dans votre analyse.

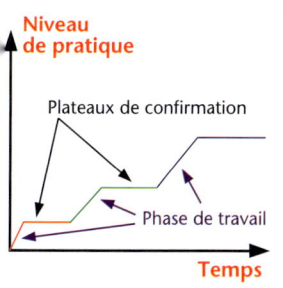

L'évolution du niveau de performance se fait par des phases rapides coupées de paliers plus ou moins longs appelés « périodes de confirmation » durant lesquelles est capitalisée une somme d'expériences indispensable à l'évolution future.

▲▲ 73

■ Comment vous êtes-vous préparé ?

Avez-vous fait :
– une lecture globale de la voie ?
– une lecture affinée des premiers mètres et avez-vous repéré toutes les prises ?

Avez-vous :
– imaginé les premiers mouvements ?
– préparé vos chaussons ? (nettoyage, laçage),
– quantifié le nombre de dégaines nécessaire ? Ont-elles été réparties correctement ?
– observé une phase de concentration ?

Quel était votre état émotionnel ? Calme, nerveux, stressé ?

■ Dans l'action, qu'avez-vous fait ?

Avez-vous :
– repéré toutes les prises ? Ont-elles été utilisées de façon variée ?
– eu un comportement gestuel adapté à la compatibilité des prises entres elles ?
– pris le temps de choisir les prises ?
– fait confiance à vos pieds ? Ont-ils été utilisés avec précision, de façon variée et opportune ?
– optimalisé les prises de main ?
– fait un arrêt dans le passage ou avant ? La progression a-t-elle été enchaînée, fluide ?
– eu un comportement hésitant ?
– adopté des positions variées de votre corps (de face, de profil...) ?
– été très mobile du bassin, des chevilles ?

Étiez-vous :
– collé ou éloigné de la paroi quand cela était nécessaire ?
– à l'aise pour mousquetonner ?
– dynamique, combatif, pugnace ?
– confiant ?

Avez-vous :
– accepté l'engagement, les déséquilibres ?
– craint la chute ?
– désescaladé ?
– respecté l'itinéraire ?
– accepté des conseils ?
– été loquace en grimpant ? De quoi parliez-vous ?

■ Et après ?

Quel est :
– votre état émotionnel ? Calme, nerveux, stressé ?
– le rythme de votre respiration ?
– la vitesse de votre récupération ?

Avez-vous envie :
– de parler, de partager vos impressions ?
– de faire sereinement et objectivement l'analyse de votre comportement et de confronter vos critiques ?

Vous constatez que ces critères d'observation portent sur la lecture du rocher et l'interprétation que vous en faites pour ensuite, et c'est bien là l'essentiel, imaginer, puis créer des mouvements pertinents puisés dans votre répertoire gestuel.

Il semble évident que le volume du répertoire gestuel et la richesse de vos postures ont une influence non négligeable sur votre thermomètre émotionnel.

De son côté, votre sensibilité émotionnelle influe sur votre capacité à reproduire en hauteur des mouvements très bien travaillés au pied de la voie. Elle a donc une influence sur vos acquis, mais aussi sur l'enrichissement de votre répertoire... Tout ne s'apprend pas au ras du sol.

Vos aptitudes physiques, votre souplesse en particulier, ont une influence directe sur la richesse de vos gestes dont elles peuvent en limiter le nombre. D'autant qu'une excellente souplesse pallie bien des fois à une capacité musculaire un peu juste.

LES THÈMES DE LA PROGRESSION

Nous conseillons de commencer par travailler les assouplissements ; ce travail peut cependant très bien être fait en même temps que vous entreprenez les exercices d'enrichissement du répertoire gestuel.

Techniques de sécurité

Le tout premier thème à réviser est celui des techniques de sécurité, car il ne doit pas influer sur votre émotionnel et devenir le facteur limitant votre progression.

Aussi, il vous appartient de réviser fréquemment et de vous remettre en question au moins une ou deux fois par an, grâce entre autres à ce livre ou à un stage axé sur la sécurité organisé par les associations du Club alpin français, en particulier.

Toutefois, partant du postulat que les techniques que vous employez sont pertinentes et sûres, vous pouvez tester votre aisance à les mettre en œuvre. Par exemple : un des facteurs de régression est celui de ne pas posséder une parfaite aisance pour réaliser toute l'opération du mousquetonnage. Vous devez parvenir à ce que tous vos gestes soient automatiques et rapides, ceci par un travail fastidieux mais payant. Vous aurez éliminé ce facteur de régression le jour où vous grimperez en n'ayant plus le souci de cette manœuvre.

Enfin, viendra le jour où vous, ou plutôt votre coéquipier vous fera remarquer que vous avez sauté un point d'ancrage ! Ceci est à éviter. Mais il ne vous l'aura pas signalé au moment, parce que sans doute vous dégagiez une certaine sérénité et maîtrise de vous.

Un autre élément peut influer sur votre comportement, c'est la crainte de ne pouvoir vous extraire facilement et en sécurité d'un passage que vous n'êtes pas sûr de franchir. Apprenez à mémoriser quelques techniques de réchappe sur broche et sur plaquette, sans que soit rompue la chaîne de votre assurage (voir Les assurages et manœuvres de corde, p. 95).

Enfin, rien de tel qu'un coéquipier qui sait vous assurer, qui le fait bien et qui reste vigilant.

Enrichir son répertoire gestuel
Sur un plan général
Sur des voies connues, cherchez, imaginez et réalisez des pas différents. Cherchez à être le plus esthétique, le plus fin, le plus économique, suivant le cas en réduisant ou en augmentant le nombre de pas. Par principe, là où il n'y en a pas, évitez de réaliser un pas athlétique et, si c'est le cas, soyez critique, objectif et remettez-vous en question.

Où faut-il aller ?
◼ Sur des voies dont :
– la raideur s'accentue,
– le volume, la forme, le toucher des prises est différent,
– la densité des prises est variable et leur orientation tous azimuts,
– la trajectoire est autre que verticale.
◼ Sur des surfaces de configuration différente : dalles, dièdres, fissures, bombés, toits.
◼ Sur des rochers de type différent : calcaire, granite, grès, roches volcaniques...
Entraînez-vous sur un pan, une SAE que vous pouvez faire évoluer à volonté.

Que faut-il faire ?
Pour les mains : apprenez à changer de main sur une même prise, doigt par doigt.
◼ Pour les pieds : chargez des adhérences de moins en moins bonnes.
◼ Pour les pieds et les mains :
– prenez des trous de plus en plus petits, de moins en moins profonds, puis déversés ;
– prenez et chargez des grattons de plus en plus petits ;
– montez le corps en travers par rapport à la ligne verticale de la voie.

Pour le placement du corps.
◼ En traversée.
– Franchissez des passages de plus en plus déversants ;
– Resserrez verticalement l'espace entre les prises de mains et de pieds, par contre, à l'horizontale, allongez les distances entre elles (travaillez l'allonge, le regroupement, la souplesse).

C'est un travail profitable qui exige d'être calme, vigilant, pugnace... et paré !

◼ Engagez-vous dans des toits bien pourvus en prise à une hauteur où il sera possible de vous parer (le pan convient très bien pour ces deux exercices). Recherchez les placements les plus économiques possibles ; gardez les bras tendus pour regarder, repliez-les seulement dans l'action. Gardez votre bassin très près du plafond.

Exercices sous un toit. A partir d'une prise de main, placez horizontalement votre corps sur plusieurs axes. Essayez de couvrir les 360°, tout en allant à chaque fois chercher de l'autre main le plus de prises possible et le plus loin. Observez bien le travail que vous faites avec les pieds. Constatez qu'à partir d'un moment, vous faites dans l'axe horizontal des rotations de votre bassin et de vos épaules pour les placer dans le plan vertical. Vous allez trouver de nouvelles

TECHNIQUES DE L'ESCALADE ROCHEUSE

1- En changeant uniquement le bras droit de place, la main gauche peut saisir la prise au niveau du bassin.)

2- En poussant sur la prise de la main gauche, il est possible de la main droite de prendre la première prise ou de s'en servir comme intermédiaire pour saisir l'autre plus à sa droite. Ensuite, la main gauche peut prendre. prise au niveau du bassin.

3- Par la conjugaison traction-poussée des bras, le corps bascule sur le pied droit. Le pied gauche en grenouillage sous le toit décolle progressivement le bassin du bord du toit.

4- Le rétablissement se fait par un pied-main à gauche en passant le genou entre le bras et la paroi, qui, avec le pied en poussée vers l'extérieur, ramène le bassin contre la paroi. Le bras droit en poussée redresse le buste, libérant ainsi la main gauche pour atteindre la prise de rétablissement.

5- En conjuguant la traction-poussée des bras, le corps bascule sur le pied droit. Le pied gauche est libéré et peut ainsi venir faire un pied-main.

6- Ensuite, par un simple grenouillage, il est possible d'atteindre la prise main gauche pour le rétablissement.

solutions plus économiques et performantes pour charger le bras porteur et le pied en appui. Vous allez découvrir de nouvelles préhensions telles que le crochetage pointe du pied.

Exercices sous le rebord d'un toit. Placez une main sur le plan vertical sortant du toit, par le travail de vos pieds ; allez toucher de l'autre main le plus de prises possible et le plus loin. Sur ce plan vertical, travaillez cet exercice comme le précédent en plaçant votre corps horizontalement sur plusieurs axes, cette fois-ci dans un secteur de 180°. Partant toujours de la main placée sur le plan vertical, les pieds sous le toit et au bord, de l'autre main, allez prendre le plus loin possible une prise placée dans ce plan horizontal du bord du toit. En gardant ces prises de main, pivotez votre corps de façon à amener vos pieds du côté opposé.

Exercices pour franchir un toit. Toujours en partant d'une prise de main au bord du toit, sortez une jambe, placez le pied sur une prise dans le plan vertical du toit et chargez-le (vous pouvez également faire une préhension par crochetage de talon). Chargez le bras ; vos épaules et vos hanches doivent basculer dans le plan vertical. De l'autre main, allez toucher le plus de prises possible et le plus loin. Ensuite, prenez-en une et travaillez les mouvements pour franchir le toit. Répétez cet exercice avec d'autres prises. Les solutions sont multiples. N'oubliez-pas de travailler également la sortie directe du toit.

Bien sûr, pour tous ces exercices d'enrichissement gestuel, travaillez aussi l'endurance, vos capacités de blocage sur chacun de vos bras.

Évitez de vous laisser pendre les pieds en bas comme un jambon de montagne ! Cela ne vous apportera pas grand-chose et vous consommerez beaucoup d'énergie.

Sur le plan de l'équilibre

■ Sur un plan oblique.

– Grimpez sans les mains, parvenez à dissocier transfert et poussée.

■ Sur un plan déversé.

– Placez-vous dans des déséquilibres variés, débutez en allant systématiquement chercher une prise au-delà du pied en appui.

– Apprenez à résister entre autres à l'effet charnière qui tend à vous faire sortir de la paroi parce que vous n'êtes que sur deux prises. Agissez en croisant la jambe libre par-derrière la jambe en appui. Vous créerez ainsi un troisième appui. Ce placement s'appelle une chandelle (voir croquis ci-dessous).

Agissez aussi en faisant contre-poids avec votre jambe libre (voir croquis ci-dessous).

Apprenez à faire des jetés sur une prise. Vous devrez évaluer les distances vous séparant de la prise, doser votre impulsion et bien vous placer pour la saisir.

La chandelle : le pied simplement en appui crée le troisième point qui, bien que fictif, évite au corps de pivoter sur lui-même ou de basculer.

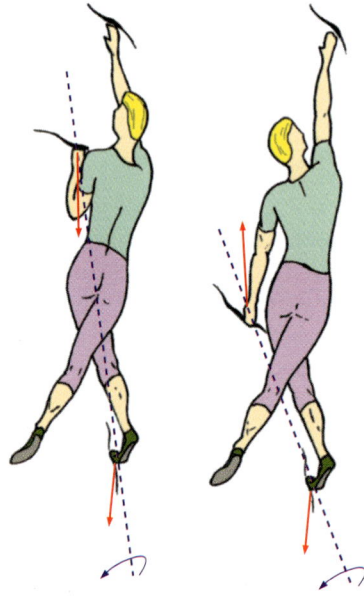

Dans tous les cas, la paroi est soit verticale soit déversante.

Dans les deux cas, le pied droit en appui simple sur la paroi évite au corps de se décoller en pivotant autour des charnières main gauche-pied droit.
Dans la deuxième figure, la main gauche est en inversé, par sa traction elle charge le pied droit en adhérence.

Dans les deux cas, la jambe gauche en bascule vers la droite ramène, par son poids, le centre de gravité sur le pied en appui.
Le bras droit de la deuxième figure, en verrou fermé, a ainsi un peu moins à lutter contre son ouverture.

En dehors de cela, apprenez à rythmer votre escalade, accélérez dans les passages difficiles, récupérez dans les passages faciles en ralentissant. D'une façon générale, grimpez dynamique, vous serez plus économique.

Refaites vos gammes, travaillez votre capacité à soutenir un effort, revenez sur le carré magique ou faites de longues traversées en aller-retour le plus de fois possible. Pensez à expirer. Ne restez pas en apnée, surtout au moment de produire l'effort.

Comment faire tout cela ?

Vous avez trois solutions : la méthode directe, la méthode analytique, et puis la méthode intuitive.

■ **La méthode directe.** C'est l'observation de votre coéquipier, bien expérimenté et bien sûr d'un niveau supérieur au vôtre, la visualisation d'un film, d'une vidéo (il y a quelques années, Patrick Edlinger et P. Berhaut, à travers leurs vidéos, ont très souvent servi de chorégraphe...).

■ **La méthode analytique.** C'est, par votre finesse de lecture, le décryptage du système de prises. Vous imaginez les mouvements que vous allez faire. En un mot, vous vous voyez dans le passage.

■ **La méthode intuitive.** Peut-être créerez-vous des mouvements difficiles sans réellement les avoir pensés, c'est le fin du fin. Mais il y a toujours une part de lecture et vous y parviendrez par l'accumulation d'expériences tous terrains.

Quelle méthode choisir ? La méthode directe évidemment, mais le plus fréquemment possible imposez-vous de bonnes séances de méthode analytique : c'est la plus riche et celle qui met en valeur vos capacités de lecture, d'anticipation, d'imagination, de détermination et de concentration. Elle vous dirige vers l'intuitif, mais ne vous enferme pas dans des placements stéréotypés, ou des mouvements calqués sur d'autres. Il faut laisser place à l'imagination, au rêve ! Dans les premiers niveaux de difficulté, suivant l'architecture de la voie, plusieurs placements sont possibles, auxquels vient s'ajouter la différence de taille des grimpeurs entre eux. Il est d'ailleurs très intéressant et formateur de travailler avec des coéquipiers de tailles différentes.

Ce travail sur l'enrichissement gestuel sera rapide et profitable si l'on veille à détecter, puis éliminer, tous les mouvements parasites.

En somme, il n'y a pas de méthode unique et figée pour acquérir un répertoire gestuel très dense, mais seulement des pistes sur lesquelles vous cheminerez selon votre personnalité, l'instant présent, le milieu qui vous entoure, vos relations avec d'autres grimpeurs et le « *coup de cœur* » pour une voie...

PARVENIR À MAÎTRISER SES ÉMOTIONS

Comme vous venez très sérieusement d'enrichir votre répertoire gestuel, il est à peu près sûr que vous grimpez avec plus d'aisance, plus de confiance et bien moins d'appréhension. Vous grimpez mieux, votre affectif est moins sollicité.

Assurément, si en plus vous êtes très motivé, l'escalade étant devenue pour vous une passion raisonnable et que vous êtes tenace, il y a de fortes chances pour que votre thermomètre émotionnel ne s'échauffe pas facilement. Surtout si régulièrement

Regarder un grimpeur réaliser un passage pour le faire après lui, donc photographier mentalement l'enchaînement de ses mouvements, c'est faire un « flash ».

Mieux je suis dans ma tête

Mieux je grimpe

vous vous engagez dans des passages délicats, voire aléatoires. Ainsi peut-être êtes-vous parvenu à réduire l'écart entre votre risque préférentiel, celui qu'inconsciemment vous considérez pouvoir prendre sans être en danger, et le risque perçu, issu de votre évaluation présente (gravité de l'éventuelle chute, degré de confiance dans l'assurage), comparée à ce que vous savez pouvoir faire et résoudre réellement et ce que votre coéquipier est réellement capable de faire.

D'ailleurs, à ce sujet, il est d'une extrême importance que vous soyez dégagé de toute inquiétude concernant votre assurage. Un coéquipier très sûr, très fiable dans ce domaine, c'est déjà un souci de moins, et s'il est persuasif, lucide et dynamisant, que souhaiter de plus ?... qu'il soit sympathique et, suivant qui vous êtes, beau ou jolie...

En plus, il est sage de vous inquiéter de l'état et du type d'équipement du site, de l'espacement entre les ancrages, normal ou engagé, à compléter, vous éviterez ainsi la mauvaise surprise toujours déstabilisante.

Quelques exercices

■ Désescaladez des passages d'un niveau de difficulté que vous avez bien confirmé. Cet exercice, en plus des progrès gestuels qu'il apporte, développe la concentration, la vigilance et améliore la mémorisation des prises et leur emplacement. Exemple : vous avez un niveau de 6a/b à vue et en cours de confirmation, désescaladez du 5a/b en tête, assuré, en enlevant au fur et à mesure vos dégaines. Par la pratique de cet exercice, vous savez que, pour vous dégager d'une situation précaire, la chute n'est pas la seule solution.

■ Faites des traversées sur poutre, sur fil tendu, en les élevant progressivement. Cela travaille en plus l'équilibre.

■ Contraignez-vous à ne plus mousquetonner à bout de bras pour vous apercevoir ensuite qu'avec un ou deux pas de plus vous auriez eu une excellente prise pour le faire, laquelle vous aurait évité de vous placer dans une situation précaire qui aura déjà affecté votre comportement. Rappelez-vous qu'en général, en France, les points d'ancrage sont placés pour être mousquetonnés à la hauteur des yeux ou des épaules.

■ N'oubliez pas de faire un petit travail visant à démythifier la chute, en apprenant entre autres à la détecter, à vous placer, à faiblement doser l'impulsion de départ, puis enfin à amortir votre réception.

ENTRAÎNEMENT - ÉCHAUFFEMENT

L'entraînement vise à maintenir ou à améliorer vos performances. C'est une action importante qu'il faut conduire avec sérieux, en évitant les erreurs dont les conséquences vous obligeraient à un arrêt brutal de votre activité avec, de plus, des effets à long terme et de fréquentes rechutes dues, par exemple, à une fragilisation de vos poulies au niveau des doigts, de vos attaches musculaires, de vos muscles, etc.

Il faut vous en remettre à un spécialiste reconnu si vous souhaitez un entraînement précis bien adapté à vous et à vos objectifs. Envisagez un travail personnel, mais ne faites pas n'importe quoi n'importe comment. La tendinite, la rupture ligamentaire vous guette ! Soyez critique sur toutes les recettes que l'on vous propose. Apprenez à bien détecter vos faiblesses.

Que faut-il travailler et comment ?

■ La force musculaire, permettant de produire un effort intense mais de courte durée, appelée aussi force pure.

■ Puis la résistance musculaire donnant la capacité de soutenir dans la durée un effort important (la continuité).

– Bien sûr, envisagez les tractions, mais modérément et dans de bonnes conditions. Attention, si vous les faites sur des réglettes, celles-ci devront avoir une épaisseur d'environ 2 centimètres, être légèrement convexes et avoir le bord arrondi.

– Il est bien évident que le carré magique, les traversées et moulinettes à répétition, le parcours de blocs sont excellents, avec le pan, pour le travail de la force pure et de la continuité. Vous ferez là un entraînement spécifique dans le geste.

Dans le *Manuel de la montagne* (à paraître), au chapitre « Escalade et compétition », une partie sera consacrée aux méthodes d'entraînement physique dans ces deux domaines.

■ La souplesse : par un travail soigné, elle vous évitera bien souvent de faire appel à la force. Par exemple :

– Faites du yoga, du stretching, de la danse artistique. En vous échauffant sur des voies ou des traversées faciles, amplifiez progressivement jusqu'à l'exagération tous vos mouvements. En plus, vous faites un travail dans le geste, développant ainsi une qualité physique en étant en situation réelle d'escalade.

– Vous pouvez également faire un entraînement aspécifique, c'est-à-dire non lié directement à l'escalade, mais améliorant votre condition physique générale. Ainsi, le vélo, le jogging favorisent la récupération et développent le système cardio-vasculaire. La musculation, en veillant à faire un travail en finesse, axé sur la puissance, la résistance et non sur le volume musculaire. Attention à ne pas dévier votre entraînement vers une musculation intensive et non appropriée qui pourrait contrarier vos objectifs et assurément diminuer votre finesse d'escalade. Avec des petites charges, travaillez des actions répétées et soutenues dans le temps.

L'échauffement est une façon de s'entraîner physiquement et mentalement. Débutez toujours une séance par quelques exercices visant à préparer vos muscles et l'ensemble de vos articulations. Même le jour où vous ne pouvez consacrer que peu de temps à votre escalade, prenez quelques instants pour vous échauffer. Ne pas le faire, c'est risquer de vous blesser et là, n'étant plus en état, vous perdrez de longues semaines et sûrement aussi un peu le moral. Quel que soit le lieu, en falaise, sur SAE et peut être encore plus sur un pan, astreignez-vous, prenez le temps, ne vous jetez pas tout de suite dans des difficultés voisines de vos performances maximales. Le principe général est simple, il consiste en un échauffement dans le geste très comparable à celui fait pour améliorer votre souplesse corporelle. Vous pouvez pratiquer également des exercices spécifiques d'échauffement au sol.

Sur SAE, pans, et bien sûr en falaise, débutez simplement par des traversées faciles, sur de grosses prises et là aussi amplifier jusqu'à l'exagération vos mouvements. Allez progressivement dans les dévers.

Sur falaise, profitez de la marche d'approche, si elle est longue, pour avancer de plus en plus vite et faire en même temps quelques mouvements avec les bras, les poignets, les doigts. Débutez par des voies faciles, puis amplifier jusqu'à l'exagération vos mouvements. Cela vous permettra d'apprécier :
– votre état émotionnel, si vous êtes bien dans votre tête... ;
– votre état physique, savoir si la petite soirée de la veille ne vous a pas trop marqué, etc., ou de vous apercevoir que vous avez la superforme...

STRATÉGIE POUR RÉUSSIR UNE VOIE

C'est élaborer un plan d'action qui aboutisse à la victoire.

Quelques pistes
– Se procurer le topo de la falaise où l'on souhaite grimper.
– Le lire en faisant la visite du site.
– Choisir un objectif (voie « *coup de cœur* » ou autre).
– Toujours débuter la séance par une phase d'échauffement.
– Réaliser trois voies d'un niveau de difficulté progressif, mais inférieur de 1 à 1/3 de degré à l'objectif choisi, cette approche permettant à la fois de compléter l'échauffement physique et de préparer le moral en sympathisant avec le rocher, ses caractéristiques, ses finesses, bref, de se laisser séduire. En outre, il est souhaitable que cette préparation comporte des passages estimés proches de l'objectif choisi comme, par exemple, des surplombs, des dévers, des toits.
Au départ de la voie choisie (limite de son niveau)
– Faire une lecture globale de sa trajectoire.
– Puis une lecture affinée pour observer la disposition des prises et tâcher d'en déduire les mouvements à réaliser.
– Imaginer l'enchaînement de ces mouvements.
– Trouver les points de repos éventuels.
– Trouver les positions de mousquetonnage.
– Se voir dans la voie et... en haut !
– Être en positif, détendu, avoir confiance en soi et en l'assureur.
– S'équiper méthodiquement.
– Se concentrer et... y aller !

A mon avis, éviter le plus possible l'usage de la moulinette, travailler le « à vue » qui est le *nec plus ultra* de l'escalade. Même si l'évolution est plus lente, il a l'immense avantage de bien stabiliser le progrès et de ne pas leurrer le grimpeur sur son niveau de performance. Ainsi, dans l'éventualité où une note pourrait évaluer la valeur de chaque pratique, les positions chiffrées suivantes pourraient être faites :
– une voie réalisée en tête à vue, 20,
– une voie réalisée après travail, 14,
– une voie réalisée en moulinette, 7.

TECHNIQUES DE L'ASSURAGE

MATÉRIEL D'ESCALADE

Pour débuter l'activité, il n'est pas nécessaire de faire l'acquisition de tout le matériel présenté en page 20. En général, tous les clubs alpins proposent des stages de découverte et d'initiation dans lesquels le matériel est prêté.
Toutefois, il est intéressant de se procurer rapidement son cuissard personnel, pour plus de confort, et ses chaussons d'escalade, pour une perception rapide et profitable des sensations. Pour le reste, l'acquisition se fera dans le temps au fur et à mesure de vos besoins, de votre motivation et du coéquipier.
Si votre motivation est réelle et, en apparence, pérennisable, choisissez des produits de qualité pour un usage précis, confortables, fiables dans le temps.

Où faut-il être exigeant ?
Sélectionnez pour les produits suivants du matériel répondant aux normes CE.
– Le cuissard : le confort et la sécurité sont à allier.
– Les mousquetons de sécurité : choisir un mécanisme simple et exiger une grande rigidité afin de limiter leur déformation.
– Le descendeur en huit : suivant la qualité de l'alliage métallique le constituant, son usure sera plus ou moins précoce.
– La corde : il faut tenter d'associer la souplesse, la fluidité et la résistance à l'abrasion de sa gaine.
– Les chaussons : au début il faut découvrir son pied. Lui faut-il un chausson souple ou un peu rigide ? Le manque de précision engendre l'usure rapide de la semelle ! Néanmoins, du rocher il doit bien transmettre les sensations perçues. Il est bien qu'il soit confortable, précis et solide. Un compromis délicat, mais possible à obtenir en situant son choix un peu au-dessus de la moyenne des prix.
– Le casque : les pierres tombent toujours ! Si sur bien des sites sportifs on peut se dispenser de son port, encore faut-il être certain de ne pas voler ou de bien se réceptionner. *Il est impossible que soit assurée leur aseptisation totale* et encore moins de façon définitive. Il est donc utile de posséder un casque confortable, ventilé et facilement réglable... **et il faut l'utiliser !**

Que faut-il se procurer ?
En dehors du matériel unitaire (cuissard, chaussons, casque, descendeur, sac à dos) pour, en France, grimper en tête sur la majorité des sites sportifs, il faut :
– de 10 à 15 dégaines (mousquetons simples + sangle express) ;
– de 3 à 4 mousquetons de sécurité ;
– de la cordelette pour autobloquant ;

Matériel d'escalade.

– 2 à 3 anneaux de sangle cousue ;
– 1 longe d'autoassurage ;
– 1 corde simple de 70 mètres ;
– 1 corde à double de 80 mètres ;
– en quincaillerie optionnelle : une plaquette, un grigri, un schunt, des coinceurs simples et/ou mécaniques, un minimousqueton...

L'ÉQUIPEMENT MATÉRIEL DES SITES NATURELS SPORTIFS

Sur les sites sportifs, le matériel d'équipement, ainsi que sa disposition sur le rocher suivent les recommandations du Cosiroc (aménagement et équipement des sites naturels d'escalade - Cosiroc - D. Taupin - J.-P. Verdier). Elles sont les suivantes :

Les broches
Les plus courantes sont celles fabriquées par les Établissements Brouet-Badré suivant le plan FFME - Cosiroc. Elles sont scellées à la résine *Sikadur 31* ou à l'*Epcon*.

Les plaquettes
Cœur inox, fixées par scellement sec au moyen de vis et chevilles à expansion d'un diamètre de 10 à 12 millimètres ou par des rivets « *long life* ». Plus rarement, et suivant les régions, il est possible de rencontrer les « *bis* » n° 2 inox.

Dispositions
Sur la paroi, la distance séparant les points d'ancrage est soit « *normale* » (la longueur de la chute n'est jamais importante, la difficulté étant bien protégée), soit « *engagée* » (il faut accepter un espacement plus important entre les points d'ancrage entre lesquels se trouve la difficulté, la longueur de la chute peut être importante). Lorsque les recommandations sont respectées, en aucun cas, sur un site sportif, la disposition et la distance entre les ancrages ne doivent « *exposer* » le grimpeur à des conséquences physiquement graves.

Quelle que soit la conception du relais, utilisez toujours pour le rappel ou la moulinette le maillon rapide le plus bas ; il est en général le plus gros (diamètre du fil : 10 millimètres). Ne vous assurez jamais à partir des mailles de la chaîne.

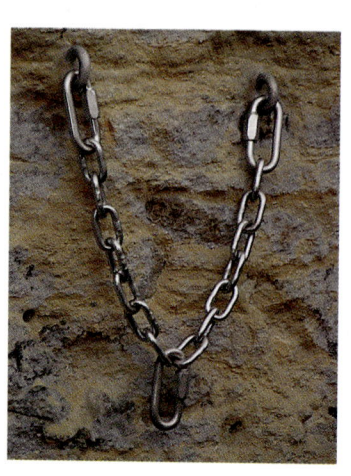

Les relais
Là, plusieurs types d'aménagements se rencontrent. En fonction des recommandations, le relais peut être disposé ainsi :
– 2 broches seules, il est impératif de les réunir par une sangle ;
– 2 broches ou 2 plaquettes dont l'une est équipée soit d'un maillon rapide, d'un « moulinox » ou d'un « Wichard » ;
– 2 ancrages reliés par une chaîne et des maillons rapides, deux dispositions sont possibles ;
– 3 broches dont l'une est posée horizontalement en dessous de l'autre.

TECHNIQUES DE L'ESCALADE ROCHEUSE

ASSURAGE DANS LES VOIES D'UNE LONGUEUR

La chaîne d'assurage

La chaîne d'assurage est pour l'essentiel constituée par la corde ; elle relie le grimpeur à son « assureur ».

Partant du grimpeur, la chaîne d'assurage débute par son *cuissard* sur lequel la corde est attachée par un *nœud d'encordement* (soit un nœud en huit, soit un nœud de chaise arrêté par un pêcheur double).

La corde va ensuite au second, ou assureur, en passant dans son descendeur (système d'assurage qui peut être le huit, le grigri, la plaquette, etc.) relié au *pont de son cuissard* par un *mousqueton de sécurité*.

La corde ressort en dessous du descendeur pour être prise par la *main du second*. C'est cette main qui assure, si nécessaire, le freinage, puis l'arrêt de la corde en cas de chute du grimpeur en tête.

Entre le grimpeur et son second, la corde passe dans les *dégaines*, mousquetonnées aux *points d'ancrage*, le second est, lui, vaché au *relais*.

La rupture de la chaîne d'assurage est d'une *extrême gravité* pour le grimpeur en tête. Sur les sites sportifs, il est peu probable que la chaîne soit rompue par la défaillance du relais ou de l'un des points d'ancrage.

Sa rupture est due :
– soit au grimpeur en tête lors de la fausse manœuvre qui consiste à se désencorder pour installer une moulinette ou un rappel ;
– soit au second qui ne tient plus la corde en position d'assurage ou, plus grave, qui a retiré la corde de son système d'assurage !

Il faut surtout qu'il y ait entre vous et votre coéquipier une *communication claire et précise* des manœuvres que vous engagez.

Techniques de l'assurage

L'assurage est une opération délicate. Le grimpeur en tête ou en moulinette doit avoir une totale confiance en celui qui l'assure. Celui qui assure suit avec une extrême vigilance à la fois toutes les évolutions du grimpeur, ainsi que la conduite de son assurage. Pour cela, vous devez maîtriser trois techniques :
– savoir donner de la corde ;
– savoir reprendre de la corde ;
– savoir arrêter en douceur la chute de votre coéquipier.

Ces trois techniques doivent être réalisées sans qu'à aucun moment il y ait rupture de la chaîne d'assurage.

Plusieurs accessoires s'utilisent pour l'assurage : le grigri, les plaquettes et quelques autres, mais le plus couramment employé est le descendeur en huit, dont le maniement est développé ici.

■ Installation de la corde dans le huit et position d'assurage.

Deux sécurités sont à assurer :
– veillez à la fermeture du mousqueton de sécurité une fois l'ensemble installé sur le pont de votre cuissard ;

Le passage de la corde dans le 8 est ici fait selon les recommandations du fabricant. Ce parcours procure un freinage maximum. Par contre, lors de la manœuvre d'assurage, la corde ne coulisse pas aisément.

– la position des mains, notamment celle de la main sortant du huit vers le bas, qui doit se situer au niveau de la cuisse pour assurer le freinage, puis l'arrêt du défilement de la corde.

■ Donner de la corde.

Le principe est simple, ensemble les deux mains montent de la corde. Ensuite la main en dessous du huit reprend sa place, puis la main au-dessus redescend jusqu'à lui. Ces deux mouvements se font sans que jamais les mains ne quittent la corde.

■ Reprendre de la corde.

Cinq temps consécutifs sont à respecter dans l'ordre (photos ci-contre et ci-dessous). Attention, il doit toujours y avoir une main enserrant le brin sortant du descendeur vers le bas. A cette seule condition la sécurité du grimpeur est assurée.

■ Arrêter une chute.

Une chute est d'origine objective lorsque, par exemple, une prise casse ou qu'elle est très glissante et que vous n'avez pas pu rétablir votre équilibre. Là, votre coéquipier, bien que très vigilant, peut avoir un instant de surprise et l'arrêt de la chute risque d'être un peu « sec ». Mais, dans tous les autres cas, la chute peut se préparer car son origine est, en général, due à la fatigue ressentie ou à un essai hasardeux ! Informez votre coéquipier de votre intention, puis placez-vous. Votre coéquipier se

Pour assurer, il faut être stable sur ses pieds. Copiez un peu la position du boxeur un pied en avant, celui du même côté que la main placée au-dessus du descendeur. Éventuellement, calez-le contre une grosse pierre.

TECHNIQUES DE L'ESCALADE ROCHEUSE

prépare et peut amortir la chute en accompagnant celle-ci par un saut en l'air au moment où il sent la corde se tendre. Bien sûr, il faut que l'état du terrain se prête à ce genre « d'acrobatie ».

Les divers assurages

Assurage d'un grimpeur en tête. Il consiste à *savoir donner* de la corde en suivant scrupuleusement la progression du grimpeur en tête et, tout particulièrement, au moment où il prend de la corde pour la mousquetonner. Là, il faut donner rapidement une ou plusieurs grandes brassées ; il ne doit ressentir aucune résistance. Ensuite, il faut *savoir reprendre* le mou dans la corde après son mousquetonnage et jusqu'au moment où le grimpeur dépasse le mousqueton de la dégaine dans lequel il a passé la corde.

Après la lecture fine du début de la voie, vous et votre coéquipie devez savoir de quel côté se fera le mousquetonnage de la corde au premier ancrage. Ce *côté* sera celui que devra occuper votre coéquipier, après le parage, pour qu'il vous assure hors de votre « *couloir de chute* » durant l'escalade entre le premier et le deuxième ancrage, mais parfois jusqu'au troisième. Ainsi, la corde allant de votre coéquipier au premier ancrage n'étant pas dans l'axe de votre progression, en cas de chute, vous ne l'enfourcherez pas, au risque de vous brûler gravement.

Assurage en moulinette (atelier poulie)

En progression. Là il faut *reprendre* le mou de la corde au fur et à mesure de la progression du grimpeur en le suivant avec attention sans pour autant le « sécher », sauf s'il le demande ! Un léger mou dans la corde le laissera vivre ses sensations et découvrir ses équilibres !...

En descente. Les deux mains se placent sous le descendeur. Alternativement, les deux mains font coulisser la corde dans le descendeur. Un pied en avant calé et une légère rétroversion du bassin permet de bien accepter et gérer le poids du grimpeur.

La vitesse de défilement de la corde dans le descendeur est bien évidemment à adapter à l'évolution du grimpeur et à ses souhaits.

Attention ! Ne jamais faire une moulinette sur une sangle, une corde ou une cordelette. S'encorder ou faire un nœud au bout de la corde lorsque celle-ci a une longueur un peu supérieure à deux fois la longueur de la voie. Il est impératif que soient établis entre deux grimpeurs une transmission orale claire avec des termes précis, ainsi qu'une parfaite coordination de toutes leurs actions.

Le parage

Le parage est un acte préventif assuré par le coéquipier. Il consiste à contenir la chute éventuelle du grimpeur sur les premiers mètres de son escalade en lui évitant un brutal retour au sol.

Le parage se pratique lors d'un parcours de bloc, dans une traversée et au départ des voies. Le plus souvent, le coéquipier place ses mains au niveau de la taille du grimpeur, sans le toucher. Il l'accompagne dans toutes ses évolutions, y compris dans sa chute qu'il amortit en l'ayant au préalable saisi par la taille (ou sa chute est

L'un assure, l'autre gère sa trajectoire en orientant son corps de façon identique à celle adoptée pour la descente en rappel.

87

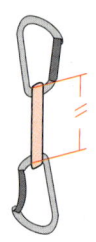

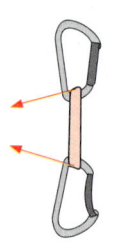

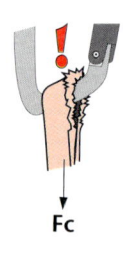

évitée en le soutenant ou en le plaquant contre la paroi afin qu'il retrouve, éventuellement, de nouvelles prises pour un placement plus équilibré).

Il est évident que l'efficacité du parage est limitée par la taille du coéquipier, bras tendus au-dessus de la tête, par son attention, mais aussi par l'espace disponible au pied des rochers !

Pour l'escalade des voies équipées, en même temps que le premier fait son nœud d'encordement et se prépare, son coéquipier passe la corde dans le système d'assurage relié à son cuissard, puis tire une longueur de corde évaluée à un peu plus de la distance le séparant du premier ancrage. Ainsi, lorsque le grimpeur atteint le premier ancrage, le coéquipier est prêt à le prendre en assurage.

Techniques de mousquetonnage et passage de la corde

Une dégaine est constituée d'une sangle express ou cousue dans laquelle passent deux mousquetons. Actuellement deux conceptions cohabitent.

■ Les doigts d'ouverture des mousquetons sont de côté opposé l'un par rapport à l'autre.

Les dégaines confectionnées ainsi sont essentiellement utilisées sur SAE. En cas de vol, la force choc est parfaitement acceptée et répartie de façon égale sur toutes les fibres de la sangle car, ainsi inversés, les mousquetons ont de parallèle le petit côté dans lequel passe la sangle.

■ Les doigts d'ouverture des mousquetons sont du même côté l'un par rapport à l'autre.

Inversement au principe précédent, là convergent les petits côtés des mousquetons dans lesquels la sangle passe. En cas de vol, ses fibres sont diversement sollicitées... elle peut rompre !

Cette confection des dégaines est surtout réalisée pour l'escalade sur les sites naturels. Car, en étant attentifs lors de la pose de la dégaine dans l'ancrage, et cela par rapport à la trajectoire de la voie, jamais les doigts d'ouverture ne seront contre le rocher, limitant ainsi le risque intempestif de leur ouverture sur une protubérance rocheuse quelconque.

■ Fonction des dégaines.

D'une façon globale, elles facilitent le maniement de la corde en favorisant son coulissement dans les mousquetons fixés aux ancrages.

Et lorsque ceux-ci ne sont pas alignés, l'intérêt des dégaines est de donner à la corde une trajectoire la plus rectiligne possible, contribuant à améliorer son coulissement et ainsi limiter l'effort fait par le grimpeur pour la tirer.

Techniques de mousquetonnage à l'ancrage

Pour l'escalade sur les sites naturels, il est préférable que les deux mousquetons aient leur dos contre la paroi. Ceci vous impose, arrivé à l'ancrage précédant le futur passage, d'observer et d'anticiper la direction que prendra la corde à la suite du grimpeur quand il suivra la trajectoire de la voie. De là sera indiqué le sens du mousquetonnage de la dégaine à l'ancrage pour que les dos soient contre la paroi. Certes, comme nous l'avons déjà vu, l'ancrage suivant peut donner un indice sur la trajectoire de la voie, mais qu'il faut retenir avec beaucoup de circonspection !

Grimpeur et trajectoire à gauche.

Techniques de mousquetonnage de la corde

La dégaine mise en place, il faut, avec dextérité et rapidité, maîtriser le passage de la corde dans le mousqueton..., c'est un gage de sécurité limitant le stress !
La corde doit entrer dans le mousqueton entre la paroi et lui pour en ressortir devant et aller à votre encordement.
Deux techniques principales se dégagent :

■ Le grimpeur est à *gauche* de l'ancrage, la dégaine a l'ouverture de ses mousquetons orientée vers la *droite* pour une trajectoire se poursuivant sur la *gauche* : il mousquetonnera la corde de la *main droite*, en pinçant le mousqueton entre le pouce et l'index, la corde étant sur ce dernier contre le doigt d'ouverture.

■ Le grimpeur occupe la même place, mais sa dégaine a l'ouverture des doigts des mousquetons tournés vers lui car la trajectoire suivante passera sur la *droite de l'ancrage* : il mousquetonnera la corde en immobilisant le mousqueton avec le majeur et en poussant, contre le doigt, la corde prise entre le pouce et l'index.

Il est évident que ces deux techniques sont à maîtriser des deux mains. Il faut être ambidextre !

Il peut se faire aussi que, pour atteindre la dégaine, le mousquetonnage de la corde impose de passer par le dessus ou le dessous de son bras occupé, lui, par une prise. Cette situation peut être due au placement même de l'ancrage pour des raisons de sécurité, mais aussi au grimpeur lorsqu'il n'arrive pas sur les « *bonnes prises prévues* » pour la position de mousquetonnage !

Grimpeur ou ancrage à gauche et trajectoire à droite.

Gérer la sortie d'une voie d'une seule longueur

Arrivé au relais, vous avez le choix entre trois possibilités pour descendre :
– descendre en moulinette, pour ensuite que votre coéquipier fasse la voie, en laissant éventuellement les dégaines en place ;
– opter pour la descente en rappel ;
– faire monter son coéquipier pour ensuite descendre l'un après l'autre en rappel, ou effectuer le retour par un sentier.

REMARQUE Au relais, quelle que soit la méthode de descente choisie, il faudra, à partir d'un moment, vous décorder, mais en ayant constamment à l'esprit qu'à aucun moment, entre vous et votre coéquipier, la chaîne d'assurage n'est rompue.

Arrivé au relais, la première action que vous devez faire est de vous attacher à un point d'ancrage par une longe d'autoassurage, dite aussi « vache ». Pour cela, vous pouvez utiliser une simple dégaine, mais veillez à la maintenir constamment sous tension.
Vous pouvez aussi vous confectionner une longe avec :
– une sangle express (environ 20 centimètres) et deux mousquetons de sécurité ;
– un anneau de corde d'un diamètre de 7 millimètres noué par deux nœuds de double pêcheur. Longueur de l'anneau : environ 60 centimètres, dans lequel est passé un mousqueton de sécurité. Le tout est attaché au pont du cuissard par un nœud en tête d'alouette.

Attention ! Lors de l'utilisation d'une longe d'autoassurage constituée de deux mousquetons, veillez attentivement à la mousquetonner uniquement et impérativement sur le pont de votre cuissard, car, par inadvertance, il est possible que vous la mousquetonniez uniquement sur le pont constitué par votre encordement et, là, le risque est mortel en cas de décordement.

Gérer un relais équipé de seulement deux broches

Sur quelques sites vous rencontrerez ce cas : le relais ou la sortie de la voie ne sont pas complètement équipés. L'utilisation d'une vache à mousquetons de sécurité est vivement conseillée.

■ Pour installer une moulinette.

Une fois « vaché », le grimpeur aura à se décorder pour passer le bout de sa corde dans l'œil de la broche laissée libre, puis de nouveau s'encorder. Mais, dès qu'il est vaché, pour ne pas rompre la chaîne d'assurage, il tire environ 2 mètres de corde, puis fait un nœud « *queue de vache* » qu'il attache au pont de son cuissard par un mousqueton de sécurité.

Seulement après cette manœuvre il peut se décorder, passer la corde dans l'œil de la broche et de nouveau s'encorder.

Ensuite, il défait le nœud queue de vache, se fait reprendre en assurage par son coéquipier, qui ne doit jamais avoir quitté l'assurage. Après s'être dévaché, il se positionne et se fait descendre.

Dans le cas où vous souhaitez installer un atelier sur un tel relais, reliez impérativement les deux points par une sangle et deux mousquetons de sécurité.

Si la trajectoire de la voie est oblique par rapport à la verticale, ou légèrement déversante, et que les dégaines sont à récupérer, avant de quitter le relais, pensez à relier le pont de votre cuissard à la corde montante par une dégaine. Pendant la descente, elle vous aidera à guider votre trajectoire de descente parallèlement à la voie d'escalade et permettra ainsi la récupération des dégaines. Pour les récupérer en premier, retirez le mousqueton fixé à l'ancrage.

Si votre coéquipier grimpe en moulinette, il s'encorde impérativement sur le brin montant contre la paroi passant par l'arrière du maillon rapide.

■ Pour installer un rappel.

Après s'être vaché, le grimpeur demande à son coéquipier d'enlever la corde de son système d'assurage, puis il la tire en lovant sur son pied ou sur sa jambe une longueur de corde supérieure à la hauteur qu'il vient de grimper. Il fait un nœud queue de vache, l'attache au pont de son cuissard par un mousqueton de sécurité ; son coéquipier reprend l'assurage. A cet instant, le grimpeur peut se décorder : la chaîne d'assurage n'a pas été rompue.

Avec précaution, il retourne l'écheveau lové sur son pied pour le placer dans le sens du délovage et passe le bout de la corde dans l'œil de la broche pour la tirer tout en la lovant en « *oreilles de cocker* » (voir p. 95). Enfin, il lance l'écheveau en criant « Corde » et défait le nœud queue de vache, puis équilibre les brins du rappel.

Immédiatement après il s'assure sur les deux brins de la corde en confectionnant avec une cordelette un nœud autobloquant, par exemple un **Machard tressé**, qu'il relie au pont de son cuissard par un mousqueton de sécurité.

TECHNIQUES DE L'ESCALADE ROCHEUSE

A gauche : machard tressé, nœud autobloquant. Sollicité par une charge, il étrangle la corde et s'autobloque. Il se desserre très facilement, mais il occupe une grande place, surtout s'il est fait avec une sangle qui, normalement, est à l'origine de sa confection.
1-4-A aucun moment le descendeur et son mousqueton ne peuvent s'échapper, soit ils sont attachés au porte-matériel ou au pontet, soit ils sont emprisonnés par la corde.

En dessous de ce nœud, il place le descendeur en effectuant la manœuvre dite du « descendeur imperdable » puis l'attache au pont de son cuissard par un autre mousqueton de sécurité.
Dès lors, il peut se placer dans le rappel et retirer sa vache. Il ne lui reste plus qu'à descendre régulièrement sans vitesse excessive pour ne pas échauffer la corde, puis, au passage, retirer les dégaines.
Il est possible de se dispenser du nœud autobloquant si le coéquipier tient en main les deux brins de la corde. En étant vigilant en cas de nécessité, il sera prêt à les tirer pour stopper le grimpeur dans sa descente ou à la réguler.

Gérer un relais muni de deux ancrages dont l'un est équipé d'un maillon rapide

■ Pour installer une moulinette.
Une vache faite d'une simple dégaine suffit, car dans cette manœuvre le grimpeur reste encordé.
Se vacher. Passer une ganse dans le maillon rapide, faire un nœud queue de vache, puis le relier au pont du cuissard par un mousqueton de sécurité. **Veiller à bien verrouiller la sécurité.** (Photos ci-dessous.)

91

Attention, lors du franchissement d'un rebord de rocher, veillez à ne pas coincer votre main entre lui et la corde que vous tenez.

Dans cette position, pieds décalés dans l'axe vertical, vous pouvez porter un regard vers le bas et ainsi guider votre trajectoire.

Défaire l'encordement du cuissard, puis passer le brin libéré dans le maillon rapide. Dès lors, deux possibilités se présentent :
– soit dès à présent s'engager dans la descente en conservant cette sorte d'encordement (queue de vache - mousqueton de sécurité - pont du cuissard) ;
– soit de nouveau s'encorder en confectionnant un nœud d'encordement (huit ou chaise) avec le brin libéré et en défaisant ensuite la queue de vache.
Bien que plus longue à installer, il est évident que cette solution présente une excellente sécurité.
Ensuite, demander au coéquipier de reprendre la tension. Bien vérifier la stabilité de l'installation.
Se positionner, contrôler que le coéquipier est prêt à effectuer l'assurage et, seulement à ce moment, retirer la vache de l'ancrage pour s'engager dans la descente.

■ Installer un rappel

Après s'être vaché avec une vache munie de mousquetons de sécurité, la manœuvre d'installation du rappel sur le maillon rapide est identique à celle de l'installation dans l'œil d'une broche.

Rappel de la corde

Que ce soit pour un atelier moulinette ou une descente en rappel, une fois la manœuvre réalisée, la corde est à rappeler.

■ Quelques phénomènes sont communs.

– Le bout montant de la corde tend à tournoyer dans l'air, cela est consécutif au « dévrillage » de ses torons lors de leur réalignement au passage dans l'ancrage.
– La corde d'elle-même en fin de défilement dans l'ancrage accélère sa vitesse de passage. Liés, ces deux phénomènes peuvent créer, en cours de tirage, mais surtout à la fin du défilement, un nœud en bout de la corde, qui, bien sûr, ne passera pas dans l'œil de l'ancrage !

■ Plusieurs règles sont communes.

– Il faut veiller à ne pas laisser de nœud dans la corde avant de la tirer et, si le brin montant est issu d'un écheveau, surveiller régulièrement son déroulement.
– Tirer doucement et régulièrement la corde.
– C'est seulement vers la fin de son défilement, lorsque d'elle-même la corde accélère son passage, qu'il faut apporter une légère modification dans son action, cela en fonction de l'ancrage.

■ Examen des diverses situations.

– L'ancrage est seulement une broche ; l'axe de son œil est parallèle à la paroi. La corde a donc ses deux brins dans le même plan que la surface de la paroi.
Si son éjection de l'ancrage est faite violemment, elle balaiera la surface de la paroi, allant ainsi à la rencontre d'éventuels becquets, fissures ou végétaux, etc., dans lesquels elle s'accrochera.
Il faut, dans ce cas, conserver une traction douce et la laisser d'elle-même s'éjecter de sa propre vitesse. Ainsi, elle glisse le long de la paroi ; le risque d'accrochage est réduit.
– Si l'ancrage est un maillon rapide, son œil est à plat contre la paroi. Les deux brins de la corde sont donc perpendiculaires à elle. Là, il est vivement souhaitable que le brin descendant soit contre la paroi, donc passant par l'arrière du maillon rapide.

TECHNIQUES DE L'ESCALADE ROCHEUSE

le Rappel en moulinette

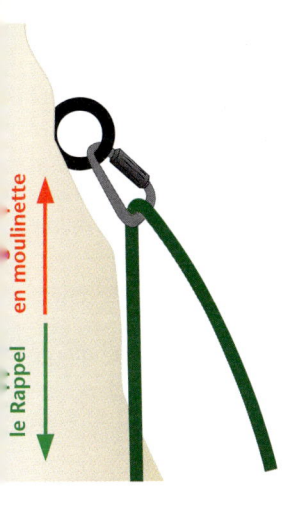

■ Rappel de la corde pour un atelier moulinette.
Le brin de corde à tirer est celui sur lequel le grimpeur est encordé. Cette pratique évite à la corde de vriller.

■ Règle d'utilisation de la corde passant dans un maillon rapide.
Pour vous encorder, afin de grimper en moulinette ou pour rappeler la corde d'un rappel, utiliser toujours le brin de la corde passant entre la paroi et l'arrière du maillon rapide (voir croquis ci-contre).

■ Rappel de la corde pour un rappel.
Si le rappel est en pleine paroi et son ancrage bien visible du bas, il suffit, au préalable, de veiller à décroiser les deux brins de la corde avant de tirer l'un d'eux.
Si l'ancrage du rappel n'est pas visible du pied de la paroi, par exemple, caché par la terrasse du relais ou scellé sur elle, il faut prendre au moins deux précautions :
– Après s'être installé dans le rappel, passer dans un brin, au-dessus de l'auto-bloquant, un mousqueton en guise de « témoin » indiquant le côté par lequel la corde devra être tirée ; d'une part, arrivé au pied de la voie, ce mousqueton rappelle le brin qu'il faut tirer ; d'autre part, il permet de façon visible de conserver le parallélisme des deux brins et d'éviter qu'ils ne se croisent (voir p. 92).
– Au passage du seuil de la terrasse au relais, c'est là qu'il faut veiller à conserver le parallélisme des deux brins et les placer sur une partie non agressive du rocher. De plus, le premier qui descend teste le coulissement.

Au relais, assurer son coéquipier

Actuellement, les voies de nombreux sites se terminent par un relais soit en pleine paroi, soit tout juste en dessous du sommet du rocher ou du début du plateau.
Aussi pour faire grimper son coéquipier il est indispensable de s'attacher correctement au relais. La méthode traditionnelle consiste à utiliser les deux points d'ancrage du relais.
Le grimpeur en tête arrivé au relais s'y attache en confectionnant avec la corde un nœud de cabestan sur un mousqueton passé dans l'ancrage, le plus décalé possible par rapport à la sortie de la voie.

1-Nœud en queue de vache. C'est un nœud d'attache, il permet de confectionner un anneau en pleine corde.

2-Nœud de cabestan. C'est aussi un nœud d'attache qui, sans obligation d'être défait, donne la possibilité de régler la longueur des brins sortants.

3-Nœud de demi-cabestan. C'est un nœud d'assurage qui, par son renversement, remplit la même fonction d'un côté ou de l'autre du mousqueton. Il permet à la corde de coulisser ou d'être bloquée… si elle est tenue en main !

93

Exemple d'un relais où la corde est lovée en oreilles de cocker.

A la sortie de ce nœud, côté coéquipier, il prélève une petite longueur de corde, puis confectionne un nœud en queue de vache qu'il a attaché à un mousqueton passé dans l'autre ancrage. Le mou de la corde créé entre les deux ancrages permet au grimpeur, par le nœud de cabestan, de régler sa position au relais pour effectuer un assurage confortable.

Le grimpeur assurera son coéquipier par un nœud en demi-cabestan réalisé sur une dégaine équipée de mousquetons de sécurité du type piriforme, fixée sur le même ancrage que le nœud en queue de vache.

La dégaine a pour fonction de décaler les deux nœuds et d'éviter ainsi qu'ils ne frottent l'un sur l'autre.

Si l'ancrage sur lequel est fait l'assurage est placé assez haut, par exemple à bout de bras au lieu de faire un demi-cabestan, le grimpeur passe simplement la corde dans la dégaine et assure son coéquipier au descendeur huit fixé normalement au pont du cuissard.

Pendant toute la phase de l'assurage, le grimpeur au relais évite que la corde ne pende dans la paroi en la lovant au fur et à mesure sur son pied ou sa jambe.

Arrivé au relais, le coéquipier se vache au mousqueton de sécurité de son assurage, fixé au point d'ancrage, avec sa longe munie d'un mousqueton de sécurité. Il peut se décorder et rendre libre un brin de la corde dont le bout sera passé dans l'œil de la broche ou du maillon rapide, débutant ainsi l'installation du rappel.

Après s'être lui-même vaché et avoir lancé le premier brin de corde, le grimpeur de tête peut se décorder et lancer le deuxième brin.

Chaque grimpeur assure ensuite méthodiquement sa descente en rappel en s'assurant.

REMARQUE Comme pour réaliser un atelier moulinette ou pour un rappel, il faut s'assurer que sa corde a une longueur largement supérieure ou double de la hauteur de la voie. Aussi, pour une voie d'une longueur, il est possible d'éviter de faire un nœud d'arrêt reliant les deux bouts du rappel. Sauf si le pied de la paroi est par exemple très déversé, dans ce cas les deux brins noués sont à lancer ensemble. Ce nœud évite en fin de descente, en cas d'inattention du grimpeur, que la corde ne file au travers du descendeur !

Ranger sa corde

Pour les voies d'une longueur le sac à corde est assurément le plus simple et le plus pratique des rangements, en prenant toutefois un minimum de précautions. Avec ce type de rangement, il est rare que la corde s'emmêle lors de son utilisation, elle est isolée du sol et de plus protégée de la lumière lors de son stockage.

En dehors de ce rangement, il faut tout de même savoir lover sa corde et l'arrêter.

Deux lovages en écheveau se pratiquent. En lovant la corde en oreilles de cocker, que ce soit pour grimper ou lancer un rappel, le risque d'emmêlage est limité.

En réalité, ce type de lovage est un grand anneau qui est réparti de part et d'autre de la main, fait par la formation alternative de boucles sur celles-ci.

Si la corde doit être rangée, les boucles sont réunies par quelques tours de corde. Puis, dans le trou laissé par la main, il est passé une ganse qui est retournée sur la tête de l'écheveau.

L'autre lovage est utilisé pour porter la corde en bandoulière, c'est le lovage à l'« *anglaise* » (voir photo p. 83).

La corde est lovée en confectionnant des anneaux portés par la main. A la fin, sur la corde, là où est la main, il est fait une ganse avec le bout de départ. Ensuite, l'autre bout entoure les anneaux en remontant sur la ganse pour enfin être passé dans celle-ci et être serré en tirant sur le bout de la ganse.

La première réchappe

En pleine paroi, il peut arriver que vous soyez, pour un moment, dans l'incapacité de franchir le passage suivant le dernier ancrage que vous venez de mousquetonner.

Un simple anneau de cordelette de 6 millimètres de diamètre suffit pour vous réchapper sur une *broche scellée*.

Méthode

– Passer en double l'anneau de cordelette fermé par un nœud de pêcheur double dans la broche derrière le mousqueton de la dégaine.

– Réunir les deux boucles par un mousqueton de sécurité à relier ensuite au pont du cuissard. Le grimpeur est vaché.

– Sur la corde, entre le nœud d'encordement et la dégaine, réaliser un nœud de vache à relier par un mousqueton de sécurité au pont du cuissard.

– Se décorder, la chaîne d'assurage est respectée.

– Passer le bout de la corde dans l'œil de la broche, puis s'encorder à nouveau et défaire le nœud en huit.

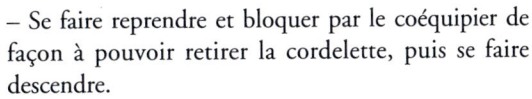

– Se faire reprendre et bloquer par le coéquipier de façon à pouvoir retirer la cordelette, puis se faire descendre.

Sur les sites d'escalade équipés de plaquettes, cette technique de réchappe par le retrait en moulinette est interdite.

Par contre, dans les deux boucles de la cordelette, la corde peut être passée, mais, là uniquement, pour une descente en rappel. Bien sûr, la cordelette doit être d'un diamètre minimal de 6 millimètres et être raboutée par deux nœuds de pêcheur doubles.

C'est rare, mais il arrive de laisser un mousqueton ou un maillon rapide qu'il est utile d'avoir sur son porte-matériel... perte relative car votre vie, elle, est inestimable !

LES ASSURAGES ET MANŒUVRES DE CORDE DANS LES VOIES DE PLUSIEURS LONGUEURS

Au-delà des sites dédiés à l'initiation, ou limités à une seule longueur de corde, vous rencontrerez de multiples cas de figure. Si de nombreuses falaises présentent un équipement « clé en main », différents styles d'équipement se côtoient, dictés par le terrain, les habitudes locales ou les caprices de l'ouvreur.

ALPINISME ET ESCALADE

Nous considérons à présent que vous avez assimilé les techniques de base de la progression ; une voie longue n'est pas forcément difficile sur le plan technique. Vous maîtrisez les manœuvres d'assurage indispensables à l'évolution en site aménagé d'une longueur : mise en place du baudrier, encordement, utilisation des freins destinés à l'assurage, mise en place d'une moulinette et d'un rappel.

Aujourd'hui, dans bien des cas, la chute n'est qu'une péripétie et l'escalade n'est plus considérée comme un sport à risques. Bien souvent, c'est l'erreur humaine qui est à l'origine des accidents. L'existence de techniques fiables n'empêche ni un apprentissage sérieux, ni une attention continue lors des manœuvres.

L'assurage du premier de cordée se fait à l'aide d'un frein : huit, plaquette, demi-cabestan ; ou d'un bloqueur : grigri, ABS... Le choix est fonction du terrain qui détermine le type de corde utilisé.

Autoassurage

L'utilisation d'un dispositif d'assurage ne supprime pas la violence du choc pour l'assureur. Dès que vous évoluez en paroi, vous devez être systématiquement autoassuré.

Dans le cas d'un site sportif aménagé, ou durant la première longueur d'une grande voie, si le pied est confortable (et si l'assureur n'est pas trop léger !), l'usage ignore l'autoassurage. L'assureur doit toutefois se tenir au plus près du rocher, de manière à supprimer toute composante horizontale de la force développée lors d'une chute. Placé à quelques mètres du rocher, il serait tiré violemment en avant, jusqu'au pied de la falaise, allongeant d'autant la chute du premier, ceci n'excluant pas d'autres conséquences fâcheuses et inadmissibles...

En paroi, l'autoassurage au relais est systématique.

L'assureur reste attentif : ici, il « suit » le premier de cordée en lui donnant du mou au fur et à mesure de sa progression.

L'assurage : un acte qui demande de la vigilance

Les points, dans un site sportif aménagé, sont en principe placés de façon judicieuse par les équipeurs. La chute type est prise en compte, en particulier en ce qui concerne « l'aire d'impact ». La vigilance de l'assureur, sa capacité à effectuer les manœuvres sont prises en compte...

En terrain non aseptisé, la chute n'est pas que la banale sanction d'une erreur. C'est un accident qui peut faire mal... Le rôle de l'assureur n'en est que renforcé. Un geste bien réalisé peut se révéler vital...

Le relais

Le relais est l'endroit où le grimpeur s'arrête. Dans le cas d'un site sportif aménagé d'une longueur, il s'agit de la fin de la voie. Dans le cas d'une escalade de plusieurs longueurs de corde, il s'agit d'un arrêt dans la progression. Il est dicté par le terrain : présence d'une terrasse, et par la longueur de corde utilisable. Le premier s'arrête, s'assure et fait monter son compagnon de cordée. L'équipe reprend alors sa progression, assurée depuis le relais.

Solidité

Quel que soit le type d'escalade, le relais doit être d'une solidité à toute épreuve. En site sportif, il est le dernier point d'ancrage sur lequel on descend. Dans le cas d'une escalade de plusieurs longueurs, il est le point d'ancrage reliant la cordée à la paroi. Il doit être capable de répondre à la sollicitation la plus dure, soit la chute du premier de cordée sur le relais (Fc = 2).

Un relais est constitué de deux points d'ancrage au minimum. Placés l'un au-dessus de l'autre, légèrement décalés, ils sont reliés entre eux.

En site sportif, ces points sont des systèmes de pitons à expansion : goujons et plaquettes ou, mieux, des broches scellées.

En paroi, vous serez souvent amené à poser des pitons ou des coinceurs. Leur pose est expliquée dans le paragraphe Application en paroi.

Toujours dans le cas de l'escalade de plusieurs longueurs de corde, le relais sert aussi éventuellement de point d'ancrage pour la descente en rappels.

S'assurer au relais

Dès que vous arrivez à un relais, ou dès que vous en avez confectionné un correctement, vous vous y assurez.

En paroi, on s'assure à l'aide de la corde, par l'intermédiaire d'un nœud de cabestan. Avec une double corde, vous pouvez faire un cabestan sur chaque point. En réglant correctement la longueur des autoassurages ainsi réalisés, vous faites travailler les deux points de façon identique.

Un relais doit être ordonné. Les autoassurages doivent y être visibles, c'est-à-dire qu'ils ne doivent pas être emmêlés, afin d'éviter toute confusion.

S'installer au relais

Les relais ne sont pas tous confortables... Dans le cas d'un relais dépourvu de terrasse simple marche, vous vous laisserez aller en arrière, autoassurance tendue, dans une position similaire à celle que vous adoptez pour descendre en moulinette. Vous aurez ainsi les mains libres pour vaquer aux manœuvres d'assurage.

1-Relais effectué avec une corde à double : on confectionne un cabestan par brin sur deux points d'assurage différents.
2-Une plaquette New Alp en fonction : assurage de deux seconds de cordée. La corde est bloquée automatiquement par la plaquette en cas de traction.

Assurer les seconds de cordée

Le premier, autoassuré, doit maintenant faire monter son ou ses compagnons. L'emploi d'un frein, quel qu'il soit, accroché au relais est inopérant : la corde ne fait dans celui-ci qu'un seul angle et le freinage est faible. Vous utiliserez plutôt un demi-cabestan, confectionné sur un mousqueton de sécurité piriforme prévu à cet effet, ou, et cela est préférable, surtout si vous assurez deux seconds, une plaquette d'assurage type New Alp ou Cassin. Celles-ci bloquent les cordes sans que vous ayez à intervenir. Il est ainsi facile d'avaler un brin sans que l'assurage de l'autre soit interrompu ou affaibli.

ALPINISME ET ESCALADE

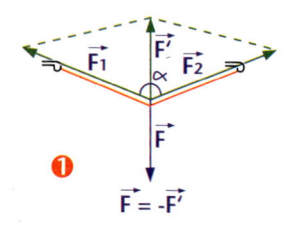

①

⇒ Point d'assurage.
— Anneau (corde ou sangle).
— Force appliquée au relais (poids du choc...).

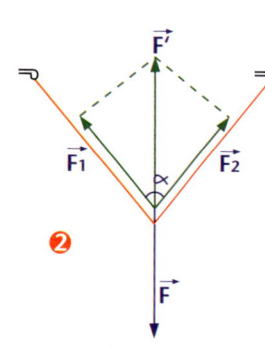

②

1-Réaction et décomposition : chaque point est soumis à une force égale à F1 et F2, de sens contraire (non représentée pour alléger le croquis).

2-Il faut disposer d'anneaux assez longs, au cas où les points d'ancrage sont éloignés l'un de l'autre, pour toujours pouvoir garder un angle (aigu).

Le départ du premier de cordée

L'autoassurage du premier en partance vers d'autres aventures reste en place jusqu'au moment du départ. On ne le défait que lorsque le second est prêt à assurer, la corde du leader passée dans le frein ou nœud de demi-cabestan prêt à fonctionner. Le départ du relais est le passage obligé, plus ou moins long, où la cordée se trouve en situation de facteur chute de valeur 2. Si le relais comporte un point plus élevé que les autres (relais à trois ou quatre points), on y mousquetonne la corde du leader. Poser un point plus haut, si nécessaire.

La situation de Fc=2 provoque des chocs très difficiles à retenir. Certains freins sont insuffisants dans ce cas. Seul le demi-cabestan est capable de freiner efficacement une chute de Fc=2. Si vous utilisez un autre système, le départ du premier jusqu'au mousquetonnage du premier point doit faire l'objet d'une attention toute particulière.

La descente

Le rappel

Il est utilisé pour redescendre en paroi, lors de l'escalade de voies de plusieurs longueurs.

La corde est ici passée dans l'amarrage jusqu'à son milieu, en principe matérialisé par un changement de couleur. Lors d'un rappel, le grimpeur descend le long de la corde par l'intermédiaire d'un frein, huit ou plaquette. Afin de poursuivre sa descente, le grimpeur tire sur un des brins pour récupérer la corde : il la « rappelle », d'où le nom de la manœuvre, qui semble avoir été inaugurée par Edward Whymper lors d'une de ses tentatives au Cervin, avant 1865.

Le rappel est devenu simple et sûr depuis l'apparition des descendeurs modernes. Comme la moulinette, il doit faire l'objet de la plus grande attention lors de son installation.

Installation

Le rappel doit s'effectuer sur un ancrage à toute épreuve. Aujourd'hui, de nombreux relais sont en place, constitués de goujons reliés par une chaîne.

Ce n'est pas partout le cas, et en montagne de nombreux rappels se font sur pitons. Il importe d'en vérifier la tenue s'ils sont en place, ainsi que l'état de la ou des cordes qui les relient. Le frottement de la corde lors de la récupération provoque une usure intense des anneaux de l'amarrage. Ceux-ci d'autre part vieillissent du fait de leur exposition aux UV et aux intempéries. Il est impératif de changer ces anneaux dès qu'il y a doute sur leur solidité.

L'anneau en tension doit faire un angle aigu, de façon à ce que le diagramme des forces soit favorable.

Vous effectuerez toujours la manœuvre avec une grande rigueur.
1) L'ancrage vérifié, vous vous y autoassurez au moyen d'une longe faite d'un morceau de corde et d'un mousqueton de sécurité verrouillé.
2) Vous installez sur la corde de rappel un autoassurage : nœud autobloquant (Machard) ou système mécanique (shunt Petzl).
3) Vous installez votre descendeur sur la corde et le fixez à votre harnais.
4) Vous décrochez votre longe d'autoassurage : c'est alors le nœud autobloquant ou le shunt qui empêche la chute.

TECHNIQUES DE L'ESCALADE ROCHEUSE

5) Vous commencez la descente.
6) Arrivé à l'ancrage inférieur, vous le vérifiez avant de vous y assurer.
7) Vous appelez votre compagnon en criant « Rappel libre ! ».

Précaution   Les deux extrémités libres de la corde sont nouées ensemble. Le nœud ainsi confectionné est trop gros pour laisser passer un descendeur. Cette précaution permet de limiter d'éventuels dégâts... Arrivé à l'ancrage inférieur, le grimpeur le vérifie, avant de s'y assurer et de libérer la corde pour son compagnon. Il attache alors le rappel au relais. Cette précaution remplace, en mieux, l'assurage produit par le nœud effectué lors de la descente du premier.

Gagner du temps   – Lors d'une descente comportant plusieurs rappels, on passe l'extrémité du brin que l'on tire dans l'amarrage suivant. L'un des équipiers récupère la corde tandis que l'autre la fait coulisser dans l'amarrage. Les deux opérations sont ainsi simultanées.
– Une des difficultés de l'installation du rappel reste l'envoi de la corde. L'écheveau a souvent du mal à se défaire. Il se déplie bien mieux s'il a été plié en faisant une boucle alternativement d'un côté, puis de l'autre : cette méthode vrille moins la corde, qui se trouve pliée en deux fois moins de boucles que lors de la méthode traditionnelle.
– L'emploi d'un maillon rapide facilite la manœuvre : la corde y coulisse mieux que contre une sangle ou un anneau de corde.
– Le premier descendu peut assurer les suivants en tenant l'extrémité de la corde : une simple tension arrête la descente... A condition de faire preuve d'une extrême vigilance : dès que le grimpeur qui descend a pris de la vitesse, il est impossible de l'arrêter. A manier avec précaution, mais peut faire gagner du temps...

La moulinette
Vous pouvez être amené à effectuer une moulinette : en cas d'échec dans une longueur, par exemple. Celle-ci ne doit jamais être effectuée sur un anneau de corde ! Sacrifiez un mousqueton ou un maillon rapide.

Terrain d'aventure dans les Dolomites : Cima Grande di Lavaredo, voie Comici. Assurage sur pitons, complété par quelques coinceurs.

APPLICATION EN COURSE

Les types de terrains rencontrés
Aujourd'hui, l'équipement des voies, même en haute montagne, peut être complet. Le phénomène n'est pas vraiment nouveau, puisque les grandes classiques, fréquemment répétées, se sont vite trouvées équipées de tous les pitons nécessaires à leur réalisation. Certains pitons étaient trop difficiles à récupérer et, petit à petit, l'équipement proliférait. Il faut d'ailleurs noter que le nombre de pitons nécessaire diminue si ceux-ci sont en place : il est plus facile de continuer sans rajouter de points quand l'un d'eux se profile à une distance raisonnable... La mise en place de points exige du temps et de l'énergie, donc un regain du besoin desdits points... Ajoutons à

ALPINISME ET ESCALADE

cela que les points en place constituent une bonne indication sur l'itinéraire à suivre, et l'on aura une bonne idée des différences de pratiques imposées par le degré d'équipement d'une voie.

On distinguera donc :

■ Les voies équipées complètement de goujons ou même de broches scellées. La solidité de ces points n'impose pas, en principe, de rajouter des points d'assurage. Un jeu de dégaines suffit pour les parcourir, plus quelques anneaux.

■ Les voies équipées de la même façon, mais où l'utilisation de coinceurs a été prévue par les ouvreurs, là où cela est possible. L'indication en est portée sur les topos, avec souvent une précision concernant le type et le nombre de coinceurs à emporter. Vous entrez ici dans la catégorie un peu floue du « terrain d'aventure ».

■ Les voies, en général anciennes, équipées de pitons. Les points, même en place, doivent être vérifiés ; vous ne devez pas faire confiance à un piton dont vous ignorez tout : âge, façon dont il est posé. Certains disparaissent, récupérés par des cordées précédentes, ou soumis au jeu de l'érosion et de la gravitation. Il faut donc être prêt à les remplacer. Vous remplacerez un piton par un de ses congénères, ou mieux, quand cela est possible, par un coinceur, plus rapide à poser (et plus élégant, mais cela reste une question d'appréciation personnelle, l'important, l'essentiel, pour un point d'assurage, étant d'être suffisamment solide !).

Il est à noter que l'on trouve parfois des pitons dans les voies de la deuxième catégorie, et que l'on doit les considérer avec les mêmes précautions que dans le troisième cas. Dans ces voies, vous devez vous munir de coinceurs et de pitons, ceux-ci assortis de leur indispensable accessoire : **le marteau** !

■ Certaines voies modernes vierges d'équipement, sauf en ce qui concerne les relais. L'assurage dans les longueurs se fait sur coinceurs. On ne rencontre ce type d'escalade que dans les rochers favorables à la pose des coinceurs : grès, granite.

■ Enfin, la vogue récente de l'escalade artificielle a déterminé une nouvelle forme d'équipement : l'option zéro, le jeu étant ici justement la pose des points.

■ Le cas du terrain rocheux facile est traité à part, en fin de chapitre : il ne fait guère appel à des points d'assurage, on peut parler ici d'assurage « actif » de la part du leader de la cordée.

On le voit, en fonction de l'équipement, le jeu varie du simple au complexe. Une progression normale consiste à commencer par les voies de plusieurs longueurs équipées, comme celles que vous trouvez dans les Préalpes, le Verdon, Presles. Vous vous y familiarisez avec le vide, la longueur de l'effort et les manœuvres de corde simples : autoassurage au relais, assurage du premier et du second, rappels.

Le stade suivant passe par les voies partiellement équipées, où vous abordez l'emploi des coinceurs, dans un premier temps. Ils sont les auxiliaires presque universels de l'alpinisme d'aujourd'hui. L'apprentissage de la pose des pitons se fera séparément, afin de ne pas trop alourdir le grimpeur habitué à ses seules « douze dégaines ». L'organisation de ce matériel : coinceurs, pitons, marteau, demande une petite accoutumance...

Rappel au col de la Colombière.

Bruno Fara à Presles, un bel exemple de falaise de plusieurs longueurs équipée à demeure presque partout.

TECHNIQUES DE L'ESCALADE ROCHEUSE

La double corde

Dès que l'on évolue dans des voies de plusieurs longueurs, on utilise une corde double.

■ Elle est indispensable pour descendre en rappel : même si la descente normale se fait sur un sentier, vous devez être conscient que l'arrivée au sommet n'est jamais une certitude.

■ Son utilisation brin par brin diminue les frottements tout au long de son parcours dans les mousquetons : en paroi, les longueurs peuvent être longues et sinueuses.

■ Cette façon de faire, d'autre part, est indispensable lorsque vous posez des coinceurs : ceux-ci sont sensibles aux secousses de corde.

■ Enfin, il est impératif de ne mousquetonner qu'un seul brin sur des points d'assurage dont la résistance n'est pas très grande : petits coinceurs, pitons extra-plats ou tout point dont la pose n'est pas satisfaisante. En effet, un brin simple restitue une force choc faible, alors que les deux brins mousquetonnés ensemble provoquent une force choc très élevée (voir Bases de l'assurage, p. 40). Sachant que le point qui retient la chute subit deux fois la valeur de la force choc, à cause de l'effet poulie, on comprendra l'impérieuse nécessité de réduire celle-ci.

Poser des points d'assurage

Les points d'assurage, pitons ou coinceurs, sont placés dans des fissures. Certaines sont favorables au placement de pitons, d'autres au placement de coinceurs, ou encore à rien du tout ! Vous devez donc observer le terrain qui se présente... Contrairement au piton à expansion (Spit) qui peut être placé de façon optimale dès que le rocher est de bonne qualité, les coinceurs et les pitons tiennent là où la nature le veut bien... Vous devez donc placer ces points dès que vous trouvez un emplacement favorable, et ne pas attendre la difficulté pour vous protéger. Dans un passage difficile, il devient malaisé de s'arrêter et de placer correctement un point dans une position inconfortable. Il n'est pas certain d'ailleurs qu'à ce moment-là le rocher offrira un placement sûr.

Le placement d'un point passe donc par une phase d'observation, de recherche des possibilités offertes.

Le matériel doit être rangé correctement de façon à ce que vous trouviez rapidement l'engin souhaité. Chacun trouvera ses habitudes, disons seulement que les différents types de points ne doivent pas être mélangés, et qu'un classement par tailles facilite la tâche. Les coinceurs à cames, type friend, sont vendus munis de sangles de différentes couleurs qui permettent de distinguer les différentes tailles. On arrive très vite à les mémoriser.

Poser des coinceurs

Le coinceur simple se verrouille dans une étroiture de fissure lorsque l'on tire dessus. Il est fait pour travailler dans un seul sens : en principe, celui d'une chute. Il ne faut pas tirer dessus dans n'importe quel sens, par exemple pour prendre un point d'aide : dans ce cas, vous utiliserez un étrier, et faire ainsi travailler le coinceur dans le bon sens.

Au moment du placement, vous pouvez lui imprimer un coup sec, qui le bloque légèrement dans son logement et l'empêche de sortir à la suite d'un coup de corde.

Utilisation de la double corde en terrain d'aventure : paroi du Dard, massif du Tenneverge.

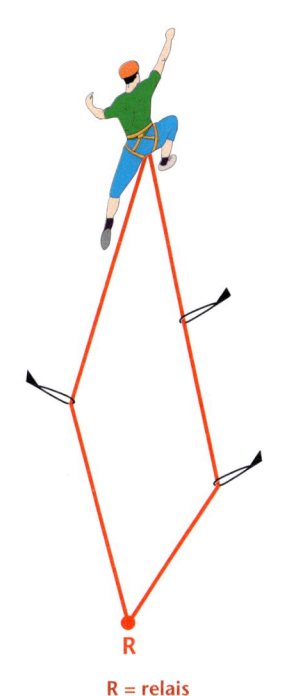

R = relais

Double corde.

101

ALPINISME ET ESCALADE

Le coinceur à cames, s'il fonctionne suivant un autre principe, n'est pas plus multidirectionnel ! Communément appelé « friend », du nom du premier modèle apparu aux É-U à la fin des années 1970, il doit sa tenue à l'écartement des cames lorsque l'on imprime une force sur son axe. Ce système lui confère une bonne tenue dans les fissures à bords parallèles, voire même dans des cas moins favorables : fissures irrégulières ou légèrement évasées, grâce au fonctionnement indépendant de ses cames.

Apparemment plus faciles d'emploi et plus sûrs que les coinceurs simples, les friends demandent quelques précautions :

■ Éviter de placer un friend cames écartées, il est alors à la fois moins stable et moins solide. Il vaut mieux utiliser si possible la taille supérieure.

■ La position cames rétractées n'est pas non plus souhaitable, le friend devient difficile à retirer.

■ Il est inutile d'enfoncer un friend profondément. Il devient difficile à retirer s'il s'agit d'un petit modèle : l'accès à la barrette peut être impossible. D'autre part, un friend, sollicité par des coups de corde, « crapahute » par oscillations vers le fond de la fissure...

■ Il faut donc veiller à ce que ce mouvement n'amène pas le friend vers une zone de la fissure trop large pour lui...

■ Enfin, la totalité des cames doit être en contact avec le rocher pour lui assurer une bonne stabilité.

Dans le cas de fissures horizontales, ou de trous, vous utiliserez des friends souples, montés sur câbles, car les modèles rigides risqueraient de casser sous l'effet du bras de levier.

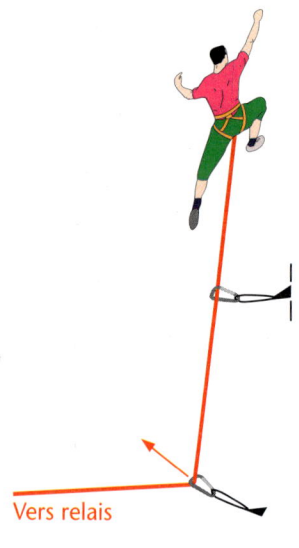

Vers relais

Coinceur de renvoi.

Ci-dessous :
Le rack de Simond, un gadget bien agréable pour accéder à son matériel : broches à glace, pitons ou coinceurs.

RANGEZ VOTRE MATÉRIEL

Dans une escalade où l'assurage se fait exclusivement, ou presque, sur coinceurs, il est judicieux de ne ranger qu'un seul coinceur par mousqueton ou dégaine. Cela évite de chercher le bon coinceur au milieu d'une grappe de quatre ou cinq... et d'en perdre la moitié. En outre, il est placé directement muni du mousqueton indispensable qui recevra la corde. Économie de temps et de stress !

Pour ranger les pitons, il existe un accessoire bien pratique : le rack, de Simond, constitué de deux mousquetons reliés par des barrettes. La rigidité du système, fixé au harnais, facilite l'entrée et la sortie du piton. Lors d'une escalade non équipée, ou partiellement équipée, vous devez penser à placer un point dès que vous vous éloignez du relais : c'est à ce moment que vous vous trouvez en situation de $Fc = 2$. Vous devez réduire au minimum le temps où vous vous trouvez dans ce cas, qui détermine lors d'une chute les « secousses » les plus désagréables, pour le relais comme pour son second de cordée ! Il convient également de ne pas attendre trop longtemps pour poser d'autres points, afin d'éviter d'approcher à nouveau cette valeur critique du facteur chute.

Vous équiperez également au-dessus des replats et saillies promettant des impacts difficiles...

TECHNIQUES DE L'ESCALADE ROCHEUSE

1-Mise en place
d'un coinceur.

2-Mise en place
d'un coinceur mécanique
à cames.

D'après certaines études, les modèles rigides sont toutefois plus résistants dans le cas de fissures verticales.

Avec tous les types de coinceurs, vous avez intérêt à vous assurer à la double corde, en mousquetonnant alternativement un seul brin, toujours par égard à la force choc délivrée par un brin simple, qui est plus faible, mais aussi pour éviter les tensions parasites qui risqueraient de faire bouger les coinceurs de leur position initiale.

A cet effet, il ne faut pas hésiter à utiliser des cordelettes afin de rallonger la connection coinceur-corde, et de réduire ainsi les frottements de la corde dans le mousqueton.

Dans certains cas d'angle important (à la suite d'une traversée, par exemple), il faut placer un coinceur de renvoi, qui assure une direction correcte à la force imprimée aux coinceurs destinés à l'assurage.

Retirer les coinceurs

Le coinceur simple est parfois difficile à déloger. Ne cherchez pas à vriller le câble, ce qui a pour effet de faire pivoter le coinceur qui... se coince de plus belle. Il faut chercher à lui faire faire le chemin inverse de celui qui a conduit à son placement... Un peu de réflexion, ainsi qu'un crochet métallique appelé « nut key » facilitent grandement la tâche...

Le friend se retire comme il a été mis : en tirant sur la barrette qui gouverne les cames. Une fois les cames en position étroite, on retire le friend de son logement. La récupération de l'engin est fonction de l'accessibilité de la barrette... Si celle-ci est trop profondément enfoncée dans la fissure, ou si la fissure est trop étroite, on utilise deux crochets pour manœuvrer la barrette : nut key, lame de piolet... Il existe des crochets prévus à cet effet, assez rares sur le marché.

Placer des pitons

Les pitons sont enfoncés à coups de marteau dans les fissures... Reste à choisir leur forme, leur longueur, leur épaisseur. Un coup d'œil suffit à juger de l'épaisseur et de la forme du piton : il doit être à peu près de la taille de la fissure où l'on compte le placer. Quant à la longueur... il n'y a qu'une solution : faites un essai ! Idéalement, le piton doit tenir tout seul dans la fissure avant que l'on commence à taper dessus. Il doit entrer en forçant, et en émettant à chaque coup de marteau un son de plus en plus montant. C'est ce son qui renseigne sur sa tenue. Un bruit creux doit déclencher un dispositif d'alerte chez le grimpeur : la fissure s'écarte, on arrête tout sous peine de provoquer un cataclysme !

L'œilleton du piton se présente normalement à l'horizontale, au ras du rocher. Si le piton dépasse, on le cravate d'un anneau de sangle passé en tête d'alouette afin de prévenir tout bras de levier.

Vérifier un piton

Un piton en place doit être vérifié. Pour cela, on le frappe de quelques coups de marteau. Comme lors du placement, c'est le son rendu à la frappe ou le rebond du

103

ALPINISME ET ESCALADE

Un piton se mousquetonne par-dessous.
La dégaine est ainsi correctement positionnée.

marteau qui renseigne sur sa tenue. S'il ne tient pas, il suffit souvent de le renfoncer un peu. Sinon, il faudra le remplacer par un autre piton, ou un coinceur.

Mousquetonner un piton

L'œilleton du piton est le plus souvent horizontal : c'est ainsi que le point résiste le mieux à un choc dans le cas d'une fissure verticale. Le mousquetonnage doit alors se faire par en dessous, afin que le mousqueton travaille suivant son axe de plus grande résistance. Le doigt d'ouverture se trouve ainsi du côté opposé au rocher et ne risque pas de s'ouvrir par pression sur celui-ci.

Retirer un piton

Cela se fait à coups de marteau : le second de cordée ébranle le piton dans la fissure, en le forçant alternativement dans un sens, puis dans l'autre, de plus en plus loin, jusqu'à ce que celui-ci se déloge.

Dans les voies où un dépitonnage intense est nécessaire, le second utilise une chaîne à dépitonner, qui permet d'imprimer au piton une force dirigée vers l'extérieur de la fissure. Tirez avec prudence !

Placer un anneau ou une sangle sur un bloc

Une technique simple et rapide, surtout utilisée en montagne, un anneau de sangle ou de corde passé autour d'un bloc fournit un assurage très correct. A trois conditions :

■ Le bloc doit être solide ! Vous devez le tester : l'observer, puis le frapper du plat de la main. Comme dans le cas du piton, le son rendu, la vibration du bloc renseignent sur sa tenue. Attention à ne pas le faire tomber s'il est instable, votre second et votre corde n'aiment pas du tout ça !

■ L'anneau doit être suffisamment grand pour faire un angle le plus fermé possible lorsque l'on tire dessus. Dans le cas contraire, un choc développe des forces très élevées sur celui-ci (voir croquis p. 98).

■ Enfin, le bloc doit être dépourvu d'arêtes vives susceptibles de sectionner l'anneau ; les adoucir au marteau est possible.

Confectionner un relais ou un ancrage

Pour poser un relais, ou un amarrage de rappel, on pose toujours au minimum deux points, reliés entre eux par un anneau de corde ou de sangle. Celui-ci doit être assez long pour former un angle aigu lorsqu'il est en tension, afin d'éviter le développement de forces trop importantes.

On confectionne sur l'anneau un nœud servant au mousquetonnage et placé de façon à ce que les différents points travaillent ensemble sous la traction. En cas de rupture d'un des points, le ou les autres doivent prendre le relais sans choc.

Dans le cas d'un relais sur coinceur, il faut penser à rendre ce relais le plus multidirectionnel possible : lors de la chute du premier, le second est tiré... vers le haut ! Ce cas doit être pris en compte.

Un relais, un amarrage de rappel doivent être inarrachables ! Le principe du diagramme des forces évoqué précédemment reste valable !

Un relais en terrain d'aventure : les deux points sont reliés par une sangle.

Communiquer entre coéquipiers

En paroi, la distance entre deux relais est parfois grande. Un relais peut être invisible depuis le précédent, la communication peut devenir difficile entre les membres de la cordée, pour peu que le vent s'en mêle, ou le torrent, comme dans les gorges du Verdon... Il est important alors de ne parler que pour dire l'indispensable, suivant une procédure habituelle et reconnaissable, même à travers la voix d'un compagnon malmenée par le vent et la fatigue...

Inutile de raconter votre vie, du genre : « Je suis arrivé, il y a un bon relais, je place un coinceur, je m'autoassure, ça y est, tu peux me lâcher, j'avale le mou, ça y est, tu peux démarrer... »

Tout cela est induit par l'action elle-même, qu'il est inutile de paraphraser. Quand vous arrivez au relais, vous l'installez. Vous vous autoassurez, puis vous prévenez votre compagnon : « Relais ! » C'est tout. Il reconnaîtra sûrement ce simple appel, s'il sait que son leader utilise systématiquement celui-ci lorsque son relais est définitivement installé et qu'il s'y est autoassuré. Il cesse à ce moment-là sa manœuvre d'assurage, enlève son frein de la corde ; le premier peut alors avaler le restant de corde.

L'appel peut être mal entendu, le second doit s'entraîner à reconnaître le défilement de la corde avalée par le premier : brassées régulières, différentes du défilement consécutif à la progression du grimpeur.

Ayant avalé la corde, vous confectionnez un nœud de demi-cabestan ou placez une plaquette d'assurage. Vous prévenez le second qu'il peut démarrer. Celui-ci défait son autoassurage et commence sa progression en prévenant par un simple : « Parti ! »

En cas de communication difficile, le second laisse le temps au premier d'installer son système d'assurage, puis démarre. Corde avalée et tendue égale démarrage. Dans quelques mètres, on finira bien par s'entendre ! Le premier, en l'absence d'information, se tient fatalement prêt à avaler la corde dès qu'il y sent du mou. Pas la peine de s'égosiller !

Cas du terrain rocheux facile

Le terrain rocheux facile se caractérise par une faible raideur, des prises nombreuses et confortables, la présence de reliefs importants : blocs, arêtes.

Il est inutile, et malcommode, d'y tirer des longueurs de corde comme dans une paroi raide :
– inutile car les possibilités d'assurage sur blocs et becs rocheux sont nombreuses ;
– malcommode car les frottements de la corde autour des reliefs freine la progression au bout de quelques mètres.

Vous réduisez alors la distance d'encordement par la technique des anneaux de buste. Vous ne gardez que quelques mètres, correspondant à la hauteur des ressauts les plus importants que vous pouvez observer.

Le leader fait quelques anneaux de corde dans une main, terminés par un tour mort autour de la paume. Dans l'autre, il tient la corde de son second de cordée, et, tout en grimpant (rappelons le caractère facile de cette escalade !), il passe la corde

Un relais très aventureux de François Marsigny : tous les points doivent travailler de la même façon.

derrière les blocs et les becs rocheux qui se présentent, après en avoir avoir testé la solidité par un coup sec du plat de la main, destiné à le faire vibrer. Le son rendu renseigne sur la résistance du bloc. Un son creux, facilement identifiable, révèle la fragilité du bloc.

Si une portion d'itinéraire présente une difficulté plus importante, ou une absence de possibilité d'assurage naturel, le premier de cordée confectionne un relais : anneau, ou tour mort de la corde autour d'un bloc. Il lâche les anneaux qu'il tient à la main et effectue une petite longueur jusqu'à la prochaine possibilité d'assurage.

Notons que dans ce type de terrain, une poignée de deux ou trois coinceurs rend de grands services...

Votre progression est ainsi rapide et économique, car vous évitez d'évoluer lesté par les frottements de la corde. Les indispensables manœuvres d'avalement de corde au relais sont également, sinon supprimées, au moins réduites. Les membres de la cordée évoluent à de courtes distances les uns des autres et communiquent facilement, ce qui n'est pas le cas s'ils sont à 30 mètres de distance dans un terrain riche en blocs et en gendarmes (tours rocheuses) cachant les alpinistes et à travers lesquels le son passe mal.

La vie en paroi

La réussite sereine d'une course se résume souvent, sinon à gagner du temps, du moins à ne pas en perdre. La montagne est un lieu où vous appliquez ce que vous savez. La découverte des techniques est réservée aux falaises de basse altitude, celles que l'on nommait il n'y a pas si longtemps « écoles d'escalade ».

Le nombre de manœuvres à connaître est finalement assez réduit... Un peu d'ordre et de réflexion, un minimum d'anticipation provoquent une sensation bien agréable : celle de mener la course et non pas de la subir.

Ainsi, au relais, on l'a dit, il convient de vous organiser de manière simple et claire. Les autoassurages, les assurages ne doivent pas s'emmêler. Le matériel doit être toujours rangé, de façon à être accessible rapidement : coinceurs, pitons, anneaux, mais aussi mousquetons...

Vous devez aussi penser au départ du relais : de quel côté se fera-t-il ? On installera alors le second de cordée du côté opposé... Cela évitera de se chevaucher au moment du départ.

La corde doit être rangée. Vous pouvez la laisser pendre si rien ne risque de l'accrocher. Dans les voies modernes, les plaquettes de Spit ou les broches scellées que l'on commence à rencontrer dans les voies de basse altitude forment de véritables pièges pour les boucles de corde qui pendent du relais. Il faut donc garder la corde au relais. Un bon système consiste à la plier en larges boucles, en travers sur son autoassurage, ou sur ses pieds, alternativement d'un côté et de l'autre.

Dans le cas d'un changement dans la difficulté ou le type de terrain, vous ne devez pas hésiter à adapter l'encordement. Inutile de garder un intervalle à 50 mètres dans une longue zone facile : il faut alors réduire la longueur à l'aide d'anneaux de buste.

Une adaptation de l'encordement n'est jamais une perte de temps... A condition d'être entraîné à l'effectuer efficacement !

Une longue escalade est une activité fatigante... Profitez des relais confortables : asseyez-vous, quittez le sac à dos et accrochez-le au relais. Ces pauses sont bénéfiques, surtout si on les agrémente d'une boisson... Si vous ne devez emporter que peu de choses par manque de place, vous devez accorder une priorité à la gourde. Il existe à présent des gourdes souples équipées de pipettes que l'on peut porter comme un sac à dos ou un sac-banane. Elles se révèlent vite, pour ceux qui les essaient, des compagnes privilégiées.

Les points d'aide

Grosse fatigue, réveil difficile, ou simplement nécessité d'accélérer le mouvement, vous pouvez être amené à prendre un point d'aide, c'est-à-dire à utiliser le matériel destiné à l'assurage pour continuer votre progression.

Vous pouvez simplement tenir à la main les mousquetons d'un point : Spit, broche scellée ou piton. Cette prise de main supplémentaire suffit souvent. Si le point est un coinceur, ne tirez pas dessus à la main, procédez comme indiqué au paragraphe suivant.

Deuxième ruse, utilisez un étrier. Une simple sangle dans laquelle vous passez le pied. Vous pouvez en utiliser deux : une longue et une courte qui vous permettra d'avoir le pied juste sous le point. Si vous êtes encore trop court, vous pouvez envisager de mettre le pied sur le point : attention à certaines plaquettes de Spit très inclinées et pas vraiment faites pour cela !

Dernière ruse, un crochet réservé en principe à l'escalade artificielle, utilisé avec une sangle pour le pied, devrait vous sortir de cette situation embarrassante.

Cette façon de faire conduit à la notion de « passage obligatoire ». Celle-ci est évoquée dans de nombreux topos. Elle indique le niveau d'escalade libre que vous aurez à assumer entre les points d'assurage utilisés comme points d'aide.

Au relais, on place la corde sur un pied pour éviter de la laisser pendre. Michel Paccalet et François Lours, Xénon, rochers de la Maladière.

ALPINISME ET ESCALADE

RETRAITE, SAUVETAGE, RÉCUPÉRATION

Les montagnes européennes ne sont plus, depuis longtemps, les étendues sauvages d'autrefois. Vallées bien peuplées, infrastructures routières, plus hauts sentiers et refuges ont étendu le réseau de la civilisation sur ces contrées incultes et souvent solitaires. L'hélicoptère s'est approprié le domaine aérien, réduisant une fois pour toutes les distances péniblement gagnées par nos grands-pères à quelques minutes de vol spectaculaire.

Et là, les opérations de sauvetage, tragédies épiques, romans à sensation ou sujets de grands reportages, se sont trouvées radicalement transformées. Finies les interminables caravanes terrestres ployant sous le matériel, qui participèrent souvent à la légende de l'alpinisme. Dans un vrombissement assourdissant mais salvateur, l'hélicoptère dépose ses sauveteurs et arrache finalement les infortunés alpinistes aux griffes de l'alpe homicide... Les sauveteurs sont devenus des professionnels très bien formés, d'une efficacité redoutable, à laquelle un alpiniste amateur ne peut pas prétendre.

L'effet pervers de ce progrès technologique s'est vite fait sentir : l'intervention aérienne des secours semble avoir parfois été considérée comme un moyen normal d'évolution en montagne. On part, on verra bien, l'hélico nous sortira de là si ça ne va pas... Les moyens de communication modernes contribuent d'ailleurs fortement à cette incitation : les professionnels se sont équipés de postes radio depuis plusieurs années, mais l'arrivée des téléphones portables utilisables en montagne va changer radicalement la donne. Le seul souci de l'alpiniste sera d'évoluer dans un endroit où le message passe...

Un autre effet pervers semble plus pernicieux, et sans doute plus fréquent (car le cas précédemment évoqué est encore rare !). Nombre d'alpinistes, reconnaissant l'extrême compétence des secouristes professionnels, ne prennent pas la peine de se former à quelques techniques simples de récupération qui permettent au moins d'attendre les secours dans de bonnes conditions pour le blessé. A quoi bon, puisque, de toute façon, nous serons moins efficaces qu'eux ?

C'est oublier que la rapidité des secours n'est effective que par beau temps, voire même par bonnes conditions de vol, et que les services de sauvetage peuvent être assez occupés pour être obligés d'intervenir plus tard... Il importe donc de connaître quelques techniques permettant d'appréhender ce genre de situation avec sérénité. On peut, par exemple, avoir à trouver un endroit correct pour passer la nuit.

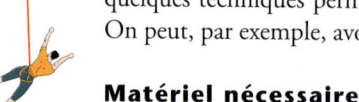

Matériel nécessaire

Retraite

Elle se fait en rappel. Pas de problème pour le terrain classique, souvent équipé. Ailleurs, la retraite n'est possible que si l'on dispose de quoi faire des points d'ancrage : pitons, anneaux.

Sauvetage

Faire face à une situation d'accident demande un minimum de matériel. On n'ose pas penser à certaines cordées engagées dans des voies de plusieurs longueurs avec douze dégaines et une corde simple...

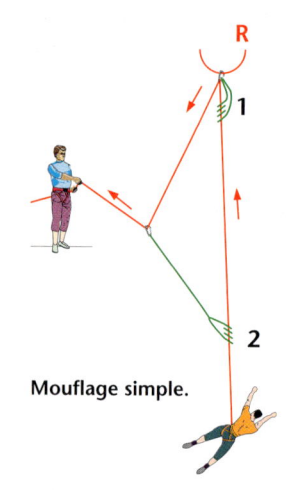

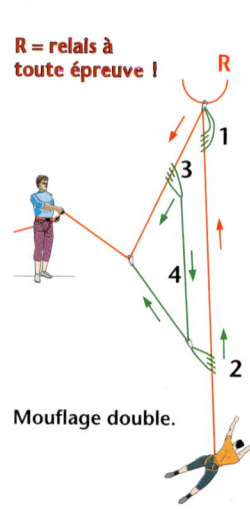

Mouflage simple.

R = relais à toute épreuve !

Mouflage double.

1-Autobloquant de retenue.
2-Autobloquant.
3-Autobloquant.
4-Morceau de corde (environ 2 mètres).
NB : les autobloquants peuvent être remplacés par des systèmes mécaniques (bloqueur, ropeman, etc.).

TECHNIQUES DE L'ESCALADE ROCHEUSE

Chacun des membres de la cordée devrait disposer d'anneaux de corde pour la confection de nœuds autobloquants, qui peuvent être complétés par des bloqueurs mécaniques (Petzl, ropeman de Wild Country), de mousquetons de sécurité et de morceaux de corde pour l'élaboration de mouflages. Une ou deux poulies peuvent être très utiles pour diminuer les frottements... On le voit, une manœuvre de sauvetage ne doit rien à l'improvisation. Au-delà de la disponibilité d'un matériel minimal, une connaissance parfaite des manœuvres à effectuer est nécessaire. Le stress d'une situation dramatique est un facteur aggravant la difficulté d'une manœuvre complexe et souvent mal connue...

Les manœuvres

Retraite
Le rappel est une technique éprouvée... reste à évoluer dans la paroi où l'on vient de s'engager. Les choses seront plus faciles si l'on a pris la peine de l'étudier auparavant : existence de vires, d'échappées, de couloirs faciles, de voies connues... Tous ces détails peuvent rendre la vie plus facile.

Sauvetage
Nous décrivons ici quelques manœuvres simples. Elles font appel à des manipulations souvent connues, en particulier en ce qui concerne les techniques de remontée d'une crevasse, développées dans le chapitre suivant (voir p. 139).

Avant toute chose
La corde du grimpeur en difficulté doit être bloquée : soit par un autobloquant, soit par un nœud de mule, ceci afin de libérer les mains de celui qui va préparer la manœuvre.

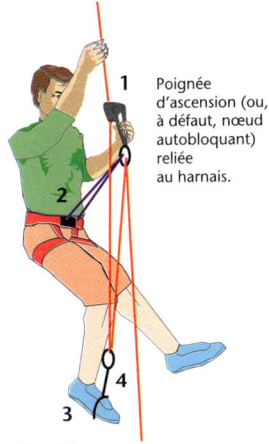

Récupération simple : un grimpeur a chuté mais est capable de manœuvrer
Il remonte alors par ses propres moyens le long de la corde, grâce à deux nœuds autobloquants, ou à des bloqueurs mécaniques si la cordée en a à sa disposition.
Il peut aussi utiliser un nœud autobloquant classique, de type Machard, au niveau du harnais, et un nœud de cœur au pied. Cette technique évite d'avoir à manœuvrer deux autobloquants.
La cordée évoluant avec une double corde, un brin fera office de corde fixe, l'autre sera utilisé comme brin d'assurage, protégeant la remontée.

Redescendre un blessé
Le cas le plus simple, pour amener un blessé dans une position confortable, est de le redescendre au relais inférieur. Si l'on utilise un nœud de demi-cabestan pour l'assurage, on peut directement enchaîner avec la manœuvre de descente, après avoir pris la précaution de confectionner un autobloquant de sécurité afin de protéger la descente. Le truc : lors de la descente, l'autobloquant,

1 Poignée d'ascension (ou, à défaut, nœud autobloquant) reliée au harnais.

2

3 Nœud de cœur fixe sur un anneau passé en tête d'alouette autour du pied.

4

Remontée d'une corde fixe (sortie de crevasse ou après chute).
1-Poignée d'ascension, bloqueur ou nœud de Machard.
2-Longe reliant 1 au baudrier.
3-Anneau de pied (tête d'alouette).
4-Nœud de cœur (ou plaquette type New Alp ou Cassin).

Nœud de cœur.

Deux mousquetons identiques.

Sens de blocage

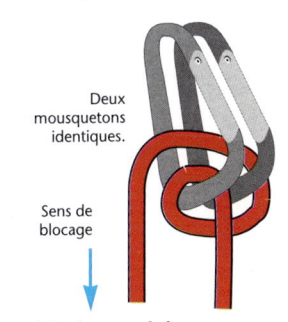

NB : le nœud de cœur est représenté ici en position d'utilisation à un relais. Dans ce cas, il est impossible de donner du mou, sauf si l'on a passé un mousqueton supplémentaire dans la boucle qui fait le tour extérieur des mousquetons. Une traction sur celui-ci débraie le nœud.

▲ 109

entraîné par le frottement, bloque! Il suffit de le coincer contre la jambe (ou toute autre partie du corps, suivant l'agencement du relais), pour l'empêcher de glisser trop loin et de se mettre en tension. En cas de besoin, il suffit de lui rendre sa liberté pour que, ayant consommé tout son mou, il bloque la descente.

Remonter un blessé

Une tout autre histoire. Il faut utiliser un mouflage, sérieusement démultiplié pour faire face aux frottements de la corde sur le rocher.

Du fait des tractions subies par le relais lors d'une telle manœuvre, celui-ci doit être à toute épreuve...

Évacuer un blessé

L'évacuation est possible si l'on est au moins deux pour l'effectuer. Vous l'entreprenez lorsque l'arrivée des secours semble lointaine ou improbable, et lorsque l'évacuation semble courte et supportable pour le blessé. Il faut se souvenir que le transport, effectué dans de mauvaises conditions, peut être pire qu'une attente confortable. Il importe à ce sujet que les membres de la cordée aient au moins de bonnes notions de secourisme, ainsi qu'une pharmacie permettant de faire face aux cas les plus courants.

Nœud autobloquant

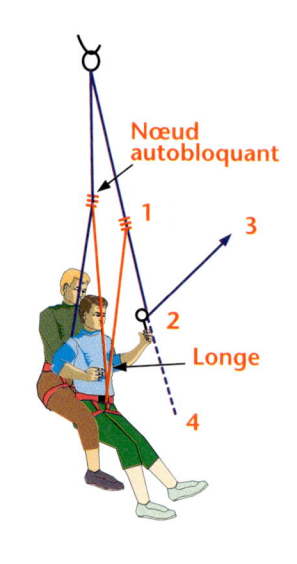

1-Poignée autobloquante.
2-Mousqueton.
3-Retour par mouflage si troisième personne en haut.
4-Corde libre sinon.

Relais
Corde passée dans un frein. Croiser les cordes dans le huit

Double corde

Nœud en huit

L'évacuation se fait vers le bas : on profite ainsi de la loi de la pesanteur...

Le blessé est installé sur le dos de son « porteur » : chacun d'eux est encordé sur un des brins de la corde double. Ceux-ci sont reliés par un nœud en huit à 2 mètres de leur extrémité : blessé et sauveteur sont ainsi assurés de façon solidaire.

Le blessé est en outre stabilisé par un autobloquant reliant son torse (par l'intermédiaire d'un baudrier, de fortune ou non) à sa corde.

La descente est contrôlée par le troisième membre de l'équipe, qui utilise bien sûr un dispositif de freinage et un autobloquant destiné à sécuriser la descente.

Rappelons-le, ces manœuvres simples ont surtout pour but d'installer confortablement le blessé dans l'attente des secours. Des vêtements chauds, le moral et la présence attentive d'un compagnon doivent faire le reste.

La meilleure solution ne colle que rarement aux cas d'école. Il faut bien se garder de toute précipitation, et éviter de tomber dans une situation plus complexe... Une bonne connaissance des techniques n'est utile que dans le cas d'une observation juste du terrain, épaulée d'un peu de jugeote et de débrouillardise...

Appeler les secours

Les signaux conventionnels sont décrits dans le chapitre suivant. L'un des membres de la cordée peut être amené à déclencher les secours en sortant de la paroi.

Par le bas, la descente en rappel est effectuée classiquement, avec autoassurage bien sûr. Il importe d'éviter le suraccident. Il est inutile de se précipiter, la situation est déjà suffisamment stressante...

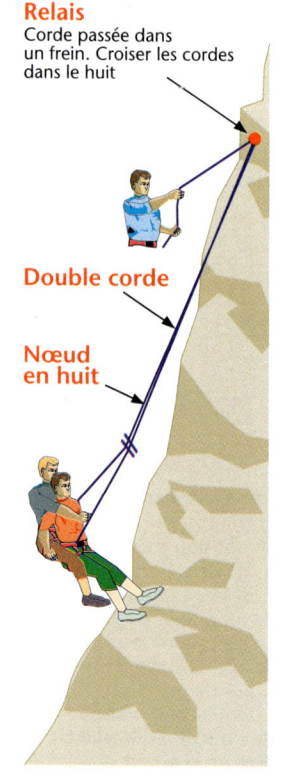

TECHNIQUES DE L'ESCALADE ROCHEUSE

❶
Ame   Gaine

❷ Détail

Anneau passé autour du cou, destiné à maintenir le système en place.

Baudrier

❸ Assurage en solo

Points d'assurage

Relais

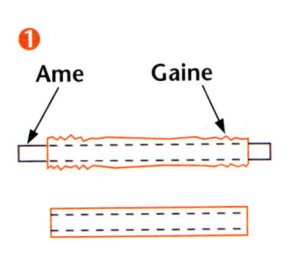

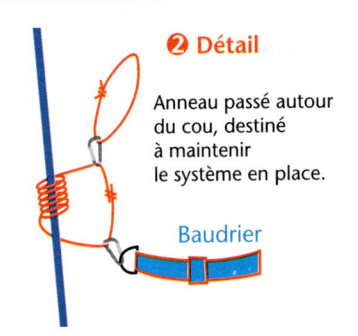

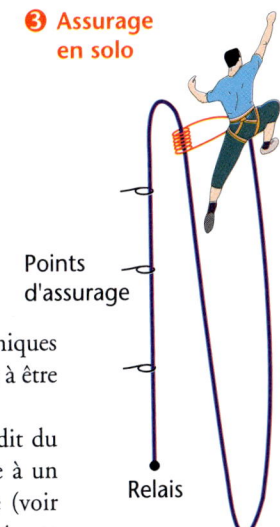

Assurage en solo.

1-« Barnett » : retrousser la gaine d'un morceau de corde. Couper la partie extérieure de lame. Souder avec une lame chauffée. On obtient une corde de 9 millimètres plus souple qu'à l'origine.

2-Nœud de Machard sur anneau de corde de 9 millimètres transformé comme en 1.

3-Points d'assurage.

Par le haut, on peut être amené à faire appel aux techniques d'autoassurage en escalade solitaire. Celles-ci gagnent à être pratiquées avant ce jour crucial.
La méthode la plus courante fait appel au système dit du « Barnett ». Il consiste simplement à s'assurer grâce à un nœud autobloquant coulissant le long de la corde (voir croquis 1 ci-dessus). Ce nœud doit être confectionné avec une corde de 9 ou 10 millimètres de diamètre. Un diamètre inférieur ne résisterait pas à une chute. En général, les cordes sont trop raides pour confectionner un Machard avec un tel diamètre. On les assouplit en retroussant la gaine le long de l'âme de la corde, puis en coupant les morceaux d'âme dépassant de la gaine retroussée comme une chaussette...
Les adeptes du solo remplacent le nœud par un grigri légèrement modifié...

LES NŒUDS

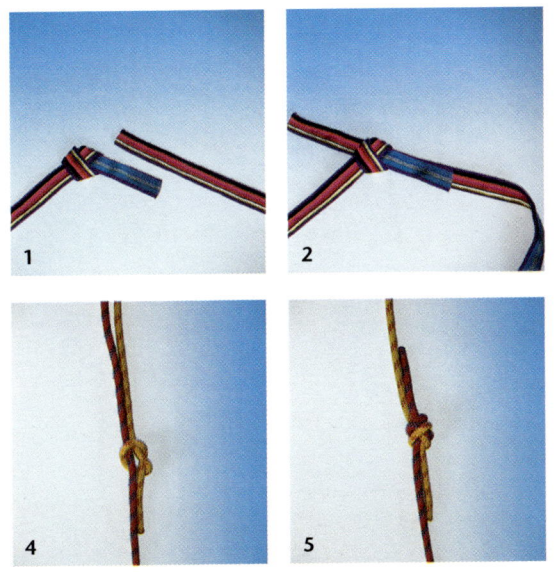

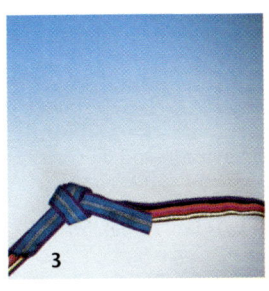

1   2   3

4   5

1 à 3 : Nœud de sangle.
On l'utilise, à l'exclusion de tout autre, pour nouer une sangle.
Veiller à ne pas vriller la sangle à l'intérieur du nœud.

4 et 5 : Nœud carré.
Nœud de sangle effectué sur un anneau de corde.

▲ 111

ALPINISME ET ESCALADE

6 à 8 : Nœud de pêcheur.
Pour fermer un anneau de corde.
Il est confectionné à partir d'un nœud simple.
On lui préfère le nœud de pêcheur double, plus résistant et plus facile à défaire.

9 à 12 : Nœud de pêcheur double.
Le nœud simple utilisé pour le nœud précédent se voit affublé d'un tour supplémentaire. Demande un peu d'entraînement.

13 : Nœud de jonction pour les rappels.
Il est utilisé pour réunir deux brins de corde séparés lorsque l'on veut en faire une corde double pour le rappel.
Il suffit de faire un nœud simple avec les deux cordes, à 20-25 centimètres environ de leurs extrémités, afin de prévenir le glissement du nœud sur lui-même.
Ce glissement ne se fait sentir que sur quelques centimètres.
Avantage de ce nœud : il se coince moins lorsque l'on récupère le rappel.

14 : Queue de vache et nœud en huit.
Utilisés pour l'encordement sur mousqueton de sécurité ou pour l'autoassurage.
Préférer le huit, plus solide et plus facile à défaire.

15 à 18 : Nœud en huit.
Version sur une extrémité de corde pour encordement sur baudrier.

19 à 23 : Nœud de bouline.
Pour l'encordement.
Impérativement bloqué par un nœud d'arrêt.

24 à 26 : Cabestan.
Pour l'autoassurage au relais.

112

TECHNIQUES DE L'ESCALADE ROCHEUSE

27 et 28 : Demi-cabestan.
Remplace un frein pour l'assurage ou le rappel.

29 à 31 : Nœud de mule.
Bloque la corde sous tension, lorsque le second est tombé.
Attention à ne pas se faire prendre les doigts !
Entraînement indispensable.

32 à 34 : Nœud de Machard, du nom de son inventeur.
Sert à l'autoassurage en rappel ou pour les manœuvres de sauvetage.
Utiliser une cordelette de 7 millimètres souple.

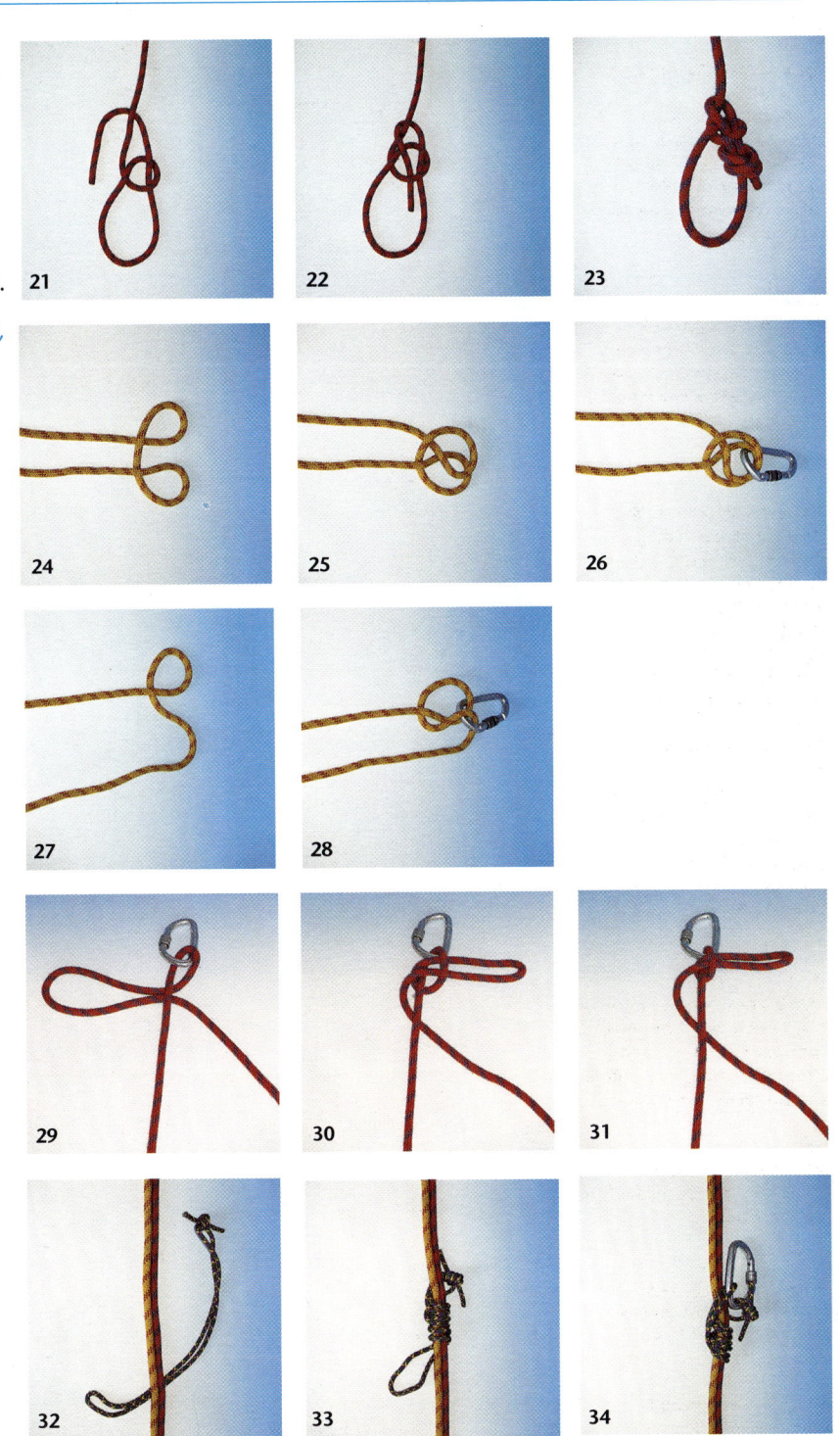

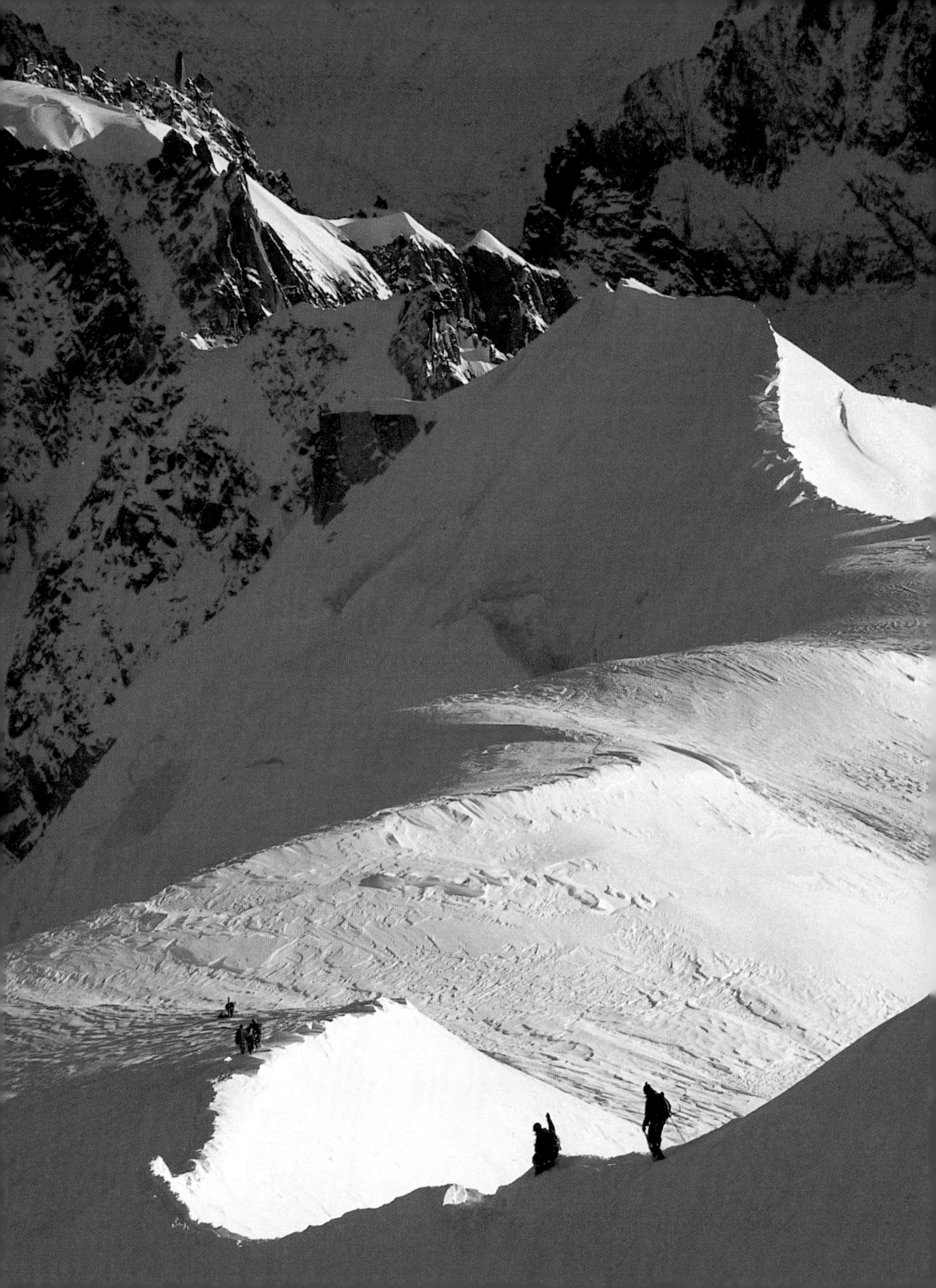

TECHNIQUES EN NEIGE ET GLACE

INTRODUCTION

Parmi l'éventail des activités qu'offre l'alpinisme jusqu'au niveau de difficulté D, les progressions sur terrains neigeux, glaciaires ou mixtes sont celles auxquelles se livrent la majorité des pratiquants. Un succès dû en partie au fait qu'elles pérennisent l'alpinisme des origines et des grandes périodes de son histoire. Elles constituent et symbolisent l'« alpinisme classique » qui alimenta la passion de générations de grimpeurs en quête de sensations exaltantes, mais aussi l'imaginaire d'artistes dont Samivel fut l'un des plus remarquables. De nos jours, l'évolution du matériel et des équipements a contribué à démythifier ces ascensions, les mettant à la portée d'un plus grand nombre d'alpinistes. Malheureusement, le nombre important d'accidents semble le principal corollaire à ce constat. L'apparente mais trompeuse facilité des techniques à laquelle s'ajoutent les dangers objectifs sont autant de pièges que l'alpiniste doit déjouer, par l'acquisition de qualités physiques et techniques qui sont induites par l'expérience.

NIVEAU NÉCESSAIRE

La pratique de l'alpinisme classique, sur glace, neige et terrain mixte passe par quelques exigences. Vous devez :
– être en bonne forme physique, entraîné en fonction des courses que vous envisagez ;
– maîtriser les techniques de progression et d'assurage appropriées aux différents terrains ;
– utiliser correctement les matériels et équipements adéquats, les entretenir ;
– connaître et évaluer les conditions des terrains sur lesquels vous évoluerez ;
– connaître et apprécier les dangers objectifs auxquels vous serez exposé ;
– vous connaître, afin de choisir judicieusement vos objectifs en fonction des conditions de la montagne, d'adapter les techniques utilisées à votre niveau et de gérer vos efforts ;
– maîtriser les manœuvres de corde et de sauvetage en crevasse, ainsi que les techniques de survie et de secourisme ;
– approfondir votre connaissance globale du milieu (météo, transformation de la neige…).
Vous vous méfierez toujours des usages, qui ont des effets pervers en supprimant réflexion et bon sens, qualités fondamentales de l'alpiniste sans lesquelles les exigences précitées seraient inutiles.

Le monde de l'altitude.

▲ 115

ALPINISME ET ESCALADE

Alpiniste débutant, vous suivrez un apprentissage, puis un perfectionnement constant. Cet apprentissage alternera les séances écoles sur des terrains appropriés et les courses d'un niveau correspondant.

Alpiniste majeur, vous ne perdrez pas de vue que l'entraînement est une nécessité, non seulement pour élever votre niveau, mais simplement pour le maintenir.

TECHNIQUES DE PROGRESSION

L'utilisation des techniques de progression est fondée sur l'observation de deux paramètres fondamentaux :
– l'inclinaison de la pente,
– la nature du sol (glace, neige) et sa qualité.
Ces paramètres déterminent le choix de la ou des techniques à employer pour une progression efficace et sûre.
Ce choix exige de votre part une lecture permanente du terrain, afin d'en apprécier les conditions.
Vous croiserez la prise en compte de ces paramètres avec d'autres, plus subjectifs mais tout aussi tangibles, qui relativisent les difficultés objectives du terrain :
– l'état physique de votre cordée,
– l'hostilité potentielle de l'environnement,
– l'altitude,
– le niveau technique de votre cordée, sa dextérité.
Ce dernier point fait apparaître combien il est délicat de déterminer les techniques en fonction des seuls paramètres objectifs (nature et inclinaison de la pente). La technique employée dans une situation donnée devra être en adéquation avec vos propres capacités, ce qui nécessite une autoévaluation lucide.
Ainsi tel grimpeur progressera rapidement et en toute sécurité sans crampons dans une pente à 30°, alors que tel autre devra, pour obtenir le même résultat, chausser ses « crabes » (crampons, bien sûr, dans le jargon des glaciairistes)...

Au même endroit, deux alpinistes d'aisance différente utilisent la technique qui leur convient le mieux.

Les deux grimpeurs utilisent au même endroit deux techniques différentes. Chacune d'elles doit être utilisée correctement.
Toutes ces techniques constituent la panoplie de moyens dont vous devez disposer. Vous les appliquerez, non pas par une répétition de gestes stéréotypés, mais par une adaptation du geste au terrain et à la situation.

Matériel
Le matériel est présenté en détail page 24.
Vous aurez besoin pour vos incursions en altitude de chaussures d'alpinisme, guêtres, vêtements adaptés, gants, casque, lunettes, lampe frontale, crampons, piolet classique (sans dragonne) ou piolet de progression frontale (avec

TECHNIQUES EN NEIGE ET GLACE

dragonne), broches à glace, anneaux de corde et sangles, mousquetons, bloqueurs, bâtons de ski télescopiques, raquettes à neige.

Votre matériel doit impérativement correspondre aux besoins spécifiques du terrain dans lequel vous êtes engagé.

Progression sur neige
Sans les crampons

Vous pratiquerez cette forme de progression lorsque la neige est molle, voire profonde, sans couche dure sous-jacente, sur des pentes d'inclinaison faible ou moyenne (maximum 40°), à la montée comme à la descente. Vous pouvez l'employer exceptionnellement sur des pentes plus raides, sur de courtes distances : petit mur, rimaye ou corniche.

La trace en neige profonde.

Vous pourrez assurer votre équilibre avec des bâtons de ski (un ou deux), ou un piolet.

■ En neige profonde, vous pouvez aussi utiliser des raquettes.
Vous travaillerez :
– Votre position d'équilibre : centre de gravité à l'aplomb de votre base de sustentation (polygone d'équilibre dont le périmètre est défini par la longueur des pieds et les lignes reliant les pointes et les talons).
– Une certaine souplesse des articulations.
– La fluidité de vos mouvements.
– Un appui horizontal, total ou partiel, de la semelle de la chaussure.
– La coordination des mouvements entre les jambes et les bras en appui sur le piolet ou les bâtons de ski.

■ En neige molle et profonde. (Voir Pelle à neige et ARVA, si une avalanche est possible.)
Vous enfoncez plus ou moins brutalement à chaque pas, ce qui provoque une dépense d'énergie considérable. Préservez vos forces, tassez la neige à chaque pas, par petits coups répétés. Vous éviterez ainsi l'effondrement brutal de la marche, qui risque de plus d'entraîner un déséquilibre aux conséquences fâcheuses : torsion du genou à la descente, chute, etc. Pensez au plus petit de la cordée ! Ne faites pas de trop grands pas...

> **REMARQUE** L'intervalle entre chaque pas ne doit être ni trop grand, par souci d'économie, ni trop petit, pour maintenir la stabilité de chaque marche. La progression se fait habituellement suivant la ligne de plus grande pente. L'utilisation de raquettes à neige est particulièrement adaptée à ces conditions, dans des pentes n'excédant pas 20° d'inclinaison. Bien qu'apparemment faciles, ces conditions sont souvent dangereuses du fait de l'épaisseur de la couche pouvant être instable quelle que soit la nature des cristaux qui la constituent. En hiver ou par température négative, la neige est généralement pulvérulente, sèche et fine. En été ou par température positive, la neige devient lourde, humide et composée de gros cristaux.

■ En neige mi-molle et peu profonde.
Bien que réclamant moins d'efforts, la progression devient plus délicate. Le tassement de la neige à chaque pas demande de la précision. Vous maintiendrez votre équilibre

grâce à l'écartement de vos pieds et à un intervalle raisonnable entre deux pas. A la montée, vous pouvez progresser dans la ligne de pente, ou en oblique par rapport à celle-ci. Dans ce cas, vos pieds sont légèrement divergents : le pied amont est orienté vers l'amont et prend appui principalement sur l'avant de la semelle. Le pied aval est orienté en travers de la pente, voire vers l'aval, et c'est le bord interne de la semelle qui imprime la marche.

A la descente, vous progressez généralement dans la ligne de pente, face à l'aval, le buste penché en avant, chevilles et genoux fléchis, afin de maintenir le centre de gravité à l'aplomb de la base de sustentation et de garantir une certaine souplesse. Les pieds divergent légèrement, l'appui se fait sur l'arrière des semelles.

Cette position n'est pas toujours facile à adopter : un bon truc consiste à poser la main libre sur le genou. Vous progresserez ainsi genou plié et buste penché vers l'aval !

> **Remarque** — Si pour une raison quelconque la descente face à l'aval devient moins sûre, n'hésitez pas à redescendre à reculons. C'est moins rapide, moins élégant, mais très sécurisant !

Méfiez-vous toujours des « sabots » de neige qui peuvent se former sous les semelles. Dès que vous en soupçonnez la formation, détachez-les par un coup sec du bâton ou du piolet sur le bord de la chaussure.

Le piolet joue un rôle déterminant à mesure que la neige devient plus dure. Il offre un appui efficace et un ancrage déterminant lorsque le manche est suffisamment enfoncé.

■ **En neige dure.**

A ce stade de l'état de la neige, la progression devient très délicate et exige une parfaite maîtrise du positionnement des pieds, de l'équilibre, de l'enchaînement des mouvements et de l'utilisation du piolet.

A la montée, vous pouvez progresser dans la ligne de plus grande pente en façonnant une petite marche par des coups répétés de l'avant du pied. En montée oblique, vous frappez le bord amont de la chaussure en maintenant vos pieds parallèles et en travers de la ligne de pente. Dans les deux cas l'intervalle de vos pas doit rester raisonnable pour ne pas compromettre votre équilibre.

La descente peut difficilement s'envisager autrement qu'à reculons, avec les mêmes mouvements qu'à la montée.

> **Remarque** — L'utilisation du piolet devient prépondérante : récupération du grimpeur en cas de déséquilibre (voir Les réchappes), mais aussi éventuellement taille de marches.

N'allez pas trop loin dans ce type de progression. Dès que la pente se redresse (20°), ou dès que vous en ressentez le besoin, chaussez vos crampons !

■ **Les glissades.**

Très ludiques, les glissades, ou les pas glissés, permettent de gagner du temps et de la fatigue. Vous ne les envisagerez que sur des pentes raisonnables en neige mi-molle et peu profonde, dépourvues de réception dangereuse...

Écartez les pieds, fléchissez les genoux, relevez les bras, et c'est parti ! Vous pouvez placer un pied en avant par rapport à l'autre pour parfaire votre équilibre.

L'arrêt s'effectue en braquant rapidement les pieds, ou en enchaînant des petites foulées afin de reprendre le contrôle de votre vitesse.

TECHNIQUES EN NEIGE ET GLACE

Dans la pratique, vous alternerez glissades et trottinements permettant de corriger les petits déséquilibres, ou de reprendre de la vitesse.

■ Les réchappes.

En cas de chute, vous devez immédiatement ramener les pieds vers l'aval, reprendre progressivement appui sur les talons et contrôler votre vitesse par des petits pas rapides. Si la neige est dure, la réchappe sera plus facile avec un piolet ou un bâton (voir p. 121).

Avec les raquettes

Les raquettes à neige connaissent depuis quelques hivers un engouement spectaculaire. La randonnée en moyenne montagne hivernale semble être devenue une discipline à part entière.

Ces équipements ont toujours été utilisés dans le cadre de l'alpinisme hivernal et restent, pour ceux qui s'aventurent dans des marches d'approche en neige profonde, un excellent moyen de progression. Certes, leur utilisation ne permet pas de franchir une certaine inclinaison (30-35°), mais elle présente l'avantage de ne pas exiger la maîtrise d'une technique spécifique. Elle est donc à la portée de tous ! La marche réclame simplement d'écarter les pieds, du fait de l'encombrement des raquettes. L'utilisation des bâtons de ski est presque indispensable.

Avec les crampons

Lorsque la pente dépasse une certaine inclinaison (supérieure à 30°), ou lorsque la neige devient trop dure ou si, molle et de faible épaisseur, elle recouvre la glace, vous devez impérativement chausser vos crampons.

■ Pente raide, neige molle et profonde.

Placement des pieds, position du corps et enchaînements de mouvement sont ici les mêmes que dans le cas d'une progression sans crampons.

Attention toutefois au risque de « bottage », ou formation d'un sabot de neige sous les crampons. Ce risque est très nettement diminué si vous utilisez des antibottes (voir p. 30). Le débottage s'impose, dès qu'il apparaît, par un coup sec du piolet sur le bord des crampons.

Vous pouvez descendre face à la pente, mais aussi, pour des raisons de sécurité dès que la pente augmente ou que la neige devient mauvaise, à reculons, le corps tourné vers l'amont.

■ Neige dure à très dure.

Le cramponnage y est relativement facile, mais les techniques de progression sont en tout point semblables à celles employées en glace (voir p. 122).

■ Glace recouverte de neige molle.

Le cramponnage devient délicat. Il y a risque de bottage et difficulté à faire pénétrer les pointes des crampons dans la glace. Cependant, les techniques sont les mêmes que celles utilisées en glace (voir p. 122)

Une glissade bien arrêtée par le braquage des deux pieds.

Un coup sec du piolet détache le sabot de neige collé à la semelle. L'antibotte élimine une bonne partie de ce risque.

■ Réchappes.

La perte d'équilibre ne peut être enrayée que s'il y a une réaction très rapide de votre part. Après avoir ramené les pieds vers l'aval, effectuez une série de petits pas rapides pour reprendre le contrôle de votre vitesse et vous arrêter.

Utilisation des bâtons et du piolet

Toutes les techniques présentées dans les paragraphes précédents peuvent et le plus souvent doivent être combinées avec l'utilisation de bâtons de ski ou plus classiquement du piolet.

■ En neige molle.

– Avec les bâtons, l'appui simultané ou alternatif des bâtons favorise l'équilibre et empêche de trop s'enfoncer. C'est dans ces conditions de neige que leur usage se révèle le plus utile. Vous devez adapter leur longueur à votre taille, ainsi qu'à l'inclinaison de la pente. A la montée, plus la pente est forte, plus vous les réglerez courts. A la descente, vous les réglerez plus longs, de façon à les planter devant vous lorsque vous descendez face à la pente.

Les bâtons peuvent être enfoncés à l'envers, plus profondément, dans un passage raide. Ils offrent ainsi un ancrage plus sûr, ainsi que la possibilité de vous tirer dessus pour faciliter votre progression.

– Avec le piolet, le manche s'enfonce facilement dans la neige molle. il ne sert pas là d'appui facilitant la progression, mais plutôt d'ancrage apportant plus de sécurité. Si la pente devient plus raide, plantez verticalement le manche le plus profondément possible, d'un geste énergique. Le piolet est tenu par la tête (lame toujours dirigée vers l'avant), ou par le manche à proximité de la tête.

■ En neige dure.

– Avec les bâtons, leur rôle se réduit là à un appui favorisant l'équilibre. Ils ne peuvent fournir un ancrage suffisant pour se retenir ou se tractionner, et vous ne les emploierez pas sur des pentes dépassant 30 à 35°.

Vous pouvez les utiliser classiquement, en appui simultané ou alternatif, à la montée comme à la descente.

1-A la descente, les bâtons sont réglés longs pour être plantés devant vous.

2-En traversée, des bâtons utilisés en position « ramasse ».

TECHNIQUES EN NEIGE ET GLACE

Dans les traversées, vous les maintenez ensemble en position ramasse. La main aval au niveau des poignées exerce un effort vers le haut, la main amont prend appui sur le corps des bâtons.

Dans les deux cas, vous enfoncerez correctement et énergiquement les pointes pour éviter tout dérapage.

– Avec le piolet, vous aurez recours aux mêmes technique qu'en glace (voir 122). Toutefois, les différentes parties du piolet pénétreront plus facilement et plus profondément.

Jusqu'à une inclinaison de 45°, la technique du piolet canne reste souvent pratiquée ; le planter à fond avant de déplacer les pieds.

Glissades, ramasses, blocages

■ Glissades.

Lors d'une glissade, vous tiendrez le piolet par le manche, bras dégagé du corps. Vous pourrez ainsi passer instantanément en position ramasse ou effectuer une réchappe en cas de chute.

■ Ramasses.

La ramasse s'effectue à l'aide d'un piolet dont le manche est suffisamment long (environ 60 centimètres), ou avec un bâton assez robuste pour en supporter l'effort (vous pouvez coupler deux bâtons).

Vous prenez appui sur votre piolet ou vos bâtons, tenus à deux mains sur le côté. Une main tient le piolet par le manche, en appui, l'autre sur la tête en traction.

Vous freinez et vous stoppez la ramasse en augmentant la pression sur le manche et la traction sur la tête du piolet.

REMARQUE   Dans les deux cas la lame du piolet est orientée à l'opposé du grimpeur. La ramasse peut être un excellent moyen de récupération d'une glissade mal contrôlée ou d'une chute sur pente moyenne (30 à 35°).

■ Blocages.

En cas de chute en pente de neige dure, pas trop raide (30 à 40°), vous devez ancrer le plus rapidement possible votre piolet.

– Ramenez les pieds vers l'aval et maintenez-les relevés, pour éviter d'accrocher les crampons, ce qui aurait pour effet de vous retourner.

– Tenez le piolet, une main sur le manche, une sur la tête.

– Tournez-vous sur le côté (celui qui correspond à la main placée sur la tête du piolet).

– Ancrez la lame du piolet en vous appuyant dessus et en gardant les bras fléchis.

– N'utilisez les pieds qu'à la fin, quand la vitesse est suffisamment réduite.

Si vous avez déjà pris de la vitesse, effectuez un ancrage progressif, sous peine de lâcher le piolet...

Taille de marches

Vous aurez recours à la taille de marches en neige dure si vous ne portez pas de crampons et qu'un passage un peu plus raide se présente. Aujourd'hui, la taille ne s'envisage que sur des passages assez courts, mais rend encore de grands services.

En montée oblique, en traversée, vous taillez en neige dure avec la panne du piolet, en un ou plusieurs coups linéaires et horizontaux, d'une main.

Le contrôle, puis l'arrêt d'une chute à l'aide du piolet. Notez les pieds relevés pour éviter de basculer tête en bas.

121

A la descente, la taille est délicate. Vous l'utiliserez rarement, et sur quelques pas seulement. Sinon, vous chausserez vos crampons.

Rimayes, corniches, petits murs raides

Que vous soyez ou non équipé de crampons, vous franchirez ces obstacles en utilisant un ou deux piolets et en prenant appui sur des marches façonnées par coups de pieds successifs.

■ Rimayes.

La rimaye, grosse crevasse courant au pied des faces, présente souvent un obstacle. Pour la franchir, vous enfoncez verticalement, le plus loin et le plus profondément possible le manche du piolet (tête du piolet perpendiculaire à la ligne de pente), en amont du rebord supérieur de la rimaye. Tout en vous tenant d'une main au manche ou à la tête, vous pouvez creuser avec le poing, par coups successifs, une encoche pour l'autre main. Au besoin, renouvelez l'opération.

La manœuvre sera plus facile si vous utilisez un piolet dans chaque main. Empruntez pour un temps le piolet de votre compagnon de cordée, à chaque fois que la lèvre supérieure est élevée, raide, ou que la dureté de la neige interdit le creusement d'une encoche à la main.

Passage d'une rimaye, en plantant le manche du piolet.

REMARQUE Dans le cas d'une rimaye importante, vous aurez à planter le piolet sous son rebord. Plantez-le incliné vers l'amont et le plus haut possible. Si la lèvre présente une corniche proéminente, vous serez peut-être amené à l'entailler pour vous frayer un passage. A la descente, le saut est souvent la solution la plus rapide mais la plus dangereuse. A éviter !

■ Corniches.

La forme surplombante d'une corniche est souvent plus accentuée que celle d'une rimaye, mais vous aurez en gros recours à la même technique. Vous serez souvent astreint à un gros travail de dégagement, voire même au percement d'une galerie.

■ Murs très raides.

Là encore, la technique est la même. dès que le mur atteint une certaine hauteur, la pose de points d'assurage est une obligation : piolets de vos compagnons, ou pieux à neige destinés à cet effet, toutefois rares dans la panoplie de l'alpiniste.

Passage d'une corniche, à l'aide du manche du piolet.

Progression sur glace et neige très dure
Cramponnage sur pentes moyennes jusqu'à 45°

Dans ces conditions, vous devez chercher à faire pénétrer dans le sol le maximum de pointes. C'est le « cramponnage classique », parfois appelé à tort « technique dix pointes ».

Pour bien comprendre cette technique et l'appliquer correctement, vous pouvez la comparer avec la technique de progression sur rocher peu incliné lorsque vous utilisez l'adhérence de vos chaussures. Vos semelles ne sont pas forcément en contact avec le rocher sur toute leur surface. Une partie suffit, l'adhérence vient

122

TECHNIQUES EN NEIGE ET GLACE

plutôt de la position du corps et des pieds, qui déterminent les poussées et les appuis.

La technique classique exige une bonne souplesse articulaire des chevilles. Basée sur l'utilisation d'un maximum de pointes, elle peut se satisfaire de quelques-unes...

Inclinaison, qualité du sol, configuration du terrain dictent bien sûr leur loi. Vous combinerez la technique classique de cramponnage avec l'utilisation du piolet, plus rarement du ou des bâtons de ski.

Vous adopterez :
– une position équilibrée : pieds divergents (à la « 10 h 10 »...) et écartés ;
– une évolution souple et fluide ;
– une bonne synchronisation entre mouvements de jambes et placement du piolet.
La position pieds écartés se justifie pour des questions d'équilibre, mais aussi pour vous empêcher de vous prendre les crampons dans le pantalon !

Cramponnage classique : pieds divergents. Il n'est pas nécessaire de planter la totalité des pointes pour être efficace.

■ Montée.

Suivant la ligne de pente : très fatigant pour les chevilles. Les pieds sont divergents, d'autant plus que la raideur augmente.

De biais par rapport à la ligne de pente (traversées ascendantes) : vous utiliserez préférentiellement cette progression qui vous permet de faire des lacets dans la pente. Votre pied amont est placé dans la ligne de progression, donc légèrement vers l'amont. Votre pied aval, sur lequel repose principalement le poids du corps, est tourné vers l'aval, d'autant plus que la pente est forte. Ceci soulage l'articulation qui se trouve dans une position plus naturelle.

A chaque pas, avancez moins le pied aval pour le porter à la hauteur du pied amont.

1-Cramponnage classique en traversée.

2-A la descente, genoux fléchis, pieds « en canard »...

REMARQUE   Cette façon de faire impose de fréquents changements de direction. Vous les effectuerez par une série de pas tournants, vers l'aval si vous en avez la dextérité, ce qui facilite le changement de main sur la corde ou le piolet, plus lentement vers l'amont si vous le préférez.

■ Descente.

Suivant la ligne de pente : vous utiliserez souvent cette méthode, corps face à l'aval, bien qu'elle sollicite fortement les muscles des cuisses.

Les pieds sont divergents et le buste penché vers l'aval.

Pour des raisons de sécurité, dès que vous en ressentirez le besoin, vous descendrez à reculons.

De biais par rapport à la ligne de pente, la technique est identique à celle utilisée à la montée : pieds divergents, pied amont dans la ligne de progression, pied aval tourné vers l'aval et venant se placer à la hauteur du pied amont.

▲ 123

ALPINISME ET ESCALADE

Patrick Gabarrou
en cramponnage frontal
à la face nord
du Grand Paradis.

Comme dans le cas d'une descente dans la ligne de pente, le buste est penché vers l'aval.

Remarque   Le changement de direction se fait vers l'aval, pour des raisons pratiques. La descente à reculons impose une utilisation du cramponnage sur les pointes avant des crampons.

Cramponnage sur pentes fortes de 45 à 60°

Sur glace, la technique classique devient inapplicable, non fonctionnelle, donc inefficace et incertaine. Sur neige, vous pourrez encore l'utiliser, dans les limites de votre dextérité.

Vous passerez donc à la technique dite des « pointes avant ». Vous y utiliserez les quatre pointes frontales de vos crampons.

Les caractéristiques fondamentales de la technique pointes avant sont :
– position équilibrée sur l'avant des pieds ;
– pieds légèrement écartés (écart naturel), parallèles et horizontaux ;
– chevilles et genoux légèrement fléchis ;
– chaque pas est marqué avec énergie afin d'incruster les pointes dans la glace ;
– les mouvements de pieds et de piolet sont coordonnés.

Remarque   La technique des pointes avant sollicite fortement les muscles des mollets. Vous ferez appel aussi souvent que possible au cramponnage mixte : un pied en pointes avant, l'autre en cramponnage classique, en alternant les positions de temps en temps.

Utilisation de un ou deux piolets

Nous distinguerons les techniques de « piolet appui » et les techniques de « piolet ancré ».

TECHNIQUES EN NEIGE ET GLACE

■ Piolet appui.

Renforcez votre équilibre grâce à un appui sur la tête ou le manche de votre piolet. L'appui ne permet pas de se retenir en cas de déséquilibre, mais d'éviter ce risque. Ces techniques favorisent un déplacement véloce, mais vous ne les utiliserez que sur des pentes moyennes, pas au-delà de 45°, le plus souvent combinées au cramponnage classique.

■ Piolet canne.

Vous tenez le piolet par la tête dans la main amont, lame orientée vers l'avant. Plantez le manche verticalement, ou presque perpendiculairement à la pente lorsque celle-ci augmente.

A la montée, déplacez le piolet tous les deux ou trois pas, à l'arrêt total et équilibré si la pente est forte.

En progression oblique sur une pente faible, vous pouvez planter le piolet simultanément au déplacement du pied amont.

Les changements de direction imposent de changer le piolet de main, de façon à ce qu'il se trouve toujours à l'amont.

A la descente, plantez le piolet à votre hauteur ou légèrement à l'aval, buste penché vers l'avant.

Si vous progressez de biais par rapport à la ligne de pente, tenez le piolet dans la main amont, d'autant plus dégagé latéralement que la pente est forte.

REMARQUE   Les changements de direction se font vers l'amont ou l'aval. Dans le cas d'un changement vers l'aval, le passage du piolet d'une main dans l'autre se fait quand le corps se trouve face à l'aval. Vous pouvez dans ce cas faire appel à la technique du « piolet ramasse ».

■ Piolet ramasse.

Cette technique s'emploie sur de courtes distances, en descente ou en traversée. Le piolet est tenu devant vous, à l'horizontale. La main amont est placée près de la pointe, à l'extrémité du manche, et la main aval vient sur la tête du piolet, paume tournée vers le haut. Les deux mains travaillent en opposition : main amont vers le haut, main aval vers le bas.

■ Les techniques de piolet ancré.

Ces techniques consistent à ancrer dans la glace la lame du piolet, pour favoriser votre équilibre ou vous retenir le cas échéant. Vous les appliquerez dans les pentes d'inclinaison supérieure à 45°. Elles se combinent principalement au cramponnage frontal, mais aussi au cramponnage classique ou mixte.

■ Piolet « ancre ».

Cette technique est très utilisée. Vous tenez le piolet d'une main à l'extrémité inférieure du manche, près de la pointe. Vous frappez la glace afin d'y planter la lame du piolet.

1-Christophe Rezette en piolet canne, la technique la plus classique d'utilisation du piolet.

2-Très élégant, le piolet ramasse est moins utilisé.

125

Ce mouvement demande quelque précision dans le geste. Imaginez que vous plantez un clou... Quelques centimètres d'ancrage suffisent en bonne glace pour évoluer en sécurité.

1) Combinée au cramponnage classique, vous utilisez cette technique pour les traversées. La main aval effectue la frappe, la main amont vient ensuite coiffer la tête du piolet.

2) En cramponnage frontal ou mixte, vous vous trouvez face à la paroi, la main libre en appui sur la glace.

Prenez garde au déséquilibre lors du désancrage, qui peut être brutal...

■ Piolet manche ou panne.

Votre piolet est tenu par le manche, sous la tête, ancré par un appui énergique de la main. La pointe touche le sol et offre un appui supplémentaire ; on peut l'utiliser à la descente.

Cette technique permet de progresser sans fatigue et avec rapidité. Vous pouvez prendre appui sur la panne du piolet, par exemple à la montée en traversée.

■ Piolet traction.

Cette formule est plus logique et sûre dès que la pente devient raide, au-dessus de 50°. Sur de longues distances vous utiliserez deux engins : un piolet et un marteau-piolet, munis de dragonnes.

Vous planterez vos deux engins :

– Sur sol tendre, alternativement, déplacement simultané d'un pied et du piolet opposé. Le corps est toujours équilibré sur un pied et un piolet.

– Sur sol dur, déplacement des piolets, puis des pieds.

■ Piolet rampe.

Il s'agit là d'une technique réservée à la descente, sur de courtes distances, en cramponnage classique.

Corps face à l'aval, ancrez la lame du piolet devant vous, au-delà des pieds. Le manche est dégagé du sol et forme une rampe à côté de vous. Descendez de trois ou quatre petits pas, en laissant glisser la main le long du manche et en exerçant une légère traction sur celui-ci. Quand votre main bute sous la tête du piolet, retirez-le et renouvelez l'opération.

1-Piolet manche,
une position confortable
et sûre.

2-Piolet panne,
une variante très utilisée.

3 Patrick Gabarrou
en piolet traction.
Notez les talons relâchés,
inclinés vers le bas.
Il faut éviter
de faire des pointes
comme une danseuse...

4-Piolet rampe,
une technique très sûre.

TECHNIQUES EN NEIGE ET GLACE

■ Réchappes.
Elles sont très limitées en glace. Dans le cas d'une perte d'équilibre, vous devez immédiatement ancrer le piolet pour vous y agripper, avant de pouvoir vous rétablir sur les pieds.

■ Taille de prises et de marches.
Aujourd'hui délaissée, du fait de l'amélioration des techniques et du matériel de progression ; de plus, la taille est devenue difficile en raison de l'évolution des piolets, dont la lame est destinée aujourd'hui à l'ancrage. Elle rend toutefois encore de fiers services, sur de courtes distances, effectuée avec un piolet classique. Les prises sont utiles pour franchir des murs très raides, rimayes ou corniches, avec un seul piolet : utiliser la lame par petits coups, puis élargir avec la panne pour effiler le rebord et améliorer la préhension.

■ Marches horizontales.
– Délimitez la base de la marche par des petits coups de lame.
– Attaquez ensuite franchement, par des coups verticaux puis horizontaux, en creusant vers l'avant.
– Aplanissez la base à l'aide de la panne.
Ne creusez pas des marches trop éloignées l'une de l'autre : elles deviennent difficiles à utiliser et peuvent provoquer des déséquilibres.

A la descente, la taille de marches est délicate.

■ Marches en bénitier.
Dans le cas d'une progression directe, vous façonnerez des marches creuses « en bénitier », disposées de chaque côté de la ligne de progression. Leur base offre une surface suffisante, mais limitée à l'avant du pied (montée) ou au talon (descente). La taille de marches à la descente demande une certaine dextérité. Vous ne l'utiliserez que sur quelques pas.

Progression en terrain mixte
Ce type de terrain mélange glace, neige, rocher. Vous aurez donc à utiliser différentes techniques. Elles réclament de votre part, pour être efficace, c'est-à-dire sûr et rapide, un sens aigu de l'adaptation au terrain.
Vous progresserez soit sans les crampons, soit avec les crampons.
Sans les crampons
Le terrain est à prédominance roche-neige molle. Recherchez alors le contact avec le rocher, ne serait-ce que pour les prises de main.
Méfiez-vous cependant des rochers enchâssés dans la neige, qui ne sont pas tous de solides points d'ancrage.
Vous devrez souvent nettoyer le rocher de la neige qui l'encombre, à la main ou au piolet.
Avec les crampons
Le terrain est à prédominance glace-neige dure. Le cramponnage est sûr, vous utilisez le rocher pour les prises de main quand cela est possible.

127

Vous pouvez combiner prise de main d'un côté et ancrage du piolet de l'autre.

Méfiez-vous toujours des rochers enchâssés...

Lorsque le rocher devient prédominant, sur de courtes distances, vous pouvez continuer en crampons. Les prises de pied sont utilisées par l'intermédiaire des pointes avant, avec précision. Vous pouvez être amené à quitter les crampons si le rocher devient trop difficile ou s'il se poursuit trop longtemps.

Tenue et utilisation du piolet

La caractéristique de ce terrain réside dans la variété des conditions qui peuvent se succéder sur de courtes distances, exigeant une adaptation fréquente et variée de l'utilisation du piolet. Vous devrez le faire passer rapidement d'une main dans l'autre, puis le remettre provisoirement sur le sac...

Pour être rapidement rangé ou repris, le piolet se glisse entre le sac et le dos. Sa tête vient buter contre les bretelles, et le manche est orienté vers le bas. Le marteau-piolet convient souvent mieux à ce type de terrain. Lorsque les difficultés augmentent, vous utiliserez une dragonne, qui permet de libérer les mains sans ranger le piolet.

Escalade mixte, crampons aux pieds.

LES ASSURAGES SUR NEIGE, GLACE ET TERRAIN MIXTE

Vous rencontrerez sur ces terrains des situations et des difficultés variées. Celles-ci imposent à la cordée des techniques d'assurage adaptées aux circonstances du moment et au danger dominant. Vous utiliserez la corde différemment selon que vous progresserez sur une pente d'inclinaison moyenne (risque de dévissage) ou sur un glacier enneigé (risque de chute dans une crevasse à la suite de la rupture d'un pont de neige). Au gré des circonstances, vous ferez appel à différentes techniques :
– les assurages en mouvement,
– les assurages en semi-mouvement,
– les assurages sur relais.

Chacune de ces techniques atteint ses propres limites lorsque les difficultés augmentent. Il faut passer « à la vitesse supérieure » en adoptant un système d'assurage plus efficace. Cette décision fait appel à votre lucidité et à votre bon sens, procédant à l'observation du terrain et à l'analyse de la situation. Vous serez alors en mesure d'adopter des comportements adéquats, libérés de l'influence néfaste des usages.

Votre choix est une affaire de réflexion. Celle-ci prend en compte différents paramètres :
– inclinaison de la pente,
– nature (neige, glace...),
– qualité de celle-ci.

A ceux-ci s'ajoutent des facteurs subjectifs tels que le niveau technique de la cordée, sa dextérité dans la progression et les manœuvres de corde, ainsi qu'éventuellement les dangers objectifs du moment.

De même, une pente d'inclinaison moyenne (40° environ), en neige dure, sera descendue en adoptant l'« assurage en mouvement », alors que telle autre équipe progressera de relais en relais pour évoluer avec la même sécurité.

Contrairement au poncif trop répandu, la corde n'est pas qu'un symbole ! C'est une réalité reliant plusieurs individus, permettant à chaque instant de retenir l'un d'eux s'il vient à chuter, sans compromettre la stabilité des autres. La corde est un lien qui doit en toute circonstance apporter la sécurité. Lorsqu'elle n'est pas bien employée, elle aboutit à l'effet contraire...

Quelle que soit la technique adoptée, **la sécurité découle de plusieurs conditions** :
– la corde est toujours rigoureusement tendue entre les membres de la cordée (elle ne doit jamais traîner par terre...) ;
– les membres de la cordée tiennent peu ou pas d'anneaux de corde à la main ;
– la longueur de l'encordement varie pour s'adapter aux caractéristiques du terrain et au danger dominant ;
– la surveillance réciproque des membres de la cordée est permanente et effective (contact visuel, auditif et physique par la corde tendue).

Le danger dominant est le dévissage

Ce risque est consécutif à une perte d'équilibre causée par une faute d'inattention, le bottage des crampons, l'accrochage de ceux-ci l'un dans l'autre ou dans vos bas de pantalon.

Les assurages en mouvement

Comme son nom le laisse supposer, cette technique d'assurage est effectuée alors que tous les membres de la cordée progressent simultanément. Vous ne l'emploierez raisonnablement que sur des terrains relativement faciles, où le risque de dévissage est faible. L'intervalle entre les membres de la cordée est limité à 2 ou 3 mètres, pour une longueur de corde disponible de 5 à 10 mètres au maximum.

■ L'encordement est donc réduit, grâce à la confection des anneaux de buste correctement arrêtés sur le pontet du baudrier (voir p. 43).

■ Le surplus de corde est tenu à la main, en quelques anneaux d'une trentaine de centimètres de diamètre, terminés par un tour mort, afin d'empêcher la corde de se resserrer sur la main en cas de forte tension.

■ Dans l'éventualité d'une cordée de plus de deux membres, on aura recours à l'encordement en « potence » (ou « épi », voir p. 44).

REMARQUE   Le principe simple de cet assurage réclame de la part des membres de la cordée (et d'autant plus que la difficulté augmente) quelques qualités indispensables :
– sûreté dans la progression (stabilité, équilibre) ;
– dextérité dans la manipulation de la corde ;
– concentration de tous les instants ;
– confiance mutuelle...

L'avantage de cette technique est de préserver la rapidité de la cordée, primordiale pour assurer sa sécurité dans les courses de neige et glace.

Les anneaux tenus à la main apportent une certaine souplesse, absorbant les à-coups dus aux rythmes de progression propres à chaque membre de la cordée. Ces anneaux

Quelques petits anneaux terminés par un tour mort : le secret de l'assurage « à la main ».

favorisent aussi un passage rapide de l'assurage en mouvement à l'assurage en semi-mouvement ou sur relais lorsque cela devient nécessaire.

Les limites de l'assurage en mouvement dépendent :
– des difficultés techniques ;
– de la capacité à retenir la chute d'un coéquipier ;
– de l'effectif, généralement limité à trois ou quatre personnes par cordée ;
– de la présence de dangers objectifs.

En neige

L'assurage en mouvement ne fait pas appel à un quelconque point d'assurance. Il se fait « à la main » et se limite par conséquent à l'arrêt de la chute du second de cordée par le premier.

En position de premier de cordée, vous n'avez donc pas (ou si peu !) droit à l'erreur. Vous devez être assez sûr dans votre progression pour être capable de retenir la glissade d'un compagnon.

La technique d'arrêt est simple, mais impose un apprentissage :
– maintenez la corde rigoureusement tendue ;
– ne conservez que peu d'anneaux à la main, terminés par un tour mort. Dans le cas de grandes pentes uniformes, il est plus simple de ne pas faire d'anneaux et de n'avoir qu'un tour mort à la main.

Maintenez le bras légèrement plié. A travers la tension de la corde, avec l'habitude, vous sentirez passer beaucoup d'informations sur la progression de vos compagnons.

En cas de glissade d'un second
1) Le bras qui tient les anneaux se déplie et bascule vers l'aval : premier amortissement.
2) Le buste se penche vers l'aval, continuant l'amortissement.
3) Au besoin, faites un, deux (ou plus...) petits pas terminant la phase de freinage. Ce geste parfois impressionnant est très efficace, pour peu que l'on se donne la peine de l'apprendre !

Cette technique limite forcément le nombre des membres de la cordée.

En glace

L'assurage « à la main » trouve vite sa limite : celle de la stabilité du leader sur ses crampons, et la probabilité d'une glissade plus vive de l'infortuné grimpeur qui vient de s'emmêler les crampons ! Vous l'utiliserez uniquement sur de courtes distances (quelques pas entre deux zones neigeuses).

En terrain mixte

La tâche est facilitée par les blocs rocheux enchâssés dans la glace.

Muni d'un peu plus de corde, vous la passez derrière les blocs rocheux solides que vous croisez lors de sa progression. Ceux-ci fonctionneront comme des points d'assurance, rapidement placés, vite enlevés. Vous choisirez votre itinéraire (rappelons que vous évoluez ici en terrain facile), en fonction des possibilités d'assurage. La progression se fera de bloc en bloc.

Un bel arrêt de Philippe Magin. Un geste qui s'apprend !

Les assurages en semi-mouvement

Le cas du terrain mixte mène naturellement à ce type d'assurage. Il s'agit, pour l'un ou l'autre de la cordée, de stopper momentanément sa progression pour se consacrer à l'assurage de son compagnon. En tant que leader, vous pouvez demander à vos compagnons de s'arrêter et de vous assurer, le temps d'un court passage durant lequel vous n'êtes pas en état de progresser tout en assurant vos équipiers.

Une fois franchi le passage délicat, vous pouvez :

– soit stopper votre progression pour assurer votre second (parfois un simple arrêt en position stable, derrière une bosse ou une arête, suffit pour un assurage « à la main ») ;

– soit reprendre votre progression en revenant au mode d'assurage « en mouvement ».

Vous utiliserez les assurages en semi-mouvement aussi souvent que le terrain vous imposera une progression trop complexe pour permettre un assurage en mouvement. Aussi fréquemment que possible, vous vous aiderez de points d'assurage naturels (blocs rocheux) ou rapidement posés (piolet enfoncé profondément).

De même que dans le cas d'assurage en mouvement, vous devez maintenir la corde tendue, afin de minimiser les effets d'un éventuel choc.

> **REMARQUE** Important : lorsque vous évoluez en vous assurant en mouvement ou en semi-mouvement, à la montée, l'assureur (le plus expérimenté de la cordée) passe devant. A la descente, il reste derrière, afin d'assurer ses compagnons du haut...

Les assurages sur relais

En neige comme en glace, vous ne devez pas considérer un relais comme étant d'une résistance absolue, du type de celle que vous rencontrez en falaise aménagée. Au mieux, il se rapprochera d'un relais de type « terrain d'aventure », dont la résistance est « la meilleure possible » (vous devez vous y employer !), souvent suffisante mais toujours inconnue !

Relais sur piolet

Vous utiliserez ce type classique de relais en neige dure. Le principe est de planter le piolet verticalement dans la neige et de vous y autoassurer :

– Tassez la surface à l'endroit choisi, ou nettoyez-la d'une éventuelle couche inconsistante.

– Plantez le piolet. Celui-ci doit forcer pour offrir une résistance à toute épreuve en tant que relais... Au besoin, tapez dessus (au marteau !).

– Autoassurez-vous au piolet, à l'aide d'un cabestan glissé sur le manche. Votre autoassurage doit être long (environ 2 mètres) et tendu. Vous vous trouvez en dessous de votre piolet, sur une marche assez confortable pour y être stable.

– Vous n'assurerez directement sur le piolet que des seconds de cordée.

– Assurez le premier de cordée à l'épaule, à la taille ou sur descendeur. C'est vous qui devez supporter le choc, pas le relais. Un apprentissage s'impose : pour être efficace, le freinage d'une glissade doit être progressif.

ALPINISME ET ESCALADE

1/2-Relais sur piolet : l'autoassurage est tendu afin d'éviter de transmettre un choc directement sur le piolet... qui ne le supporterait pas !

3/4/5-Relais sur piolet corps mort. La seule façon d'obtenir une résistance suffisante en neige molle.

Relais sur piolet corps mort

Vous utiliserez ce type de relais en neige trop molle pour permettre un relais sur piolet classique.

Le piolet ainsi utilisé peut offrir une résistance suffisante pour un relais. Vous pouvez également, dans ce cas, utiliser un *dead man*, ou « corps mort » (voir p. 34). Le piolet corps mort est posé horizontalement dans la neige, en travers de la pente :
– A l'aide du piolet, creusez une tranchée horizontale devant vous. Celle-ci doit former un T avec la première tranchée.
– Placez le piolet cravaté d'une sangle dans la tranchée horizontale, lame plantée dans la neige. La sangle suit la saignée verticale.
– « Enterrez » le piolet avec de la neige que vous tassez ensuite au pied.
– L'autoassurage se fait sur la sangle de la même manière que pour le système classique : environ 2 mètres sous l'ancrage, autoassurage tendu.
L'assurage des coéquipiers est soumis aux mêmes règles qu'avec un relais classique :
– assurage du leader à l'épaule ou sur descendeur, ou sur mousqueton avec demi-cabestan.

Mise en place d'un corps mort, gadget trop souvent ignoré, très efficace.

132

TECHNIQUES EN NEIGE ET GLACE

– Assurage sur le relais, possible uniquement pour votre coéquipier.

REMARQUE Le piolet peut être remplacé par un autre objet : planchette de bois que l'on abandonne, sac en plastique bourré de neige tassée, etc.
Le corps mort est très facile à placer : il suffit de l'enfoncer profondément dans la neige. La disposition des câbles sur lesquels vous faites votre autoassurage le conduit à s'enfoncer plus profondément sous la traction.

Relais sur broches à glace

Vous évoluez à présent en glace, ou sur neige, mais la glace sous-jacente vous empêche de planter profondément un piolet.
Quelle chance ! Vous allez pouvoir poser des broches et bénéficier d'un relais en principe solide :
– Débarrassez la surface de la neige (au besoin, creusez) ou de l'éventuelle glace de mauvaise qualité.
– Plantez une première broche : légèrement relevée par rapport à une perpendiculaire à la surface.
– Plantez une deuxième broche, légèrement décalée par rapport à la verticale de la première, et à une distance de 40 à 60 centimètres.
– Reliez-les à l'aide d'une sangle ou d'un anneau de corde.
– Faites un nœud sur celui-ci, en le réglant de façon à ce que les deux broches travaillent de la même façon sous l'effet d'une tension.
– Placez votre autoassurage sur l'anneau.

L'assurage de vos compagnons se fait dès lors de façon similaire à ce que vous pratiquez en rocher : demi-cabestan ou plaquette de type New Alp pour les seconds, à la taille, demi-cabestan ou descendeur de type huit pour le leader.

REMARQUE Pour enfoncer une broche facilement, ne la placez pas à bout de bras, mais devant vous. Il vous sera plus facile d'exercer la pression nécessaire à la prise du filetage dans les premiers tours.
Les broches à dégaine incorporée (voir Le matériel technique, p. 29) permettent de mousquetonner la corde dès que la broche est solide. Et c'est parfois un grand soulagement que de finir le placement en toute sécurité !
Pensez à tailler une marche de relais pour votre confort...

Une broche à glace doit être plantée légèrement orientée vers l'amont par rapport à la perpendiculaire à la surface.

Un relais sur broches prêt à fonctionner. Au besoin, si la glace est de mauvaise qualité, on écartera les broches. On peut même en poser une troisième...

> **CHOISIR UN RELAIS... GLACE OU ROCHER ?**
>
> Un relais en rocher est souvent préférable, quel que soit le terrain, glace ou neige, dans lequel vous évoluez.
> La solidité d'un relais sur broche varie en fonction de la qualité et de l'épaisseur de la glace dans laquelle il est placé.
> Un anneau autour d'un bloc solide fait souvent l'affaire : robustesse du relais, rapidité de la mise en place.
> Pensez également aux coinceurs, particulièrement aux friends, vite placés et très fiables.
> Vous pouvez aussi panacher votre relais : une broche et un coinceur peuvent faire bon ménage...

ALPINISME ET ESCALADE

Départ d'une longueur. Patrick a posé une broche quelques mètres après le relais, afin d'éviter un Fc 2. Le poser avant d'installer le relais est une sage précaution.

N'oubliez pas

Un relais en neige, en glace ou en mixte reste soumis aux mêmes lois physiques qu'un relais en rocher (même si certaines pentes plus faibles occasionnent des frottements freinant la chute...). Les notions de facteur de chute et de force choc restent valables, ainsi que toutes les précautions propres aux relais de type « terrain d'aventure » :

■ Vous devez penser à poser une broche (ou toute autre protection) après avoir quitté le relais, afin d'éviter le plus possible le Fc 2. Et ne pas attendre trop pour renouveler l'opération...

■ Dans le cas de point d'assurage à la solidité douteuse (broche partiellement enfoncée, glace de mauvaise qualité, piton ou coinceur d'humeur capricieuse), vous utiliserez une dégaine shock absorber, qui ne transmettra qu'une partie de l'énergie due au choc sur le point d'assurage.

REMARQUE   En cordée de trois, si vous faites des relais, comme dans le cas du rocher, vous « tirez des longueurs ». Vos seconds sont encordés « en flèche », chacun sur un brin de corde.

Cas particulier : dans une course de niveau technique peu élevé, alors que vous progressez ensemble (assurage en mouvement), vous pouvez être amené à faire un ou deux relais avant de reprendre l'assurage en mouvement. Vous pouvez, dans ce cas, conserver l'encordement « en potence », que vous reprendrez de toute façon dès que vous ne faites plus de relais.

Risque de chute en crevasse par rupture du pont de neige et cas particuliers

Progression sur glacier

La traversée d'un glacier fait partie des situations les plus fréquentes en haute montagne. Le risque de chute en crevasse, suite à une perte d'équilibre ou à la rupture d'un pont de neige impose des techniques d'assurage spécifiques.

■ Encordement.

L'encordement a été décrit page 41 :

– Vous conserverez une longueur de corde importante entre les participants (environ 15 mètres).

– Vous devez prévoir une réserve de corde accessible (sous le rabat de votre sac) : vous n'êtes donc pas encordé à l'extrémité de la corde, c'est ce qu'on appelle l'encordement en N.

– Vous préparerez sur votre corde un autobloquant (nœud de Machard), relié à votre baudrier.

■ Matériel.

Prêt à toute éventualité, vous aurez toujours sur votre baudrier un bloqueur (Petzl, Wild Country...) et des anneaux de corde dimensionnés pour la confection de nœuds de Machard, des mousquetons de sécurité, une broche à glace, une sangle repliée et nouée pour qu'elle ne pende pas trop. (Attention à ne pas accrocher les crampons.)

■ Assurage.

L'assurage sur glacier est la plupart du temps un assurage en mouvement : vous progressez ensemble (le terrain est en général facile), en maintenant la corde tendue. A l'approche d'une crevasse, vous choisissez l'endroit propice au franchissement, en prévenant votre compagnon, histoire de le réveiller. Après avoir enjambé le gouffre, ne vous arrêtez pas, continuez votre chemin en maintenant la tension sur la corde. Si votre compagnon fait une fausse manœuvre, ou joue de malchance, vous serez à votre tour éloigné de la crevasse et en posture favorable pour le retenir.

En cas de chute de votre compagnon de cordée, la distance d'encordement vous facilite les choses :

– vous êtes normalement éloigné du bord de la crevasse ;

– en un ou deux pas vous avez freiné votre coéquipier, d'autant plus aisément que la corde cisaille souvent une lèvre neigeuse sur le bord de la crevasse. Le choc ressenti est aussi faible que l'encordement est long. Sur sol assez dur, accrochez-vous à l'aide du piolet en vous couchant sur le côté.

Votre compagnon arrêté, vous devez confectionner un ancrage sûr : le piolet planté vigoureusement jusqu'à la garde peut suffire, mais vous pouvez être amené à poser

Réserve de corde sous le rabat du sac, nœud de Machard sur la corde, broches, sangles, rope man, mousquetons au baudrier : dispositif de règle avant de traverser un glacier enneigé.

une broche si la glace n'est pas loin, ou à confectionner un relais corps mort si la neige est inconsistante.

Votre point d'ancrage réalisé, vous pouvez y passer l'anneau du nœud de Machard déjà installé sur votre encordement. Celui-ci prend en charge votre infortuné compagnon ; vous pouvez vous libérer de la corde et procéder aux manœuvres de récupération, auxquelles vous êtes très entraîné (!) et qui sont décrites p. 140.

En cas de franchissement difficile, vous aurez recours à un relais, conforme à ceux décrits au paragraphe précédent.

Assurage sur une arête

Sur une arête, les risques sont de deux ordres :

– Perte d'équilibre. Vous vous trouvez dans une situation d'arrêt similaire à une pente, avec toutefois un atout, vous pouvez utiliser l'un ou l'autre des versants pour vous opposer au choc. Pensez à cette possibilté, quelle que soit la forme d'assurage en cours. En mouvement, essayez de progresser chacun d'un côté du fil. Si vous faites un relais, installez-le sur le versant opposé à celui où se déroule la progression que vous assurez. Agissez de même dans le cas d'un assurage en semi-mouvement, à chaque fois que cela est possible.

– Rupture d'une corniche. La règle numéro un est d'éviter cette situation. Tenez-vous toujours en dessous de la ligne de fracture supposée. Si vous êtes obligé de vous approcher du bord, n'y allez que un par un, de façon à ce qu'un membre de la cordée au moins reste sur le versant opposé à celui où la corniche risque de s'effondrer. Mettez en œuvre le système d'assurage adapté aux conditions du moment.

> **REMARQUE** Ici intervient la notion de danger dominant. Dans le cas d'un risque de rupture d'une corniche, il vous sera presque impossible d'utiliser le versant opposé pour faciliter l'arrêt d'un dévissage ayant lieu de votre côté... Vous devez tenir compte de ce facteur dans le choix de la technique d'assurage... ou regarder attentivement vos pieds afin de ne pas perdre l'équilibre !

Passage de rimaye

La rimaye est la crevasse qui marque le début des hostilités : elle se forme au changement de pente entre le glacier et la paroi, neigeuse ou rocheuse. La rimaye peut être débonnaire en début de saison, ou comblée par les avalanches. C'est alors votre jour de chance. En fin d'été, ou pour tout autre caprice, la rimaye est souvent un obstacle.

Une rimaye facile se franchit comme une simple crevasse. En cas de difficultés techniques, établissez des relais. Une fois la rimaye franchie, posez un relais à une dizaine de mètres maximum. Vous verrez ou vous entendrez votre compagnon en cas de problème, et vous jouirez d'une réserve de corde indispensable à une récupération : une rimaye, c'est aussi une crevasse !

Traversée de passages dangereux

Vous devez traverser une zone à risque, couloir d'avalanches, ou exposé aux chutes de pierres, vous devez passer sous des séracs menaçants ou prendre pied sur une pente manifestement instable... Le choix de la technique d'assurage doit bien sûr tenir compte de cette situation.

Celle-ci ne doit exposer qu'un membre de la cordée à la fois, et ceci durant un laps de temps le plus court possible... Souvent, la solution réside dans un relais placé à l'abri du danger, et d'un relais d'arrivée présentant les mêmes qualités. Cela n'est pas toujours possible, même si vous utilisez la totalité de la longueur de votre corde. Dans ce cas, il faudra vous engager l'un derrière l'autre, à bout de corde, le premier posant si possible des points d'assurage en rejoignant son futur relais...

Ce genre de situation n'a pas de solution type. Vous devrez toujours avoir recours à un compromis faisant la part de la rapidité comme de la sûreté des points d'ancrage éventuels. Vous évoluerez assuré d'un relais, puis en semi-mouvement, parfois même avec un assurage minimal ou inexistant, le temps de rejoindre une zone sûre. Votre meilleur assurage sera votre capacité d'analyse de la situation, suivie d'une application rapide et sûre des solutions simples que vous aurez déterminées. Dans le cas d'un groupe, vous aurez souvent intérêt à placer une corde en main courante, permettant aux participants d'évoluer rapidement et de sortir de la zone inhospitalière...

LES MANŒUVRES DE CORDE

Les ancrages

Ils varient en fonction du terrain sur lequel vous évoluez (neige, glace, mixte) et de la fonction à laquelle vous les destinez.

Les ancrages destinés aux manœuvres de sauvetage en crevasse sont du type de ceux utilisés pour faire des relais.

Lors d'un rappel vous chercherez à n'abandonner qu'un minimum de matériel. Par exemple lorsque vous faites un rappel sur votre piolet, vous risquez d'en avoir encore besoin... Il faut donc le récupérer, ou trouver une autre solution.

Champignon de neige ou de glace

Il s'agit de tailler dans la neige un volume semblable à un champignon... plus ou moins gros en fonction de la consistance de la neige. Ce système est finalement long à réaliser, et la corde ne revient pas facilement. Vous ne l'utiliserez que pour mettre en place une corde sur un passage assez court.

Corps mort

On appelle corps mort tout objet enfoui dans la neige et opposant une résistance suffisante à la traction. Vous pouvez utiliser une planchette, un sac en plastique rempli de neige tassée et cravaté d'un anneau de corde, ou tout autre objet moins classique que ces deux cas bien connus (votre sac à dos, de manière temporaire...). Ce système peut rendre de grands services : vous n'abandonnez qu'une sangle.

Piolet récupérable

Vous confectionnerez ce système avec deux piolets reliés par des sangles. Le piolet servant d'ancrage est planté soit verticalement, soit en position corps mort, suivant, bien entendu, la qualité de la neige. Le deuxième piolet empêche que la corde ou la sangle servant d'extracteur cisaille la neige ; ceci aurait pour effet de bloquer le système.

Attention aux fausses manœuvres : faites un essai de récupération dès qu'un membre de l'équipe est arrivé en bas... Entraînez-vous avant !

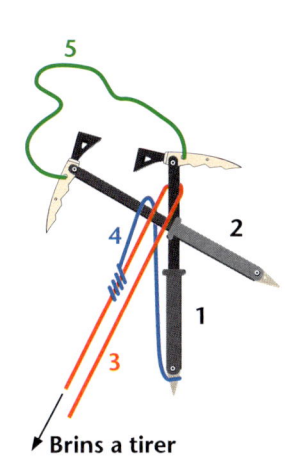

▸ **Brins a tirer**

Piolet éjectable.
Le piolet 1 est enfoncé dans la neige, la cordelette 4 fixée à la pointe (nœud de cabestan n'entravant pas la sortie).
Lors de la récupération du rappel, la corde entraîne l'autobloquant de la cordelette 4, qui fait sortir le piolet 1.
Le piolet 1 entraîne le piolet 2 par la sangle 5, qui doit être assez longue pour ne pas bloquer la sortie de 1.

ALPINISME ET ESCALADE

Broche récupérable
Ce système consiste à enrouler autour de la broche, en même temps que vous la vissez, un anneau de cordelette fixé à l'un des brins de la corde. Lorsque vous tirez dessus, la broche se dévisse... Magique ! Et à manier avec... précaution : faites travailler la corde vers le bas, elle est juste posée sur le corps de la broche. Laissez la patte de mousquetonnage de la broche vers le haut, pour éviter que la corde ne saute. Faites une ou deux fois le mouvement visser-dévisser sur quelques tours avant de revisser, histoire de préparer la sortie de la broche... Et bannissez les broches courtes de cet usage, puisqu'elles ne seront pas vissées à fond !

Abalakov
Baptisé du nom de son inventeur, grand alpiniste soviétique des années 1930 à... 1960 ! (Il y eut deux Abalakov, deux frères prénommés Euguéni et Vitali). Cet ancrage est très utilisé en cascade de glace. Il s'agit de percer deux trous obliques à l'aide d'une broche à glace, de manière que ces deux trous se rejoignent. Il ne reste plus qu'à y passer un anneau de corde. Ancrage simple et sûr détaillé dans le *Manuel de la montagne* (à paraître).

On parle parfois à propos de ce système de « lunule ». En cascade, la lunule est d'origine naturelle (stalactites-stalagmites, bracelets de glace...), alors que l'Abalakov est d'origine artisanale...

La broche éjectable : en tirant sur le brin de gauche, la cordelette rose se déroule en faisant tourner la broche... Apprentissage nécessaire.

Placement et utilisation d'une main courante

La main courante est une corde fixée par vos soins pour faciliter un passage. Vous l'utilisez surtout lorsque vous évoluez en groupe, ou pour gagner du temps sur des portions très courtes.

En groupe, votre main courante va être sérieusement sollicitée. Ne lésinez pas sur la qualité de l'ancrage !

A la descente, si le terrain est raide, vos compagnons peuvent utiliser leur descendeur. Mais jusqu'à un certain point, la corde passée derrière les bras écartés et le dos suffit, en faisant un tour autour du bras (gants obligatoires !). Les participants, s'ils ne sont pas assurés du haut, doivent être mousquetonnés sur la corde qui sera fixée à son extrémité inférieure.

A la montée, on prendra les mêmes précautions.

La main courante est souvent utilisée en traversée, où elle sert plutôt à l'assurage. Les participants progressent alors mousquetonnés à la main courante, fixée évidemment à ses deux extrémités, avec éventuellement des points d'ancrage intermédiaires. En cordée classique (deux ou trois participants), vous utiliserez la main courante sur de courtes distances. Les seconds descendent en premier, assurés par le leader qui passe la corde autour d'un bloc ou d'un champignon. Celui-ci s'aide de la corde ainsi doublée et la récupère dès que possible.

> **REMARQUE**   Attention au facteur chute ! La main courante ramène au cas extrême de la *via ferrata*, qui développe des Fc de valeur très importantes.

Évacuation de une ou deux personnes vers le bas

Vous utiliserez le même type de frein qu'en rocher (voir p. 110), avec les mêmes précautions : ancrage sûr et autobloquant de sécurité sur la corde.

Votre tâche peut être facilitée dans une pente de neige sur laquelle vous pouvez faire glisser la personne en difficulté, supprimant ainsi, pour un temps, la difficulté du portage. N'oubliez pas toutefois le confort du blessé...

LES TECHNIQUES DE SAUVETAGE EN CREVASSE

Les techniques de sauvetage en crevasse font appel à des manœuvres de corde utilisées en rocher et exposées page 110 : remontée de corde fixe, mouflage. Elles demandent cependant des précautions spécifiques en terrain glaciaire. Entraînement obligatoire pour être efficace.

> **S'ENCORDER SUR GLACIER**
>
> Rappelons l'impérieuse nécessité d'évoluer encordé sur un glacier enneigé : Encordé, vous ne ferez qu'une courte chute. La récupération sera plus rapide, d'autant plus que vous aurez dans ce cas fort peu de chances d'être blessé. Ce qui n'est pas évident dans le cas d'une chute, même peu importante, stoppée par le fond de la crevasse... L'encordement vous évitera la plupart du temps l'éventualité dramatique d'un coincement entre les parois de la crevasse...

Dans les paragraphes suivants, nous supposerons que vous progressiez encordé convenablement (encordement en N), sur baudrier, et que vous disposez du matériel nécessaire à la manœuvre : autobloquants (nœuds ou systèmes mécaniques), mousquetons, sangles et anneaux de corde.

Autorécupération

C'est le cas le plus simple. La chute, consécutive à un dévissage ou à la rupture d'un pont de neige, a été stoppée suivant la procédure décrite page 130.
L'équipier resté en surface a confectionné un ancrage sûr (piolet, broches, corps mort). Il fait supporter le poids de son compagnon au système autobloquant installé au préalable sur sa corde : ceci lui permet de défaire son encordement et d'évoluer librement en vue d'effectuer les manœuvres de corde. Attention dès lors à ne pas tomber dans la crevasse ou dans un « pot » voisin... S'il reste de la corde, on doit s'assurer, mais cela n'est pas toujours possible... Au besoin, on détruit la lèvre du pont (à petits coups, son compagnon est en dessous...) de façon à la réduire.
– De la surface, on envoie la réserve de corde qui se trouve sous le rabat du sac à son coéquipier et l'on fixe celle-ci à l'ancrage.
– Sur le bord de la crevasse, on dispose un objet (sac, piolet placé en travers...) destiné à empêcher la corde de réserve de s'enfoncer dans la neige sous l'effet de la traction.
– L'alpiniste accidenté (mais valide !) remonte le long de la corde fixe suivant la technique des deux autobloquants (voir p. 111).
– Sa remontée est assurée par son coéquipier à l'aide de la corde d'assurage.

ALPINISME ET ESCALADE

Mouflage en crevasse.
Lors de la traction, l'autobloquant 2 vient contre 1, tandis que 4 et 3 se rapprochent. L'autobloquant 1 prend le blessé en charge et le sauveteur peut replacer 2 et 3 pour reprendre la manœuvre.
NB : l'autobloquant 1 est celui que vous avez mis en place lors de l'encordement.
La corde 5 doit être assez longue (2 mètres minimum).

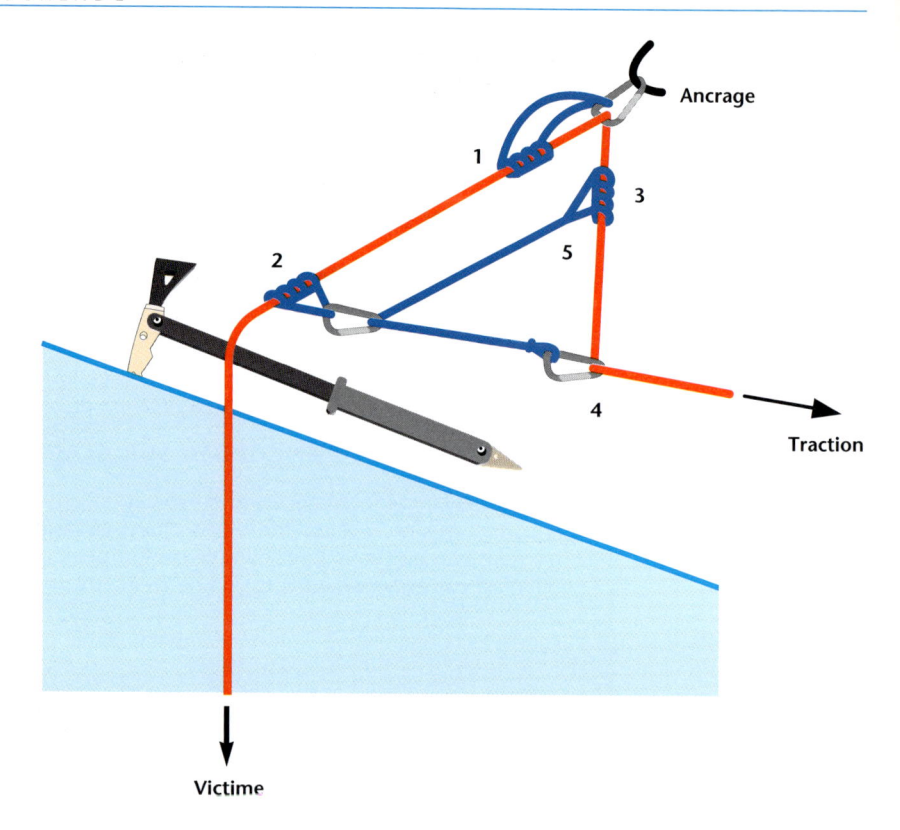

Récupération d'un alpiniste dans l'incapacité de procéder à son autosauvetage

Soit celui-ci ne connaît pas les techniques à mettre en œuvre, soit il est blessé. Vous devez confectionner un mouflage de surface. Celui-ci est le même que le mouflage triple exposé page 111.

Une fois un ancrage sûr en place (un mouflage développe des forces importantes sur le point d'ancrage... au besoin, prévoyez un deuxième ancrage épaulant le premier), vous allez utiliser la réserve de corde pour réaliser le système de démultiplication.

C'est la corde d'assurage qui va remonter le blessé. Vous devez glisser sous celle-ci, à la lèvre de la crevasse, un objet empêchant son enfoncement sous la neige (sac, piolet en travers, etc.). Le passage de la lèvre est toujours difficile, même avec cette précaution.

REMARQUES   La réserve de corde, en principe supérieure à la distance d'encordement, permet de se faire passer du matériel (dans les deux cas évoqués précédemment). L'alpiniste de surface peut ainsi récupérer le piolet de son compagnon si celui-ci ne l'a pas lâché lors de sa chute. Il peut aussi le soulager de son sac à dos. Le séjour dans une crevasse n'a rien d'une sinécure.

Un sauvetage est toujours trop long, dans une atmosphère lugubre, et surtout... froide, d'où l'importance d'être couvert quand on évolue sur un glacier qui n'a rien à voir (hélas !) avec une plage...

Sauvetage à la suite d'une chute en étant décordé

Ce cas devrait être considéré comme étant très particulier et ne risquant pas d'arriver aux lecteurs de ce livre !

Avec un peu de chance, la corde est restée en surface... dans le sac d'un coéquipier plus heureux.

Avec un peu de chance, la corde est assez longue pour une telle intervention...

Avec un peu de chance, l'infortuné alpiniste portait quand même un baudrier...

Vous vous retrouvez dans un des deux cas précédemment évoqués... si vous disposez du matériel et des connaissances nécessaires.

Le gros risque de cette situation est le coincement entre les deux parois de la crevasse, ou l'enfouissement par la masse de neige du pont subitement effondré.

Pour tenter de sortir la victime de sa fâcheuse situation, vous devez :
– vous en approcher ;
– l'encorder ;
– la dégager de la neige si elle est enfouie (libérer les voies respiratoires...) ;
– essayer de la décoincer en attaquant les parois au piolet si elle est bloquée... Dans ce cas, la crevasse est étroite et il est impossible d'y travailler debout, mais uniquement tête en bas..., ce qui complique encore la tâche !

Le plus souvent, ce type de sauvetage est trop compliqué pour être réalisé par une cordée. Il faut faire intervenir une équipe spécialisée, qui utilisera des outils adaptés et des procédés de déglacement, notamment pour dégager la victime. Ces interventions sont longues, le risque d'hypothermie vient se greffer sur l'éventuel traumatisme. L'alerte doit être donnée le plus vite possible.

APPRENTISSAGE ET PERFECTIONNEMENT

L'école de glace et de neige

Une séance d'école de glace est souvent le prélude à une carrière d'alpiniste. On y fait connaissance avec la marche en crampons et la tenue du piolet.

Cet exercice est malheureusement trop peu pratiqué par la suite. L'école de glace, constituée d'exercices sur glacier, permet l'acquisition de nombreux gestes, de techniques et de réflexes qui conduisent à une aisance sur tous les terrains, tant les positions de pieds, les équilibres pratiqués crampons aux pieds s'appliquent aux autres terrains : neige, éboulis, etc. Les guides le savent bien qui sont passés, du fait du mode de sélection présidant à l'ENSA, par de nombreuses séances de bachotage glaciaire sur le glacier des Bossons ou la mer de Glace...

L'école de neige permet, outre les exercices de progression, de prendre contact, puis de retrouver les techniques d'assurage en mouvement ou les glissades. Ces techniques sont surtout affaire de sensation et d'habitude. Elles demandent à être répétées.

Durée d'une séance d'école

École de glace. L'activité est intense, souvent sous forme de parcours. Une demi-journée est, la plupart du temps, suffisante pour qu'apparaissent lassitude et fatigue.
École de neige. Tout aussi intense, avec des dénivelés plus importants (exercices de

chute et de glissade), l'école de neige est aussi fatigante. On en ressort également tout mouillé ! Pour cette raison, une durée d'une demi-journée paraît suffisante.

Fréquence

Glace et neige se trouvent loin des villes... une fois digérées les séances d'apprentissage, il est bon de prévoir des piqûres de rappel au début de chaque saison, particulièrement en ce qui concerne les écoles de neige, au cours desquelles on revoit toutes les manœuvres d'assurage. La plupart des clubs organisent de telles séances au début de l'été.

L'école de glace reste un excellent exercice tout au long d'une carrière. Une séance occupe agréablement et utilement une journée de temps incertain. S'il a plu, la glace vitreuse devient dure à cramponner : excellent exercice !

Quelques exercices

En glace

Les crampons, le piolet font partie des attributs traditionnels de l'alpiniste. L'apprentissage des techniques que nous venons d'étudier commence souvent par leur utilisation.

■ Les crampons :
– mise en place, réglage, entretien ;
– marche en crampons (sans piolet) : technique classique, pentes progressives montée, descentes, traversées. Travail de la position des pieds et du corps. Quelques essais en pointes avant sur quelques pas.

■ Le piolet :
– en reconnaître les différentes parties (indispensable pour la description des différentes tenues) ;
– effectuer les mêmes évolutions que précédemment, mais piolet à la main (piolet canne, puis en traversée, piolet ramasse), en travaillant le rythme pieds-piolet.

On fera dès lors un retour aux exercices sans piolet :
– équilibre,
– changements de direction (face à la pente, dos à la pente),
– progression par sauts à pieds joints, montée à reculons...

Également, il faudra penser à varier les profils de terrains :
– progression dans des rigoles, un pied de chaque côté,
– enchaînement rapide de courtes montées et descentes...,
– courses dans la pente avec contrôle progressif de la vitesse.

Pentes raides

– Piolet ancre (des deux côtés !), piolet traction, combinés à la technique de cramponnage classique, mais aussi à la technique des pointes avant et au cramponnage mixte. Montées directe, oblique, traversées.
– Piolet rampe (descente).
– Travail du rythme du planter de piolet par rapport aux placements de pieds.
– Travail de la position des pieds dans les deux techniques de cramponnage.
– Travail de la position du corps.
– Exercices de cramponnage pointes avant sans les crampons.
– Travail du réglage de la dragonne en piolet traction.

– Travail du planté de piolet (main gauche !).
– Taille de marches : montée, descente, traversée...

Un débutant peut très bien aborder les techniques de pentes raides lors d'une première séance. Le piolet traction et le cramponnage pointes avant sont des techniques naturelles. Ce qui ne veut pas dire qu'il en ait assimilé toutes les finesses. Il en est de même pour les techniques de base. Celles-ci feront l'objet d'exercices répétés quel que soit le niveau atteint. Elles sont indispensables, vitales.

En neige

L'école de neige est trop rarement abordée. La neige est pourtant le terrain type de l'altitude, celui où l'alpiniste évolue le plus souvent. C'est un terrain changeant, où l'expérience et les sensations prennent la plupart du temps le pas sur les gestes de technique pure...

■ Progression.

Sans les crampons (les techniques de cramponnage en neige dure sont les mêmes qu'en glace, même si leur réalisation est plus facile) :
– montée directe et oblique, descente, traversée ;
– même exercice avec l'aide de bâtons, du piolet ;
– apprentissage des glissades (pas glissé, descente en ramasse avec et sans piolet, avec bâtons) ;
– contrôle et arrêt d'une glissade, seul et encordé ;
– taille de marches.

■ Sécurité :

– réchappes avec et sans crampons, avec et sans piolet ;
– assurage en mouvement, « à la main » (entraînement indispensable) ;
– mise en place des différents relais sur piolets ;
– entraînement à l'assurage dynamique (freinage progressif) d'un leader chutant sur un relais de ce type.

Techniques de récupération en crevasse

Un entraînement répété sur le terrain, en conditions réelles, est indispensable : arrêt de la chute, réalisation de l'ancrage et des manœuvres... Ces techniques doivent être suffisamment bien assimilées pour être reproduites en situation de stress. L'exercice ne doit pas tourner à l'accident.

Les terrains appropriés

En glace

Classiquement sur les langues terminales de glaciers, vous choisirez des pentes se terminant en douceur, sans blocs rocheux, accidents de terrain ou crevasse dans la zone « de réception ». Un bon terrain d'exercice n'est pas forcément très haut. Pour une école efficace, vous devez pouvoir effectuer de nombreux déplacements sans corde, qui sont autant d'exercices. La chute doit donc être pratiquement inoffensive. Pensez à enchaîner les traversées, qui représentent toujours des distances plus importantes que les montées et les descentes.

Pour les exercices nécessitant des hauteurs plus importantes, vous travaillerez en moulinette, comme en rocher. Surveillez les ancrages périodiquement : les broches à glace peuvent se réchauffer et agrandir le trou dans lequel elles sont logées...

Précautions. Les participants seront équipés de gants et de casques, et éviteront d'évoluer les uns au-dessus des autres. Attention aux piolets plantés dans les zones de réception lors des exercices sans piolets.

En neige

Choisissez une pente en fonction de l'absence de danger de la zone de réception : blocs, fentes, obstacles de toutes sortes. Les glissades peuvent être longues...

Précautions. Les participants doivent être protégés : casques, gants, mais aussi vêtements (prévoir des rechanges, l'école de neige peut revêtir un caractère aquatique !).

Apprendre à grimper en tête

En dehors de l'aspect technique (progression et assurage), grimper en tête en neige et glace est le signe d'un état d'esprit.

■ En rocher équipé, vous pourrez toujours tenter une voie au-dessus de votre niveau. Vous n'y risquez qu'un bon vol.

■ En neige et glace, la chute peut avoir d'autres conséquences. Les points d'assurage sont moins nombreux et d'une résistance variable. La pente est rarement verticale et la trajectoire du grimpeur se fait au contact avec le relief, avec les rencontres désagréables que cela comporte.

■ En neige et glace, vous devez assumer le niveau de difficulté rencontré.

Sur le plan technique, vous devez maîtriser :
– Les différentes formes de progression. Le cramponnage sur les pointes avant, s'il paraît naturel et plus facile, n'est pas universel.
– La mise en place des points d'assurage et des relais. Entraînez-vous à poser une broche.
– Les encordements et l'assurage.
– Les systèmes de récupération en crevasse (et ceci le plus vite possible : le risque de chute en crevasse existe aussi lors de courses faciles...).

REMARQUE   Sauvetage en crevasse : voir la revue *La Montagne et l'alpinisme*, n°3 (1996). De multiples variantes sont possibles, en particulier si l'accidenté peut aider à la manœuvre.

Les conditions de la montagne

En terrain neigeux, glaciaire ou mixte, votre choix parmi les techniques de progression et d'assurage se fait en fonction de vos capacités, d'une part, et des conditions de la montagne d'autre part.

Vous devez donc connaître vos possibilités techniques, physiques et morales, mais aussi apprécier les conditions du terrain sur lequel vous allez évoluer. Celles-ci dépendent étroitement des conditions météorologiques.

La grande affaire de l'amateur de courses neigeuses ou glaciaires reste le gel. La progression est plus rapide, plus sûre lorsque le froid a fait son œuvre. La neige est dure et stable. Vous n'y enfoncez pas et le gel maintient en place pierres et pentes, limitant fortement le risque de chutes de pierres et de coulées de neige.

L'apparition de ces conditions se fait avec l'apparition d'une période froide. Vous devez toutefois vous méfier des journées suivant une chute de neige. Pour que le gel assure une bonne cohésion à l'ensemble, il faut que la neige ait déjà subi une transformation, surtout due à la chaleur, à l'action du soleil. Si en été une journée de beau temps suffit à transformer une pente bien exposée, il ne faudra pas trop compter sur une transformation aussi rapide en hiver...

La neige transformée subit alors l'action du gel qui soude entre eux ses cristaux. Elle forme une surface dure sur laquelle vous évoluez en crampons. Vous pouvez prévoir cette action à la lecture des bulletins météo. Surveillez trois données fondamentales : l'isotherme 0°, la direction et la force du vent, la présence d'une couverture nuageuse.

L'isotherme 0° indique l'altitude à laquelle l'air atteint cette température fatidique. Vous la croiserez avec celle de la course que vous envisagez. Par une nuit claire et sans vent, la neige gèle sensiblement plus bas que l'altitude de l'isotherme 0°.

Le vent, qui brasse l'air, vient contrarier l'échange thermique qui s'opère entre la surface et l'atmosphère. Repérez en particulier le vent du sud : en Europe, il rend caduc tout projet d'ascension glaciaire...

Les nuages, qui forment un couvercle, contrarient également l'apparition de bonnes conditions de gel.

Les bonnes conditions apparaissent lors de nuits fraîches, calmes et étoilées... Par de belles nuits, finalement. La nature a bien fait les choses pour les alpinistes !

Le réchauffement du climat a changé les règles du jeu. Les courses de neige estivales deviennent rares, vite transformées en toboggans de glace, et ne gagnent rien à être parcourues dans ces conditions. La progression y devient délicate, surtout à la descente. Le parcours d'une course comme le facile glacier du Milieu à l'aiguille d'Argentière change sensiblement de standard lorsqu'elle se trouve en glace...

Les courses de glace, même classiques, disparaissent au cours des étés secs.

L'activité s'est déplacée vers les saisons traditionnellement moins favorisées. Véritables oiseaux migrateurs, les amateurs de glace profitent aujourd'hui des hivers moins rigoureux. Les courses de neige gagnent à être fréquentées plus tôt en saison. Ces périodes bien enneigées permettent l'utilisation de skis pour l'approche et le retour, ce qui représente un gain de temps et de fatigue appréciable.

Pour ce qui est de la saison hivernale, vous devrez toujours garder à l'esprit la brièveté des jours, la soudaineté des changements de temps, la force des tempêtes et la brutalité des chutes de température. Vous vous tiendrez au courant de l'état du manteau neigeux, analysé dans certains bulletins de Météo France (voir p. 148).

Le déplacement de l'activité vers les saisons froides procède du même esprit que celui qui préside à la préparation immédiate de la course. Vous devez glaner toutes les informations nécessaires à votre décision et les interpréter. Le jeu est sans doute un peu plus complexe lorsque l'on est éloigné des massifs montagneux, mais les outils (bulletins météo) existent et vous permettent d'étayer votre décision. La simple application d'une chasse aux renseignements rigoureuse vous ouvrira les portes de courses trop souvent inaccessibles en été.

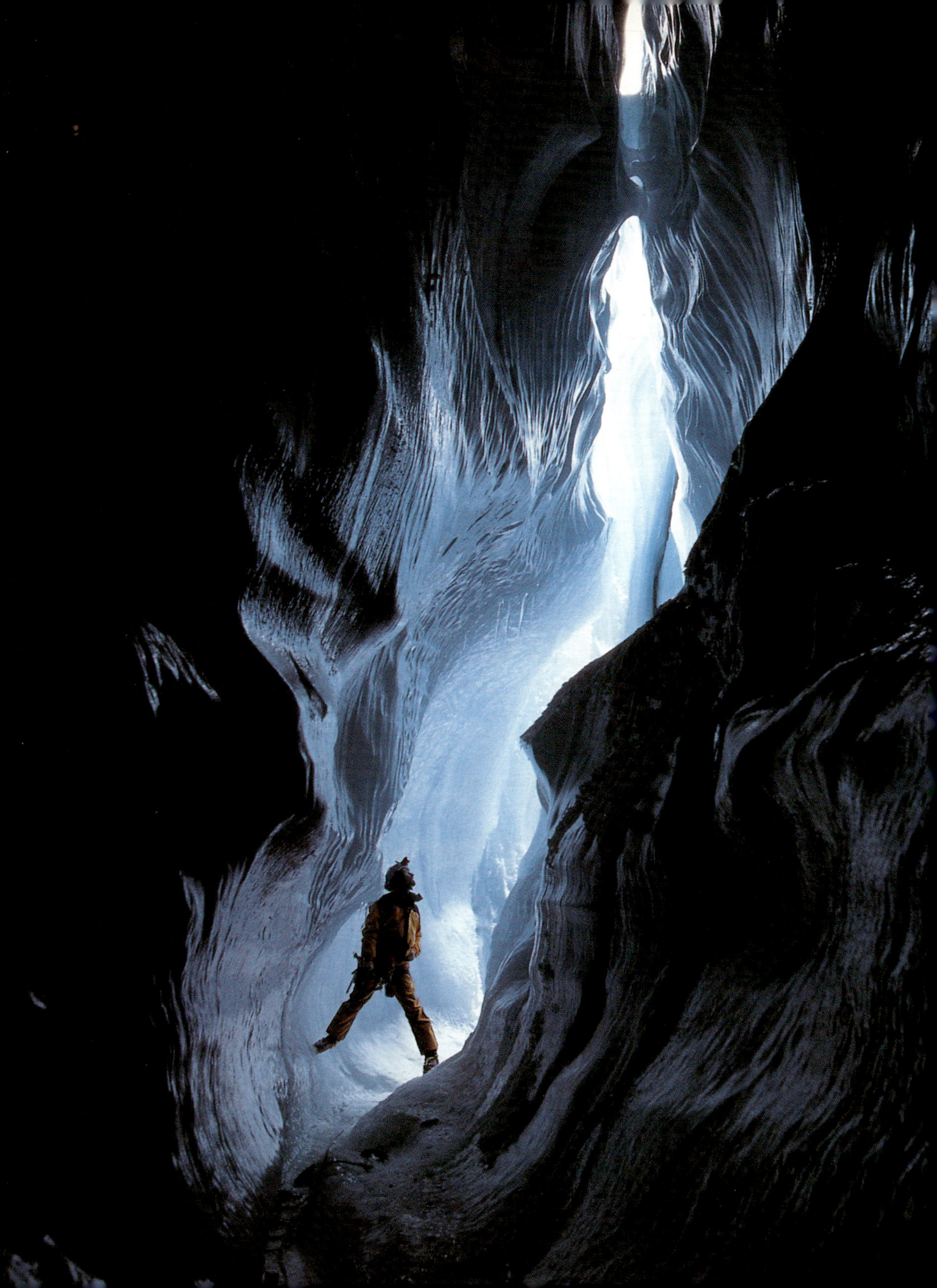

SÉCURITÉ EN MONTAGNE

Le danger est peut-être l'une des motivations qui nous amène à pratiquer la montagne ; il est une constante. Une meilleure connaissance nous permet d'aimer l'affronter.
Les extraordinaires levers du jour au-dessus des arêtes ne doivent pas nous faire oublier qu'ils se méritent et que, comme toute bonne chose, ils se paient parfois très cher.
La montagne, on nous le répète assez, est dangereuse. Chaque année, les médias à court d'information nous rebattent les oreilles sur les alpinistes imprudents, mal équipés, mal informés, etc. Mais ce n'est pas toujours vrai et s'il existe quelques naïfs en baskets sur l'arête Hörnli au Cervin, les accidents arrivent aussi aux alpinistes les plus chevronnés qui connaissent assez bien les informations qui suivent...
Le danger est présent partout, souvent là où l'on ne l'attend pas : au détour d'un chemin, lors d'une montée en refuge ou d'une descente à l'apparence débonnaire. En montagne, il est important d'être constamment en éveil pour apprendre à éviter les pièges. Il faut en permanence se demander quels sont les dangers potentiels de l'endroit où l'on évolue. Très rapidement cela peut devenir une sorte de jeu fantastique dont le risque est votre propre vie.

AU MONT BLANC

Un exemple : la voie normale du mont Blanc. Vous avez fait le sommet, l'altitude et la fatigue ont émoussé vos réflexes. A la descente vous pensez au plus évident : éviter de glisser sur l'arête des Bosses, surveiller les chutes de séracs du Goûter, contourner les crevasses aux abords des Grands Mulets, vous repérer dans le labyrinthe de la Jonction. Alors que vous quittez le glacier en vue du plan de l'Aiguille et que vous enlevez les crampons, vous ne voyez pas que les derniers névés sont criblés d'impacts de pierres issues de l'aiguille du Midi. Si vous restez concentré, vous remarquez que pour vous décorder et vous débarrasser, à l'abri, de votre matériel, il existe des « refuges » creusés par les « anciens » sur les rochers bordant le début du chemin...

Depuis le Dr Zsigmondy (1886), l'usage a consacré deux catégories de dangers. Les premiers sont dits « objectifs » et sont dus à la nature même du milieu dans lequel on évolue, et les seconds dits « subjectifs », c'est-à-dire dus à vous-même, à votre capacité d'analyse, votre force technique et mentale ainsi que celles de vos compagnons.

Fond de crevasse visitable : Moulin de la Mer de Glace.

LES DANGERS

Les dangers objectifs

Ils sont nombreux mais en partie prévisibles. Ils dépendent de plusieurs facteurs tels que : le terrain, l'exposition de la face et l'heure d'évolution, les conditions météorologiques du moment et des jours précédents, la période de l'année...

Les chutes de pierres

Il s'agit d'un risque permanent, même sur les chemins d'approche.

Un seul principe a fait ses preuves : porter le casque.

La nature du massif (granite, calcaire..., rocher friable ou compact...), les conditions de la montagne, l'orientation de la face, les conditions météorologiques, l'heure de passage sous une zone exposée, la zone dans laquelle on se trouve (une arête est moins dangereuse qu'un couloir !), les cordées qui précèdent, voire la faune font qu'une course sera plus ou moins dangereuse.

Il faut avoir le maximum de renseignements sur les conditions actuelles de la course projetée. Pour cela il existe une multitude de possibilités que l'on pourrait classer en fonction de l'éloignement spatio-temporel de l'objectif :

– le topo ;
– l'ami qui a déjà réalisé la course ;
– l'office de haute montagne, le bureau des guides ou les organisme de secours (PGHM, CRS...) du massif ;
– le gardien du refuge, l'alpiniste qui revient de la course...

Enfin, lors de l'approche, vous observerez le terrain : par exemple le bas d'un couloir ou d'une face criblée d'impacts peuvent faire renoncer à la course.

Lorsque vous êtes dans une voie, il est impossible de prévoir la trajectoire d'une pierre (il m'est arrivé d'en voir rebondir vers le haut !). Si vous ne pouvez pas vous mettre à l'abri, le mieux est de suivre sa chute afin de l'éviter au dernier moment. Vous n'oublierez pas de prévenir les cordées suivantes en criant « Pierres ! », que vous soyez cible ou cause de cette chute de pierres !

Enfin, s'il est trop tard pour esquiver, le casque doit être là, en n'oubliant pas de garder la tête droite pour que le casque protège votre nuque en même temps que votre crâne !

> **REMARQUE** Certaines années sont plus dangereuses que d'autres. De très bonnes conditions de gel peuvent rendre possible une réalisation considérée comme exposée et... inversement.
>
> Depuis ces dernières années, plus chaudes, de nombreuses courses sont devenues impraticables car un dégel en profondeur peut provoquer l'éboulement de pans entiers de montagne et la chute plus fréquente de pierres. Exemple récent, la célèbre face ouest des Drus, qui est devenue très dangereuse avec un éboulement d'une importante partie de la face...

Les avalanches et les chutes de glace

Le risque d'avalanche existe toute l'année !

Depuis une dizaine d'années, l'alpinisme hivernal s'est considérablement développé. Les goulottes et les faces bénéficient de bonnes conditions de gel, l'approche est rapide grâce aux skis, la météo est souvent beaucoup plus stable. Cela amène les alpinistes à être de plus en plus confrontés au risque d'avalanches hivernales.

L'hiver, on n'oubliera jamais, après avoir pris la météo, d'appeler aussi le bulletin nivologique (36 68 10 20 ou sur Minitel 3615 météo ou MF neige).

En montagne, au-delà d'une certaine altitude, il ne pleut jamais, il neige même l'été.

A toutes les saisons il n'est pas incongru d'être équipé pour certaines courses de neige d'un ARVA (appareil de recherche de victimes d'avalanche), à condition de savoir s'en servir ! (voir *Les Sports de neige* dans la même collection).

Le mieux, c'est encore et toujours d'essayer d'évaluer ces risques. Vous aurez toujours à l'esprit la nécessité d'observer le terrain, la neige et le temps. Même en été, un fort redoux après une période orageuse peut entraîner un risque d'avalanche. Certaines zones sont propices à la formation de plaques ; on sait que la plupart d'entre elles se forment sous le vent dans les pentes entre 30° et 45°, mais certaines peuvent se former au vent !

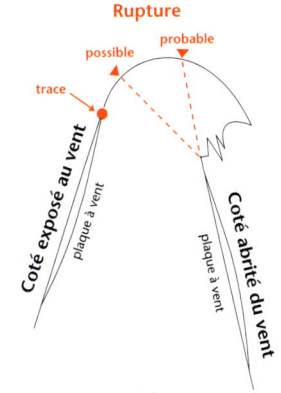

Restez en dehors de la zone exposée.

PLAQUE AU TACUL

Un exemple célèbre est la face nord du mont Blanc du Tacul.
Ce 4 000 à portée de main est très parcouru l'été. Il y a quelques années, après plusieurs jours d'orage, la première benne du téléphérique de l'aiguille du Midi était pleine à craquer. Par chance, une panne d'une demi-heure a alors retardé les alpinistes. Les premiers furent au pied de la face pour voir celle-ci parcourue d'une immense avalanche de plaques qui la balaiera tout entière ! Sans cette providentielle panne, de nombreux alpinistes auraient trouvé la mort…

Comme les chutes de pierres, les chutes de glace peuvent avoir de graves conséquences. Des corniches, des stalactites et bien sûr des séracs peuvent surplomber certaines courses. Encore une fois, certaines heures (malgré l'imprévisibilité d'une chute de sérac) sont plus dangereuses que d'autres. En tout état de cause, vous devez être rapide dans les zones exposées, ne pas hésiter à choisir de fastidieux rappels plutôt que descendre un couloir surchauffé ou même bivouaquer pour attendre de meilleures conditions de gel. Une nuit blanche vaut mieux qu'un sommeil éternel !

Parfois vous n'aurez pas le choix. L'observation du terrain sera alors essentielle. Ainsi, des blocs de glace qui jonchent une pente indiquent la zone exposée, des séracs surplombent la trace, etc., c'est l'occasion de faire une pause **avant** de franchir la zone ! Il faut récupérer, boire un coup et réfléchir à la meilleure stratégie.

Celle-ci sera par exemple de franchir en courant la partie dangereuse ; cela sera d'autant plus facile que l'on aura pris le temps de récupérer avant de franchir la zone. Il est toujours possible de renoncer à la course.

> ## CHUTE DE SÉRACS
>
> 9 juillet 1983, stage premier de cordée du CAF. Le temps est beau, il fait froid, l'horaire est respecté, cinq heures du matin, les frontales sur la tête, nous attaquons l'arête Forbes au Chardonnet, classique des classiques. Un grand bruit, je lève la tête, une montagne de glace nous tombe dessus, je crie à Jean-Paul « Barre-toi à gauche ! », je bondis à gauche, et puis le trou noir... Miracle pour moi, enseveli mais assez près de la surface, j'ai pu appeler au secours en reprenant mes esprits. Bilan : douze alpinistes emportés, sept morts. La faute à « pas de chance », mais maintenant quand on me propose une course avec des séracs dans l'axe, même petits, je n'y vais pas...

Si par malheur cela tombe sur votre passage, observer et esquiver restent possibles, d'autant plus qu'un bout de sérac ricoche moins qu'une pierre.
Si la panique n'apporte rien, ne rien faire non plus...

Les crevasses et les ponts de neige
Un glacier enneigé est toujours très dangereux.
La chute dans une crevasse est l'un des dangers majeurs de la montagne. La rupture d'un pont de neige est toujours à redouter, tout particulièrement en début d'hiver et au printemps. Mais aussi l'été, car quelques jours de mauvais temps ventés peuvent reconstruire de fragiles et éphémères ponts.

**Glacier du Géant.
L'entrée ou la sortie ne seront pas faciles...**

Sachez enrayer une chute.

Les règles de progression sur glacier sont à respecter : encordement, marche perpendiculaire au sens d'écoulement du glacier, équipement minimal... Elles permettent de réduire le risque vital que représente la chute dans une crevasse.

Le port d'un baudrier est obligatoire, d'autant qu'il incite à sortir la corde. De plus, il facilite grandement les secours. L'idéal est de prévoir une longe reliée au col de la veste par un mousqueton, ce qui permet de remonter un homme même coincé au niveau du bassin. Une broche, une sangle, une poignée autobloquante (ou une cordelette pouvant être utilisée comme autobloquant) seront installés sur le baudrier.

REMARQUE Lorsqu'un pont cède sous vos pas, il arrive très souvent qu'il se coince plus bas dans une zone rétrécie de la crevasse avec vous au-dessus !
Si vous êtes seul, il n'est pas judicieux de tenter de remonter, une chute sur ce nouveau pont a de fortes chances de rompre sa fragile cohésion, et ce coup-ci vous iriez au fond ! Mettre une broche, ou s'assurer à son piolet et s'habiller doivent être les premiers réflexes en attendant les secours.

Sur glacier, si vous êtes deux, encordez-vous ! A défaut, répartissez-vous les cordes (un rappel est toujours préférable en deux brins séparés). Si votre compagnon ne sait pas vous sortir (la technique du mouflage est indispensable à connaître) il peut toujours tenter de vous lancer son brin, ce qui vous permettra de ne pas descendre plus bas, de vous faire parvenir du matériel (vêtements, cordelette, poignée autobloquante, sangle, broche...) ; il peut alors aller chercher du secours, et vous, tenter de sortir, en étant assuré (voir Secours en crevasse, p. 139).

A la descente, le dernier rappel est l'occasion de sauter au-dessus de la rimaye (crevasse qui sépare le glacier du névé, ou du début des rochers ou d'un couloir) et bien entendu de l'éviter.

L'encordement doit se faire à la sortie du refuge, ou dès que l'on atteint un glacier et non au pied de la voie.

L'heure de la journée a toujours une très grande importance. La marche au petit matin peut être sans danger grâce au gel nocturne, alors que la descente par la même route à une heure tardive peut se révéler fatale du fait du dégel.

L'alpiniste doit en permanence deviner, par la moindre petite dépression sur le glacier, le trajet de la crevasse ; il choisira l'endroit où les berges semblent se rejoindre pour enjamber la crevasse (les ponts de neige y sont probablement plus solides). Il faut toujours se méfier des zones convexes, où les crevasses sont plus étalées et les ponts plus fragiles, et chercher à deviner le trajet d'une crevasse d'après ses bords parfois visibles sur les côtés.

Il ne faut pas hésiter à quitter la trace si celle-ci paraît dangereuse ou incertaine.

Réaliser rapidement un petit relais à distance du bord apparent de la berge de la crevasse pour aller tester la solidité du pont doit devenir un réflexe sur glacier.

Enfin, si les ponts paraissent trop incertains, il est judicieux de choisir délibérément une zone effondrée où les bords sont bien nets, à condition, bien sûr, que le saut soit réalisable.

Même s'il fait chaud, il ne faut jamais trop se découvrir. Une chute en crevasse aurait pour effet de vous refroidir instantanément ! Manches longues, gants, surveste rapidement accessible font partie des grands principes de sécurité.

Les phénomènes atmosphériques

■ La pression atmosphérique.

Comme chacun le sait, elle diminue avec l'altitude. Elle n'est plus que la moitié de celle du niveau de la mer vers 5 500 mètres. Et si la proportion de l'oxygène est toujours de 21 % quelle que soit l'altitude, on comprend que vers 5 000 mètres la pression partielle de l'oxygène qui arrive à l'alvéole pulmonaire a très fortement diminué. En outre, plus on monte plus la part de la vapeur d'eau saturée dans l'air alvéolaire est importante (elle est indépendante de la pression barométrique), cette part est donc un facteur limitant proportionnel avec l'altitude (dans l'eau on se noie !).

Pour l'alpiniste, 3 000 mètres est l'altitude où généralement apparaissent les troubles dus à cette baisse de la pression atmosphérique dont le plus connu est le mal aigu des montagnes ou MAM.

■ Le froid en montagne.

On constate un abaissement de la température de l'air avec l'altitude, d'environ 1° par 150 mètres (0,6° pour 100 mètres), donc il fait froid en montagne.

Cependant, d'autres paramètres atmosphériques interviennent dans la notion de froid tels que : la vitesse du vent, le rayonnement, l'humidité.

En montagne, le vent est souvent sujet à de brusques changements de force et de direction. Il renforce le froid par l'évaporation qu'il engendre au niveau de la peau et augmente la déperdition thermique (perte dite « de convection par transfert de chaleur »). Au sommet du mont Blanc, pour une température de – 10° à l'abri du vent, la déperdition calorique pour un vent de 10 km/h est de 15° ; elle sera de 20° pour un vent de 16 km/h. On comprend que l'utilisation de vêtements appropriés diminue fortement l'importance de ces pertes.

Avalanche, brouillard au Ben Nevis, Écosse.

Un corps s'échauffe en fonction de la quantité de rayonnement calorique (ou de radiation) qu'il reçoit et des caractéristiques d'absorption de son revêtement. Pour l'alpiniste, l'apport calorique solaire est fortement diminué par le vent mais aussi par les vêtements isolants (qui interviennent dans les deux sens). La sensation de froid augmente aussi avec le degré d'humidité de l'air. Ainsi le pouvoir de refroidissement augmente lorsque les vêtements s'imprègnent d'humidité (transfert de chaleur par conduction de la peau à la surface des vêtements). Il existe donc un véritable risque d'hypothermie en fonction de l'humidité ambiante.

SÉCURITÉ EN MONTAGNE

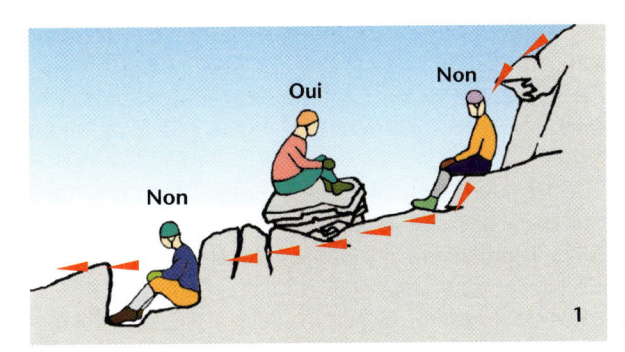

Impact possible

Zone abritée de l'impact direct

■ Neige, blizzard.

On a vu que d'importantes pertes de chaleur peuvent être dues à l'humidité, mais heureusement en haute montagne l'alpiniste subit plutôt des conditions de chute de neige et de blizzard que de pluie. Le froid diminue aussi l'humidité de l'air (à 20° dans 1 kilogramme d'air, il y a 150 grammes d'eau, à – 20° on n'en trouve plus que 7,8 grammes). Cependant, l'équipement a beaucoup d'importance car il peut aider à transformer la neige en eau au contact de l'alpiniste, et si le froid s'intensifie le tout se transforme en glace... Le blizzard accentue les infiltrations de neige, il ralentit la progression et désoriente.

Comme nous le verrons dans le Manuel de la montagne (à paraître), la qualité de l'équipement prend toute son importance dans les conditions extrêmes que l'on rencontre dans la pratique de l'alpinisme.

■ L'orage et la foudre.

Les orages ne sont pas rares en montagne et le risque d'être foudroyé n'est pas négligeable.

La meilleure prévention, c'est de l'éviter !

Encore une fois, avant de partir en montagne il faut se souvenir des quelques conseils indispensables :

– consulter les bulletins météo (tél. 08 36 68 02 + les 2 chiffres du département) ;
– choisir une course adaptée à votre niveau pour sortir avant l'orage (orages de fin d'après-midi style Dolomites) ;
– surveiller l'évolution du temps pour anticiper ;
– savoir que la plupart des accidents graves arrivent la nuit ou au lever du jour lors du passage d'un front orageux suivi d'un important rafraîchissement des températures avec précipitations.

Afin de minimiser le risque de froudroiement si malgré tout vous êtes pris par l'orage, vous pouvez suivre ces quelques conseils :

– **Éloignez-vous des proéminences naturelles (1)** : restez dans la pente, isolez-vous en vous mettant sur votre sac, sur votre corde, sur un petit bloc isolé (surtout s'il est à proximité d'un point haut), **ne vous adossez pas à la paroi (2)**. *Grosso modo* la zone protégée est égale à la hauteur de la paroi (cône d'ombre), à condition de ne pas vous tenir à moins de 2 mètres de celle-ci.

– **Ne vous transformez pas en paratonnerre (3)**, en laissant des objets métalliques au-dessus de vous (piolet dépassant du sac à dos, skis), ou sur vous (pitons,

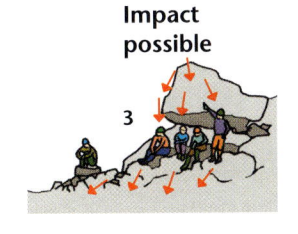

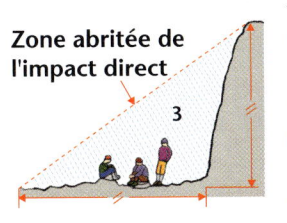

153

broches à glace, bagues, objets électriques ou électroniques, éteignez l'émetteur-récepteur et mettez-le au fond du sac à dos).

– **Évitez d'être sur le trajet du courant de sol** (4), évitez les fissures humides, les anfractuosités peu profondes, ne touchez pas le rocher avec le corps ou un objet conducteur.

– Changez-vous, mettez des vêtements secs, une veste imperméable orienterait le courant en surface (un peu comme une cage de Faraday).

– **Assurez-vous directement au baudrier**, pas de mousqueton, sans être trop loin du point d'attache (un pendule peut être aussi grave que la foudre elle-même).

– **Ne touchez pas le descendeur**, lors d'un rappel, n'oubliez pas l'autoassurance par cordelette, mettez les objets métalliques sur le sac à dos en les laissant pendre vers le bas!

■ Le brouillard.

Il s'agit d'un phénomène très fréquent en altitude. Il n'est pas toujours signe de mauvais temps (il arrive en effet qu'un nuage isolé persiste comme par hasard sur votre arête et pas une autre!). Il atténue les variations de la température.

Le principal problème est la perte de repère. Si en course rocheuse on peut à peu près suivre sa voie, il est malheureusement très facile de tourner en rond sur un glacier, surtout s'il n'est pas tracé. Pris dans le brouillard, la première des règles est de ne pas céder à la panique. C'est l'occasion de sortir la boussole, l'altimètre, la carte, le baudrier et la corde AVANT de ne plus savoir où vous êtes!

Et si tout cela vous manque, restez logique.

Descente en rappel avec autoassurage.

DANS LE BROUILLARD

En redescendant de la pointe Lachenal, je me suis retrouvé avec un ami sur le plateau du Midi en plein brouillard, sans boussole (bien sûr!). La distance qui nous séparait de l'Aiguille du Midi étant très faible, nous avions décidé d'y aller «au jugé». Nous étions encordés à bonne distance, et après trois «pots» (crevasses), je trouve des traces que je m'empresse de suivre. Mais un nouveau trou me rappelle étrangement les précédents (les pots), les traces de semelles devant moi n'étaient que celles de mon compagnon, nous avions tourné en rond comme les Dupont dans le désert... Après réflexion, nous prîmes la décision de marcher le vent toujours du même côté du visage, *grosso modo*, c'était la bonne direction. Dix minutes après, nous retrouvions les traces du Tacul et donc celles de l'Aiguille du Midi [...].

Mais parfois il faut aussi savoir attendre sur place, anticiper sur un éventuel bivouac (en commençant l'aménagement d'un igloo, en repérant une petite crevasse pour se protéger du vent...). Il faut aussi profiter de la moindre éclaircie pour prendre les principaux repères.

■ Soleil et fortes températures.

Le rayonnement solaire augmente avec l'altitude (1 % par mètre au-dessus de 2 000 mètres) du fait de la plus grande limpidité de l'air et de l'augmentation de l'albédo (fraction réfléchie du rayonnement par la neige). Le rayonnement

SÉCURITÉ EN MONTAGNE

infrarouge suit le rayonnement visible. Lorsque la nuit est claire, la chaleur cédée par le sol peut être importante ; cela peut grandement améliorer les conditions de gel. Enfin, le rayonnement ultraviolet augmente considérablement en altitude, en particulier pour les UV B. En découle l'absolue nécessité de se protéger la peau et les yeux du soleil en montagne.

Aussi, bien que l'alpiniste ait essentiellement à souffrir du froid, la chaleur, dans certaines conditions, peut être la cause de troubles comme le coup de chaleur lors des efforts intenses, en particulier à faible altitude ou lorsque le rayonnement thermique et infrarouge est important (à proximité d'une paroi rocheuse).

La face sud du Makalu, un désert...

N'oubliez pas l'environnement désertique

Les hauts sommets sont hostiles à l'homme ; les animaux et les plantes sont rares. Chacun doit savoir que s'il est blessé ou égaré, il ne disposera que de peu de ressources de survie dans ce milieu.

Les dangers subjectifs

Ils relèvent de l'alpiniste lui-même ou de ses compagnons.

« Le meilleur alpiniste est celui qui vit vieux », entend-on dire. Cela peut être à mon sens tout à fait vrai. Une vie d'alpinisme est une vie consacrée à éviter tous les dangers de la montagne. Chaque sortie renforce votre connaissance du milieu, de vous-même et de vos compagnons. L'alpiniste est conscient du danger et il prend un risque contrôlé... Mais le risque fait partie intégrante du jeu et devient essentiel, sous peine de frustration.

Choisir son objectif en ayant conscience de vos possibilités : morales, physiques, techniques, ou de celles de vos compagnons est essentiel. La connaissance du milieu va s'acquérir course après course et permettra d'augmenter vos prétentions...

Ainsi le principal danger de l'alpinisme, c'est l'alpiniste lui-même ! L'alpinisme est un sport individuel qui a la particularité de se pratiquer le plus souvent à plusieurs. Il comporte un haut degré de risque. Un bon contrôle de soi, du calme et de l'équilibre émotionnel, en particulier dans les situations dangereuses, semblent des qualités essentielles pour la pratique de l'alpinisme.

Limiter les risques subjectifs relève de quelques principes.

Définir un ou des objectifs pour une saison

Raisonnables au départ, ils pourront être plus audacieux en fonction de la réussite des précédents, des conditions de la montagne, de l'équilibre et de la force de votre cordée et surtout pourront être changés à tout moment, « survivre, c'est s'adapter ».

Se préparer physiquement et mentalement

Cela sous-entend être lucide sur vos possibilités, sur les effets de l'altitude sur votre organisme, sur vos possibilités à soutenir un effort long, à encaisser un bivouac improvisé, à anticiper sur votre résistance physique et mentale.

Partir en montagne après un long voyage, se lancer dans une course longue en haute altitude, c'est bien évidemment augmenter les risques. Ce n'est pas parce que l'on est capable d'être très fort en falaise que l'on peut reproduire cette réussite en altitude, où la fatigue, le sac à dos, l'absence d'équipement en place augmentent la difficulté et les risques de chute.

Envisager le pire peut permettre de s'adapter rapidement. Lors d'une situation imprévue, un instant de panique peut être fatal. En montagne, une erreur suffit ; en mer, il s'agit bien souvent d'une succession d'erreurs !

En montagne, la panique ne doit jamais exister puisqu'elle ne paie jamais... L'angoisse qui peut, dans certaines situations, nous envahir doit être combattue, le raisonnement logique l'évacue en quelques minutes. Perdu dans le brouillard, une pause casse-croûte, une gorgée d'eau, et le moral revient parallèlement au raisonnement logique. Un passage délicat, une retraite impossible, un orage imprévu, sont autant de situations fréquentes en montagne. Les avoir envisagées auparavant permettra de faire le bon choix. Se laisser aller ne sert à rien, l'analyse logique et la combativité sont très souvent récompensées.

Ce qui me semble le plus important, c'est être lucide sur vos possibilités et adapter vos choix à celles-ci. Ainsi chacun à son niveau aura des sensations à moindre frais !

Se préparer techniquement

Les différentes techniques varient en fonction du terrain, selon que la progression se fait sur glacier, pente de neige ou rocher. Avoir du matériel adapté et en bon état, c'est limiter objectivement les risques, rassurer l'alpiniste et ainsi améliorer le subjectif.

La pose du matériel est un élément indispensable. Sa mise en place ne dépend que de vous. N'attendez pas d'être dans une situation délicate pour mettre en place une protection adéquate.

Ayez un sac à dos adapté à la course. Certains risques seront minimisés en fonction de ce qu'il contient : carte, boussole, altimètre (à condition de savoir s'en servir !), couverture de survie, coupe-vent imperméable, gants, bonnet, lunettes, sucreries, eau, pharmacie. Savoir que vous pourrez tenir rassurera.

Ni trop ni trop peu, un jeu de friends (voir Le matériel technique, p. 29) n'aura aucun intérêt dans la voie normale du Cervin et alourdira inutilement le sac à dos. Faire une confiance absolue à du matériel déjà en place sous prétexte que « s'il est là, c'est qu'il tient » relève d'une tendance suicidaire prononcée !

Malgré tout cela, c'est encore l'expérience qui prime.

Le débutant choisira un itinéraire sûr et évident, avec des possibilités de retraite.

En préparant la course, vous vous donnerez un horaire que vous vous efforcerez de tenir. Regardez le rythme des cordées voisines, renseignez-vous au refuge auprès de celles qui en reviennent. Toutes ces informations réduiront d'autant les risques.

SÉCURITÉ EN MONTAGNE

Bien choisir votre compagnon de cordée

C'est d'une importance capitale. Il existe de multiples possibilités.

Le compagnon très expérimenté que vous connaissez bien vous propose de vous emmener dans les plus fantastiques courses. Commencez par des courses à votre portée, où vous pourrez juger de ses réelles possibilités physiques, techniques et mentales en montagne. Certains ont toujours tout fait « au niveau de la mer » et se révèlent de bien piètres alpinistes.

Si effectivement la confiance est justifiée, profitez de son expérience pour préparer et mener la course, il sera alors là pour corriger vos erreurs et vous deviendrez rapidement une cordée homogène, point de départ peut-être de grands exploits !

Le compagnon de force égale à la votre : c'est parfois la plus agréable des situations si chacun a bien conscience de ses possibilités. L'un, plus sage, pondère l'enthousiasme de l'autre ; l'audace du premier permettra aussi une réalisation d'envergure. C'est l'occasion pour la cordée d'augmenter progressivement son expérience et son autonomie.

Le compagnon qui compte sur vous : vous voilà leader, à vous d'avoir conscience de vos possibilités et de celles de votre compagnon. Il doit impérativement participer à la préparation de la course ; plus il sera au courant, plus la cordée sera homogène et plus les risques seront diminués. C'est à vous de vous adapter à ses possibilités et non le contraire !

Les autres cordées : en montagne, on doit tenir compte des autres ; de nombreux accidents ont lieu parce qu'une cordée inexpérimentée chute dans un couloir et fauche les malheureuses cordées du dessous.

Prévenir de l'endroit où l'on va en donnant un horaire de retour

Pour être secouru, encore faut-il que quelqu'un prévienne les secours et sache où vous êtes !

LES SECOURS

La pratique de la montagne entraîne une prise de risque et donc l'éventuel besoin de secours. En Europe, la généralisation du secours héliporté a considérablement changé le comportement des alpinistes. Il semble beaucoup plus utile d'emporter avec soi un poste émetteur-récepteur (ou téléphone portable) qu'une volumineuse trousse de secours. Mais il est encore mieux d'éviter d'avoir besoin d'être secouru ! Depuis quelques années, il semblerait que de nombreux appels de secours ne fussent que le moyen d'éviter une fastidieuse descente à pied vers les vallées...

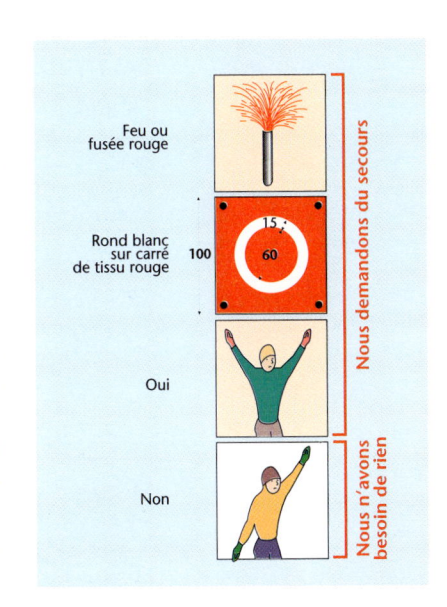

Signaux internationaux de détresse.

157

Conduite à tenir

Malgré toutes les mesures de prévention, l'accident est toujours possible en montagne ; sa principale caractéristique est d'avoir lieu dans des conditions d'isolement (même si celui-ci n'est parfois que très relatif).
En cas d'accident quelques principes sont utiles.

Sécuriser
– Garder son sang-froid.
– Minimiser la casse : ne pas se faire emporter, éviter le contact avec les impacts, informer son ou ses compagnons par un ordre bref « A droite, à gauche... ».
– Se sécuriser : se mettre à l'abri si les pierres continuent à tomber, mettre son casque (!), s'accrocher au relais, etc. S'assurer de l'endroit où vous portez secours.
– Éviter d'aggraver l'accident : en ne se précipitant pas au risque de tomber ou de provoquer des chutes de pierres...
– Sécuriser le blessé : la première action est de protéger le(s) blessé(s) d'un suraccident. Bloquer la corde, si le blessé n'est pas mobilisable le sac à dos peut faire un écran de protection.
En cas de grand danger, enfreindre le principe de ne pas mobiliser un blessé.

Secourir
– Faire un rapide bilan des lésions et agir : libérer les voies aériennes, favoriser la ventilation et la circulation sanguine (voir Point de compression, p. 176), faire un conditionnement provisoire en évitant le refroidissement.
– Réchauffer : le couvrir et l'isoler du sol. S'il est conscient, donner à boire des liquides chauds et sucrés.

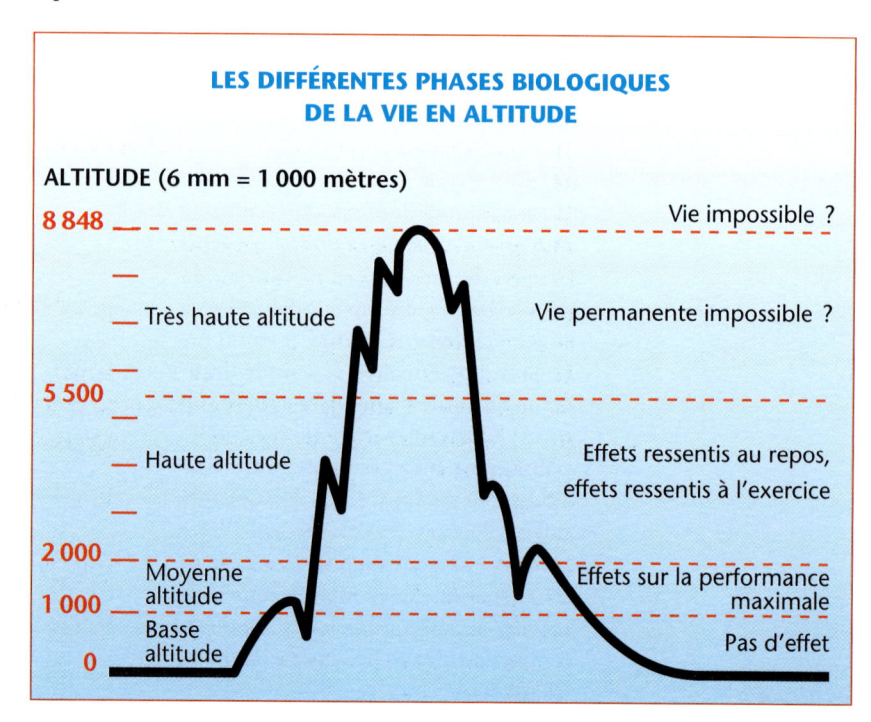

LES DIFFÉRENTES PHASES BIOLOGIQUES DE LA VIE EN ALTITUDE

ALTITUDE (6 mm = 1 000 mètres)

Altitude	Phase	Effets
8 848		Vie impossible ?
	Très haute altitude	Vie permanente impossible ?
5 500		
	Haute altitude	Effets ressentis au repos, effets ressentis à l'exercice
2 000	Moyenne altitude	Effets sur la performance maximale
1 000	Basse altitude	
0		Pas d'effet

SÉCURITÉ EN MONTAGNE

Sur zone dégagée, faites atterrir face au vent.

Alerter

■ Tous les moyens sont bons pour prévenir le plus vite possible les secours. Actuellement, l'avantage des postes portatifs (émetteur-récepteur ou téléphone portable) se fait de plus en plus sentir, mais les traditionnels signaux de détresse ne doivent pas être oubliés (voir croquis p. 157).

■ En cas d'isolement, s'il le faut, abandonner le blessé en n'oubliant pas de l'assurer, voire de l'arrimer s'il est inconscient (lui laisser éventuellement un mot d'explication). Baliser et repérer l'endroit (couverture de survie, etc.).
En cas de contact direct avec les secouristes, vous essaierez d'emprunter une procédure proche de celle qui suit (inspirée de celle des guides) :
1) donner sa position : lieu précis, altitude, heure de l'accident ;
2) informer des circonstances de l'accident (exemples : dévissage, avalanche, nombre des blessés et disparus) ;
3) faire le bilan des lésions apparentes des blessés (exemples : victime numéro un consciente/inconsciente ; victime numéro deux, etc.) ;
4) préciser les états graves : si inconscient ventilation (oui/non), pouls carotidien (oui/non), rythme ;
5) énoncer les mesures prises : PLS (position latérale de sécurité), mis à l'abri, dégagé de l'avalanche ;
6) préciser pour hélicoptère : visibilité, vent, dangers apparents.

Préparer une dropping zone provisoire :

L'hélicoptère, par sa rapidité d'action, est le moyen le plus fréquemment utilisé pour secourir les alpinistes en difficulté. Il paraît indispensable de connaître quelques règles de sécurité lorsqu'on l'approche.
La DZ ou dropping zone est l'endroit où va se poser l'hélicoptère. Dans tous les cas, le pilote est maître de ses choix et peut opter pour l'hélitreuillage.
Avec l'hélicoptère il y a danger de mort ; on se souviendra des règles suivantes :

■ Approche de l'appareil.
– Dans la mesure du possible, l'aire de pose doit être suffisamment éloignée de tout obstacle et dégagée.
– Tout objet susceptible de s'envoler est attaché ou rangé.
– La direction du vent peut être matérialisée.
– Le secouriste au sol est accroupi, bras en V, face au point de pose choisi (cependant, seul le pilote décide). Le secouriste ne bougera pas et servira de référence au pilote.

159

– Éventuellement damer la neige (attention aux crevasses).
– Avoir conscience des impératifs du relief (rotor, queue).
Embarquement, débarquement
– Attention aux objets susceptibles de s'envoler ou de dépasser, tenez les sacs à la main.
– Approchez toujours du côté opposé au pilote, côté mécanicien.
– A l'intérieur, ne vous agrippez pas aux sièges, aux instruments, au pilote !
– L'approche se fait en position accroupie, en général face au mécanicien, voire au pilote. Jamais par l'arrière, ou par-dessus !
Le secouriste ou secouru
– Doit si possible être en liaison radio avec l'équipage.
– Prévient des éventuelles chutes de roche ou glace.
– Prépare son embarquement, baudrier, sac à la main ou attaché en dessous (piolet, bâtons, corde, dans le sac). Il porte son casque.
– Se présente dos à la porte de l'hélicoptère et se laisse positionner.

Zones dangereuses à l'approche de l'hélicoptère.

REMARQUE Dès qu'un hélicoptère est proche, la poussée du rotor produit un souffle très fort, il fait donc instantanément froid ; il faut alors se couvrir en n'oubliant pas le blessé. Dans le même temps, le bruit dégagé par la turbine rend très difficiles les communications auditives ; les gestes seront précis !

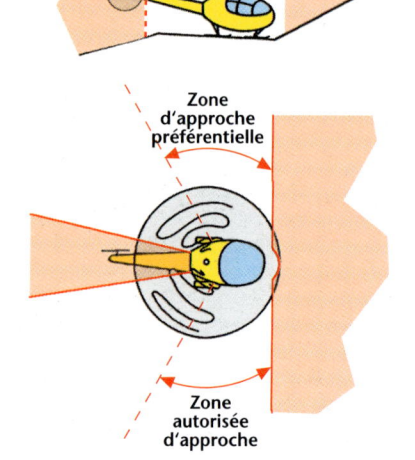

Organisation des secours

Quelques chiffres. Sur la seule vallée de Chamonix, il y a environ six cents interventions par an. La mortalité est de 11 % environ. La médicalisation représente 60 % des interventions. La moyenne d'âge de la population secourue est de trente et un ans, essentiellement masculine (83 %). La pathologie traumatique représente 92 % des secours.

En France, les préfets ont la charge de l'organisation des secours. Il s'agit toujours d'un service public. Ces secours sont organisés par des unités spécialisées de gendarmerie (PGHM), de CRS, parfois par les pompiers ; enfin, il arrive que l'organisation des secours intègre des sociétés privées (loi 1901).

La plupart des secours sont actuellement réalisés avec l'aide de l'hélicoptère (95 %), par exemple l'endroit le plus reculé du massif du Mont-Blanc n'est qu'à un quart d'heure de vol de la DZ. Les équipes sont très entraînées ; elles sont souvent accompagnées du médecin, lui-même alpiniste et spécialisé dans la médecine d'urgence. Des caravanes terrestres restent toutefois envisageables, elles sont, si possible, avancées au maximum par l'hélicoptère.

SÉCURITÉ EN MONTAGNE

L'alerte

Plus elle est rapide, plus votre blessé a de chances de s'en tirer avec le minimum de séquelles. Actuellement, dans les massifs français, la plupart des guides ont des émetteurs-récepteurs portables, avec parfois la possibilité de déclencher les relais et de communiquer directement avec les secouristes.

Si vous avez le vôtre, essayez de connaître quelques fréquences utiles (PGHM, CRS, mais aussi compagnie des guides locale, écoles de parapente, etc.). Il semble exceptionnel qu'un possesseur d'un de ces petits appareils n'ait pas pu, en cas de besoin, se mettre en rapport directement ou indirectement avec les secours.

Un message d'alerte doit être cohérent : précisez le lieu, la cause, le nombre de blessés et la nature des lésions, l'état de la victime, éventuellement les conditions météo et d'atterrissage de l'endroit (DZ provisoire).

Il peut aussi être utile de connaître les adresses et numéros de téléphone des unités de montagne (voir p. 195).

Assurance

Actuellement, le secours en montagne est gratuit, ce qui n'est pas le cas des accidents de ski sur piste. Son coût incombe à l'État grâce à la notion de service public. Cela n'est pas une raison pour ne pas s'assurer, d'autant que souvent vous recevrez une facture, en particulier si des sauveteurs privés ont participé à l'opération. La plupart des membres d'une association affiliée à la FFME sont assurés, les membres du CAF à jour de leur cotisation, bien entendu. Le fait d'être assuré n'est en aucun cas une raison pour avoir un comportement irresponsable en montagne, en sachant que de toute façon on viendra vous chercher ! On doit toujours tenter de s'en sortir seul. S'assurer, c'est aussi prendre ses responsabilité vis-à-vis de la société.

Hélitreuillage au-dessus des sommets.

ASPECTS MÉDICAUX

Pratiquer l'alpinisme, c'est s'attendre à faire des efforts physiques intenses en étant soumis à une diminution de l'oxygène disponible (l'hypoxie) dans un environnement difficile (froid, neige, rocher) et dans des conditions d'isolement (même si celui-ci peut n'être que relatif dans nos régions).

Dans certaines conditions, vous serez peut-être amené à donner les premiers soins, parfois vos gestes conditionneront les chances de survie de vos compagnons. Une formation minimale type diplôme de secouriste vous permettra peut-être de sauver une vie ou simplement d'éviter quelques bêtises, dans tous les cas restez responsable et logique.

Les efforts physiques en hypoxie

Ils entraînent de multiples contraintes et les connaître permet d'en limiter les risques.

Un peu de physiologie

La diminution de la pression atmosphérique avec l'altitude entraîne, selon une loi approximativement exponentielle, une baisse de la pression d'oxygène de l'alvéole pulmonaire à la cellule. En réponse à cette hypoxie cellulaire l'organisme développe divers mécanismes physiologiques d'adaptation, pour assurer un apport d'oxygène à la cellule compatible avec les besoins métaboliques.

Vivre au repos ne pose pas trop de problème en altitude. A l'effort, le manque d'oxygène devient un facteur limitant la performance. La consommation maximale d'oxygène (VO_2 max), qui mesure la capacité maximale des systèmes respiratoires et circulatoires à transporter l'oxygène aux muscles actifs, diminue progressivement en altitude. Au sommet du mont Blanc elle n'est plus que de 70 % des capacités du niveau de la mer. Au sommet de l'Everest, nous disposons de moins de 20 % de nos capacités, ce qui, il faut bien en convenir, diminue largement notre marge de manœuvre !

Il n'existe aucun moyen d'échapper à l'hypoxie. La vitesse et la qualité de l'adaptation à celle-ci varient selon les sujets. Elles sont congénitales et ne dépendent pas de l'entraînement physique ni des séjours antérieurs. La réponse à l'hypoxie ne varie pas avec l'âge jusqu'à cinquante ans, elle diminue au-delà. Elle est plus faible chez les sujets qui souffrent facilement du mal des montagnes (MAM). Des tests réalisés dans certains services hospitaliers permettent de connaître sa propre sensibilité à l'hypoxie (voir annexe p. 195).

Par contre, une bonne acclimatation, une bonne préparation physique, un bon équipement, l'expérience, permettent d'en diminuer les inconvénients.

L'acclimatation

Elle fait intervenir différentes phases. La première, c'est l'*accommodation* : elle répond à l'exposition aiguë à l'hypoxie, celle à laquelle nous sommes soumis dans nos Alpes comme lors de la montée en refuge, d'une montée en téléphérique mais aussi lors d'une course en montagne de quelques jours. L'hypoxie aiguë correspond aux premières dizaines d'heures d'exposition à l'altitude. Elle entraîne une augmentation des débits cardiaque et ventilatoire (tachycardie, hyperventilation) et donc des contraintes physiologiques (éventuelles contre-indications à la pratique de l'alpinisme).

Si l'exposition à l'altitude se prolonge, l'organisme va mettre en route des mécanismes plus économiques pour prendre le relais de l'hyperventilation et de la tachycardie, c'est la phase d'*acclimatation* : après huit à dix jours on voit apparaître une augmentation du nombre des globules rouges (polyglobulie), ce qui augmente les capacités de transport de l'oxygène dans le sang.

L'ensemble de ces mécanismes aboutit à un état d'*acclimatement*, qui concerne plutôt les himalayistes.

Pathologies spécifiques
Accidents dus à l'altitude

L'hypoxie entraîne donc d'importantes modifications du métabolisme ; ces réactions adaptatives peuvent être à l'origine de troubles. Le plus fréquent d'entre eux rencontré dans nos régions alpines est le mal aigu des montagnes (MAM).

Le MAM n'est que le signe d'une acclimatation incomplète à l'altitude. Un sujet sur deux est atteint de MAM, un sur cent de complications graves (œdème pulmonaire, œdème cérébral).

Les signes cliniques du mal aigu des montagnes sont caractérisés par un ensemble de troubles qui surviennent quatre à huit heures après l'arrivée en altitude, en général au-dessus de 3 500 mètres.

Ils permettent d'établir un score clinique et une attitude pratique :

– céphalées,
– insomnies,
– nausées ou anorexie,
– vertiges ;
} 1 point

– céphalées ne cédant pas à l'aspirine,
– vomissements ;
} 2 points

– dyspnée (difficulté à respirer) au repos,
– fatigue anormale ou importante,
– baisse de la diurèse.
} 3 points

A ces différents points peuvent s'ajouter des œdèmes localisés : yeux, face, mains, chevilles.

■ Score de 1 à 3 : MAM léger, prendre de l'aspirine,

■ score de 4 à 6 : MAM modéré, aspirine, repos et stopper la progression en altitude,

■ score > 6 : MAM sévère, descendre.

Si vous ressentez quelques-uns de ces troubles, il est nécessaire d'imputer ces signes à l'altitude et non à l'inconfort du refuge ou à la nourriture, etc. De même que les meilleurs marins ressentent le mal de mer, les meilleurs alpinistes peuvent ressentir le MAM. En pratique, si les effets s'estompent avec 1 gramme d'aspirine, vous pouvez continuer à monter, s'ils persistent, attendez qu'ils diminuent ; s'ils s'aggravent, redescendez et les troubles disparaîtront.

Il existe un médicament, l'acétazolamide (Diamox®), qui a une efficacité préventive. Il peut se prendre la veille et le jour de l'ascension à la dose d'un comprimé

deux fois par jour. Il n'est pas dénué de risque (déshydratation) et nécessite une prescription médicale.
Quels sont les risques d'un MAM sévère ?
Deux accidents peuvent être redoutables, l'OPHA (œdème pulmonaire de haute altitude), marqué par une sensation d'étouffement, et l'OCHA (œdème cérébral de haute altitude), marqué par une grande lassitude avec parfois des vomissements, des vertiges et des troubles du comportement. Dans les deux cas il s'agit d'une urgence extrême, il faut redescendre. Heureusement, ils sont exceptionnels dans nos régions.

> **REMARQUE**   Au total il faut retenir :
> – que l'on ne s'oxygène pas en altitude ;
> – qu'il ne faut pas monter trop vite trop haut ;
> – que des boissons abondantes facilitent l'adaptation ;
> – que si l'aspirine ne fait pas passer le mal de tête, il vaut mieux renoncer et redescendre.

Accidents dus au froid
Un accidenté sur cinq en montagne est victime du froid.

■ Les gelures

Elles représentent 22 % des lésions rencontrées en montagne. Leur danger vient de leur installation insidieuse. Elles sont prévenues par une hydratation correcte et constante, la lutte contre l'épuisement, le port de gants et de chaussures efficaces et non troués, la lutte contre l'humidité et le vent, la prudence.
Une idée simple : toujours bien sentir ses extrémités : insensibilité = danger !
Dès que vous ne sentez plus vos extrémités, vous devez vous arrêter et les réchauffer, quitte à souffrir de l'onglée. Un autre moyen, c'est d'être à la limite de celle-ci.
En plus des conditions de l'environnement – altitude, vent, chute de neige –, il existe des facteurs favorisant évidents : vêtements, chaussures, lanières des crampons ou bretelles de sac à dos trop serrés. Dans des « péniches », on se gèle rarement (à condition de ne pas les remplir avec cinquante paires de chaussettes !). Le stress est aussi un facteur essentiel, car il entraîne une vasoconstriction des petits vaisseaux sanguins et augmente donc le risque de gelures.

LE STRESS DU GUIDE

Luc Olivier est guide ; il amène son client dans le couloir Couturier à la Verte. Il fait froid. Concentré sur la progression de son client, il ne souffre pas. Au sommet, il constate qu'il ne ressent plus les extrémités de ses doigts, ceux-ci sont durs, blanchâtres. Il est déjà trop tard et malheureusement il perdra une phalange… Pourtant la course s'est bien déroulée, il n'y a pas eu de retard anormal, le froid était vif mais supportable, d'ailleurs le client, confiant dans son guide, n'a pas souffert du froid. Luc Olivier a l'habitude de la haute montagne, mais le stress consécutif à la responsabilité vis-à-vis de son client a suffi à lui faire oublier ses doigts…

SÉCURITÉ EN MONTAGNE

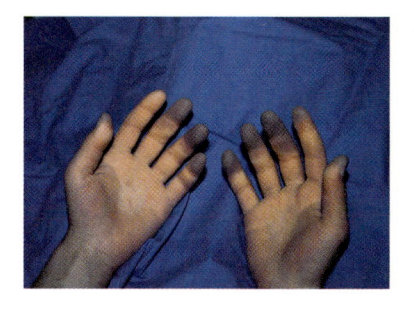

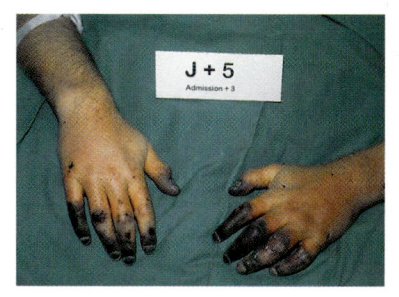

L'évolution d'une gelure dépend du degré de la gelure.
– Premier degré : l'extrémité devient rouge et éventuellement gonflée, il n'y a pas de phlyctène (ampoule), la sensibilité redevient rapidement normale, la guérison se fera en quelques jours.

Évolution de gelures graves à J1 et J + 5.

– Deuxième degré : des phlyctènes claires ou sanglantes apparaissent. La sensibilité reste diminuée, la zone gelée peut cicatriser en quelques semaines ou aboutir à la nécrose.
– Troisième degré : il n'y a pas de phlyctène, le tissu est mort ; il y aura amputation.
Au bivouac ne vous déchaussez pas, vous risquez de ne plus pouvoir remettre les chaussures le lendemain ! Éventuellement, desserrez un peu les chaussures, remuez les orteils, mettez les mains sous les aisselles ou entre vos cuisses ! Si vous souffrez, prenez des antalgiques. Buvez abondamment, et chaud si possible.

■ Les hypothermies

Elles ne représentent qu'environ 3 % des accidents, mais elles mettent en jeu le pronostic vital. Elles se définissent par une chute de la température centrale en dessous de 35°.

On retrouve trois grandes causes d'hypothermie en montagne : les avalanches, les personnes perdues ou blessées pour lesquelles les secours ont tardé, les chutes en crevasse.

On peut en déduire deux types d'hypothermie : celles d'apparition lente (accidentés, égarés), dite de « défense *a minima* » et celles d'apparition rapide (avalanches, crevasses), dite de « défense *a maxima* », qui souvent sont plus graves car l'organisme surpris n'a pas eu le temps de mettre en route ses défenses.

L'évolution dépend du degré du refroidissement :
– Au-dessus de 32°, le blessé frissonne. Le pronostic est excellent, le réchauffement présente peu de danger.
– En dessous, les frissons disparaissent, le blessé devient raide, il existe un risque majeur de troubles cardiaques. Il faut être le plus doux possible. Le réchauffement se fera de l'intérieur, en service spécialisé.

Dans les grandes hypothermies, il est difficile de savoir si le blessé est toujours vivant. Mais le froid conserve et des survies ont été décrites après plus de une heure d'arrêt cardio-respiratoire !

Pour éviter les hypothermies, en plus des conseils pour les gelures, certains principes doivent êtres respectés :
– ne marchez jamais sur un glacier sans un minimum de vêtements ;
– isolez-vous du sol en cas de mauvais temps, faites écran au vent à tour de rôle, changez-vous, bivouaquez les uns collés aux autres ;
– ayez toujours une couverture de survie dans le sac à dos.

> **A QUELQUES MINUTES PRÈS...**
>
> Gilles et Marie redescendent tranquillement du Grand Paradis. Marie s'est dévêtue, il fait chaud, encore quelques mètres de glacier et ils seront rapidement au refuge. Ils sont seuls, pas pressés, les autres alpinistes ont disparu. Marie fait remarquer une dernière crevasse sur la droite et brusquement se retrouve pendue, un pont de neige vient de céder. Elle est immédiatement arrêtée par la corde. Gilles est une force de la nature, Marie n'est qu'à quelques mètres, il va la sortir. Mais leurs efforts pour remonter entraînent le cisaillement de la lèvre de la crevasse ; Marie reçoit les débris de neige, elle a très froid et s'épuise rapidement. Gilles réalise qu'il ne pourra seul la remonter ; le refuge est très proche, il bloque la corde, court et remonte avec de l'aide. Trop tard, quelques minutes auront eu raison de la résistance de Marie...

L'épuisement

Environ 2 % des accidents ; il succède sans raison apparente à un état de fatigue intense. L'organisme a épuisé ses réserves lui permettant de réagir aux agressions. L'hypoglycémie, l'hypothermie, l'hypohydratation sont probablement avec les facteurs psychologiques les principaux facteurs déclenchants.

Encore une fois il conviendra de prévenir cet état en s'hydratant et en s'alimentant régulièrement, en choisissant une course adaptée à ses capacités, en ayant une attitude positive en cas de galère.

La conduite à tenir est de se réchauffer et s'hydrater par des boissons chaudes et sucrées.

Qui survit ? La survie correspond aux conditions de vie d'un sujet qui, dans un contexte agressif extérieur, prolonge pour un temps limité les délais qui le séparent de la mort.

A première vue, la littérature alpine semble montrer que certains grands alpinistes comme Bonatti ou Demaison ont des capacités physiques et une volonté hors du commun qui les fait survivre dans des conditions extrêmes, là où leurs compagnons y restent ! Pour les alpinistes plus modestes que nous sommes, en dehors des facteurs techniques (matériel de bivouac, vêtements de qualité, réserve de nourriture), il existerait des facteurs psychologiques personnels liés à notre

> **FRANÇOIS**
>
> Ils étaient quatre copains, il y a quelques années, la météo annonçait une perturbation pour le soir. Malgré tout ils s'élancèrent sur le pilier Gervasutti au Tacul. A quelques longueurs du sommet le mauvais temps les rattrapa. Coincés, ils trouvèrent un vague abri et firent une rotation pour se protéger... Au quatrième jour, quand enfin les sauveteurs les rejoignirent, François était mort d'épuisement. Il était le seul de la bande à ne pas avoir d'enfant, il était aussi celui qui avait proposé la course... Mauvaise analyse, stress, culpabilité, plus faible accroche vitale expliquent peut-être sa disparition ; les autres furent sonnés mais s'en tirèrent sans séquelles.

programmation génétique, à notre acquis et au vécu de celui-ci. Guillaumet, par exemple, a survécu dans les Andes poussé par l'idée qu'il fallait que son corps fût retrouvé pour que sa femme touchât sa prime d'assurance vie. Les sauveteurs sont étonnés de constater que lorsqu'une tempête surprend plusieurs alpinistes, le premier à partir serait celui qui a le moins d'attaches ; les « pères de famille » résisteraient mieux.

Soleil et ophtalmies
Le rayonnement solaire augmente d'intensité avec l'altitude (augmentation des UV d'environ 12 % tous les 1 000 mètres). Il existe en plus un rayonnement solaire indirect émis par les surfaces réfléchissantes : neige, glace, calcaire...

Il est indispensable d'avoir une protection efficace et régulièrement renouvelée de la peau et des lèvres (pommade écran total, stick labial, foulards). Les personnes sujettes à l'herpès labial feront particulièrement attention (la pommade Labisan®, en soin préventif, est particulièrement efficace).

L'ophtalmie des neiges est une conjonctivite qui survient lors de l'exposition aux UV sans protection efficace. Le sujet souffre d'une brûlure de la cornée avec une impression de grains de sable dans les yeux, ne supporte plus la lumière ; les yeux sont rouges avec un larmoiement important. Il faut supprimer immédiatement l'exposition, donner un antalgique (Aspégic®, compresses froides) et désinfecter avec un collyre comme le Biocidan®. On pourra prendre un collyre préventif (Uveline®), mais surtout on préviendra le risque par des lunettes performantes avec caches latéraux. Un traitement avec un collyre contenant de l'atropine sera efficace sur la douleur.

Accidents dus à la foudre
Ces accidents sont heureusement rares, mais la pratique de l'alpinisme expose particulièrement à ce risque.

La foudre a trois types d'effets associés : l'électrisation, l'effet de souffle (blast) et les traumatismes secondaires. Compte tenu des caractéristiques du courant de foudre – courant complexe, impulsionnel de très haute tension, très bref avec forte production de chaleur et création d'une force explosive (blast) –, le foudroyé est à considérer comme un électrisé, plus ou moins brûlé, « blasté » (avec fréquemment atteinte auditive) et un traumatisé.

La mort immédiate est en général le fait d'une électrocution, ou d'un traumatisme par projection violente et chute. Le trajet du courant intéresse souvent le cerveau et le cœur (avec risque d'arrêt cardio-respiratoire). Mais les effets sont souvent multiples : peau (brûlures), yeux (cataractes), lésions nerveuses (paralysies), stress post-traumatique.

En cas d'accident, mettre en œuvre immédiatement les techniques de réanimation (voir page 176) si celles-ci sont nécessaires. Traiter les traumatismes, protéger le blessé, d'autant qu'en général les secours seront très longs...

Retenir que même si le foudroyé n'a pas perdu connaissance, ou même si les lésions paraissent minimes, il devra être orienté vers un centre hospitalier car des lésions graves peuvent apparaître secondairement.

Enfin, beaucoup d'accidents ne sont dus qu'à la panique des cordées en déroute (mauvaises manœuvres, dévissages, égarement).

Autres pathologies médicales

L'alpinisme entraîne le passage souvent brutal d'une vie citadine à un effort important dans un milieu où l'oxygène est raréfié.

Sommeil et troubles digestifs

Ils font partie des petits désagréments fréquents en altitude.

Le sommeil est souvent perturbé par l'altitude à cause du manque d'oxygène (difficulté d'endormissement, réveils nocturnes). A cela s'ajoutent l'inconfort du refuge, le stress de la course, le ronflement du voisin. Un hypnotique léger type Stilnox® ou Imovane®..., ainsi que des boules Quies® peuvent être utiles.

Les désagréments digestifs eux aussi sont fréquents : le stress, les changements de nourriture et de rythme, l'eau de fonte peu minéralisée sont en cause.

En cas de diarrhées, on peut prendre un ralentisseur du transit comme l'Imodium®. Il faut éviter de boire de l'eau trop pure. Dans la gourde, on peut mettre un peu de sel, du sucre, du thé, des sirops ou des produits « à bulles » en sachet style Vée®, qui, en apportant des sels minéraux, améliorent la tolérance.

Le mal des montagnes peut donner des nausées ou des vomissements, un antivomitif comme le Motilium®, pris à titre préventif ou immédiatement après un vomissement, peut être efficace sans diminuer la vigilance.

Les brûlures digestives sont elles aussi fréquentes ; un pansement digestif type Maalox® devrait être efficace, sinon, consultez votre médecin qui devra se méfier d'un éventuel ulcère digestif. En cas de spasmes abdominaux, prendre des antispasmodiques du type Spasfon® (en avoir dans le sac à dos), c'est aussi un bon traitement des coliques néphrétiques qui sont favorisées en montagne par la déshydratation et les à-coups de la marche.

REMARQUE Tous ces troubles peuvent entraîner une déshydratation, d'autant que l'effort en altitude peut fait perdre par la transpiration et la ventilation plusieurs litres d'eau par jour. De nombreuses défaillances brutales n'ont pas d'autre origine. Il faut penser à toujours compenser les pertes par de l'eau minéralisée ou des sodas dont les bulles ont un effet antivomitif et qui compensent assez bien les pertes minérales tout en apportant des sucres d'action immédiate ; 2% de perte de liquide entraînent 20% de perte de performance !

Pathologies préexistantes

Certaines peuvent présenter un danger en altitude. En cas de doute il semble nécessaire d'avoir recours à une consultation médicale spécialisée avant tout séjour en montagne (voir annexe p. 195).

Il n'est pas inutile de rappeler ici quelques-unes des principales contre-indications à la pratique de la haute montagne.

Contre-indications majeures

– En premier lieu les problèmes cardiovasculaires et pulmonaires mal équilibrés : angine de poitrine, infarctus récent, artériopathies, hypertension artérielle importante, insuffisance respiratoire chronique sévère ;

– les antécédents de maladies thrombotiques sévères et répétées, phlébite, embolie pulmonaire ;

SÉCURITÉ EN MONTAGNE

– certaines maladies du sang (thalassémie, certaines anémies) ;
– antécédents psychiatriques majeurs ;
– antécédents d'épilepsie ;
– antécédents répétés et graves de mal des montagnes.

D'autres pathologies présentent un risque particulier et peuvent introduire une contre-indication relative à l'altitude : les diabètes, les antécédents cancérologiques, les problèmes rénaux, neurologiques, pulmonaires (asthme), vasculaires.

Enfin, certaines situations devront inciter à la prudence : grossesse (certains états), nourrisson, personne très âgée. Un avis médical sera utile avant tout séjour en altitude (même relativement modérée).

Cependant, il n'existe aucune contre-indication formelle pour toutes ces pathologies. Une bonne préparation, un accompagnement prévenu et compétent peuvent permettre à un coronarien équilibré de gravir le mont Blanc, à un cancéreux guéri de réussir le Kilimandjaro !

Le risque maximal existe surtout lors des premières heures en altitude, comme par exemple lors de la pratique du ski sur glacier : haute altitude trop rapidement atteinte par un téléphérique, effort brutal gros consommateur d'oxygène (ski) et effet stress du milieu alpin (risque d'avalanche, présence de crevasses).

Deux attitudes :
– consulter toujours son médecin avant la pratique de la haute montagne ;
– prévenir ses compagnons de ses problèmes médicaux !

Les petits traumatismes

La pratique de la haute montagne expose à de nombreux traumatismes. Ils représentent environ 70 % des accidents rencontrés chez les alpinistes.

Ils sont souvent favorisés par la fatigue, une préparation physique insuffisante, la répétition des mouvements, du matériel inadapté. La plupart sont aggravés par la déshydratation.

Nous parlerons tout d'abord des petits traumatismes, et puis bien sûr des accidents pouvant mettre en péril la cordée.

Les tendinopathies

Elles sont extrêmement fréquentes lors de la pratique de l'alpinisme. Du mauvais matériel, des microchocs, des contraintes trop importantes, les gestes répétés, la déshydratation en sont les principaux facteurs favorisants.

Aux membres supérieurs, les plus fréquentes découlent des gestes de l'escalade : conflit poulie-tendon des fléchisseurs des doigts (réglettes, monodoigts, bidoigts) ; l'« épicondylite » du coude, favorisée par des mouvements

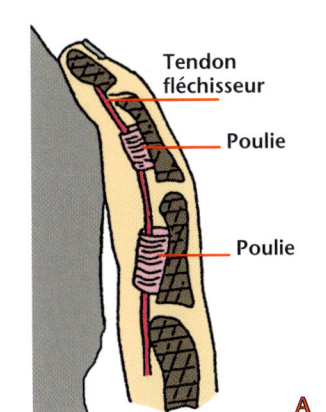

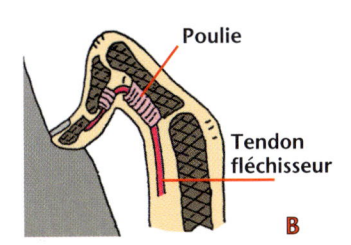

Préhension d'une prise :
A-Bonne position.
B-Mauvaise position.

169

ALPINISME ET ESCALADE

Après une longue marche d'approche, soins aux chevilles.

de ramonage dans les fissures ou des mouvements très répétitifs comme le lovage des cordes.

Aux membres inférieurs, le compartiment externe du genou (tendinite du fascia lata dite de « l'essuie-glace »), la partie antérieure de la jambe et le tendon d'Achille sont les tendinopathies les plus fréquentes. Elles sont généralement favorisées par la marche en descente et le frottement sur la chaussure (languette, talon).

Dans tous les cas la douleur est d'apparition progressive, elle peut être très intense et entraîner une certaine impotence. Le meilleur traitement est le repos sportif (si possible).

Dans l'action, tenter de mettre localement de la glace (ou de la neige), appliquer un morceau d'Elastoplaste® pour soulager ou isoler le tendon atteint des frottements, prendre des anti-inflammatoires locaux ou généraux (aspirine à bonne dose).

On essaiera de diminuer la cause: languette en bonne position, chaussettes de qualité, avoir ses propres chaussures (se méfier des locations). Si l'on a des antécédents, protéger la peau par une couche adhésive d'Elastoplaste®, d'Adhéban®. Pour les doigts, ne pas hésiter à protéger les tendons par des anneaux en Strappal®.

Hématome sous-unguéal

Il est provoqué souvent par des chaussures trop petites lors des descentes ou par choc direct sur l'ongle (coincement, pierre). La douleur peut être insupportable. Il suffit de percer l'ongle avec un trombone (ou aiguille) chauffé au rouge et, dès que le sang coule, cela va mieux. Puis désinfecter et mettre un pansement.

Ampoules

Il faut impérativement les prévenir avec de bonnes chaussettes dans de bonnes chaussures et la mise en place d'un pansement adhésif sur les zones à risques. Sinon les traiterè de suite (Compeel®, Spenco®, pansement adhésif) en se méfiant des risques de surinfection (en particulier à proximité d'une articulation). Souffrir... en silence! Une ampoule peut être vidée, mais, dans la mesure du possible, la peau morte sera conservée jusqu'à la formation de la petite nouvelle toute rose. Attention à la

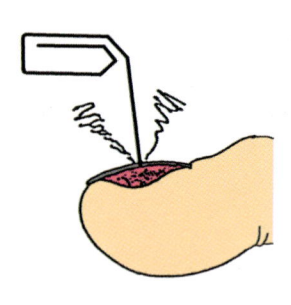

Perforation et évacuation d'un hématome sous l'ongle.

surinfection quand la peau décollée est percée. La crème Bétadinée® est un excellent traitement, grasse et désinfectante, c'est l'idéal. Une pommade comme l'Avibon® donne aussi un bon résultat.

Les brûlures

Les causes sont fréquentes en montagne : frottement dans la chaussure, freinage d'une corde qui file sans gants, glissade, foudre...

Traiter comme les ampoules sans négliger la douleur (froid, antalgiques, Biafine®), la surinfection (crème Bétadinée®) et la protection (couche grasse : Avibon®, pansement propre).

Saignements de nez

Très fréquents en altitude, pour différentes causes : choc, prise d'aspirine, poussée tensionnelle, froid.

Faire moucher, compresser la narine longuement en descendant le menton sur le sternum (et non la tête en arrière).

Les petites plaies

Nettoyer les gros débris, compresser, panser. Se méfier de celles proches d'une articulation. Rapprocher les berges par du Stéri-strip®, à défaut par de l'Elastoplaste®.

Les lésions musculaires sans lésion anatomique

Les courbatures : ce sont des douleurs musculaires qui surviennent douze à vingt-quatre heures après l'effort. Elles seront prévenues par un entraînement régulier tout au long de l'année, marche en montée mais aussi en descente, course à pied, pratique de l'escalade. Le traitement repose sur les massages et des exercices de récupération active au retour de course : marche, petite foulée.

Les crampes : contraction brutale et douloureuse d'un muscle, elles sont secondaires à la déshydratation, une mauvaise alimentation, une mauvaise oxygénation d'un groupe musculaire. On s'efforcera de compenser les pertes et de relâcher les muscles en cause en arrêtant l'effort pour respirer profondément. Pour faire passer la crampe, la meilleure méthode est d'étirer le muscle qui souffre.

Les lésions musculaires avec lésion anatomique

Élongations et déchirures musculaires : de la simple élongation (microdéchirure) à la véritable déchirure totale du muscle, tous les stades sont possibles même à « chaud ».

Il existe souvent une douleur d'apparition brutale, modérée dans le premier cas, elle peut être syncopale en cas de rupture.

Dans tous les cas ne jamais masser. Appliquer du froid, faire un bandage compressif du muscle, donner un antalgique et tenter de redescendre. S'il y a rupture complète d'un muscle, l'impotence peut être totale ; il faut alors traiter comme une fracture.

Les traumatismes graves

En montagne, ils peuvent mettre en jeu l'avenir de la cordée.

Les entorses

C'est l'étirement, voire la rupture d'un ligament qui relie deux surfaces articulaires. Très fréquentes, elles sont la cause de nombreux secours en montagne. L'articulation est forcée au-delà de ses possibilités, le blessé ressent une douleur très vive, il peut avoir une impression de claquement, parfois de craquement. Après quelques

ALPINISME ET ESCALADE

A-Mécanisme d'une entorse du genou.

B-Pose d'un strapping de cheville.

Entorse légère du genou, strapping, le blessé peut marcher.

minutes de douleur intense, il existe une période où celle-ci disparaît : on en profitera pour se mettre à l'abri ou perdre de l'altitude, puis la douleur reviendra, parfois handicapante.

Il existe trois localisations très fréquentes.

■ La cheville. L'entorse est favorisée par la marche en moyenne montagne, la marche dans la neige, les crampons, les chaussures desserrées, l'école de glace, la fatigue (à la descente).

■ Le genou. C'est l'entorse la plus fréquente l'hiver lors de la pratique du ski (compartiment interne). La descente peut se révéler impossible.

■ Le pouce. Entorse fréquente et très gênante : chute à ski, chute sur la glace, on n'arrive plus à tenir le piolet ou même à grimper.

D'une manière générale, il faut empêcher un gonflement trop important de l'articulation en appliquant immédiatement du froid (neige), en exerçant une compression (serrer la chaussure, enrouler une bande élastique type Coheban®), enfin on donnera immédiatement un antalgique et l'on commencera rapidement la descente.

S'il existe des signes cliniques de gravité : œdème et ecchymose, points douloureux, laxité (ou distension) de l'articulation, impotence, l'attitude à tenir est différente selon la localisation.

■ Cheville : on tente, si cela est possible, d'enlever la chaussure pour réaliser un strapping (voir croquis) et l'on remet la chaussure. Si la marche reste impossible, on traite alors comme pour une fracture (voir ci-contre). Cependant, la cheville étant naturellement stable (système tenons-mortaise : malléoles-astragale), on a vu des alpinistes pensant s'être fait une simple entorse redescendre par leur propres moyens dans la vallée avec une triple fracture de la cheville !

Un strapping est une contention souple, réalisée au moyen de bandes adhésives, qui essaiera de reproduire pour le suppléer le trajet du ligament atteint en « rapprochant » les deux os.

■ Genou : si l'entorse est bénigne, le blessé peut continuer à mobiliser l'articulation et tenter de redescendre. Si l'entorse est moyenne, relever le pantalon et tenter de strapper.

Mécanisme d'une entorse : un exemple le LLI du genou

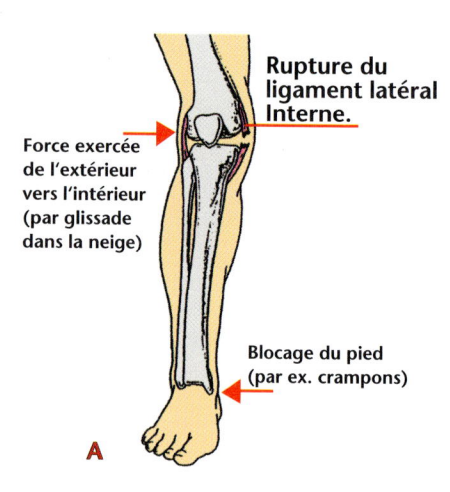

Rupture du ligament latéral Interne.

Force exercée de l'extérieur vers l'intérieur (par glissade dans la neige)

Blocage du pied (par ex. crampons)

A

Elastoplaste® circulaire « ouvert » pour consolider le montage

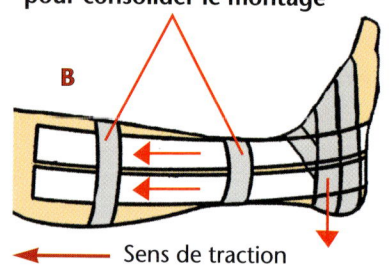

B

Sens de traction

SÉCURITÉ EN MONTAGNE

Si l'entorse est plus grave, il devient nécessaire de confectionner une attelle de fortune, on se retrouve alors dans le cas d'une fracture (voir ci-dessous).

Dans certaines situations, où il est nécessaire de perdre rapidement de la dénivelée et si les conditions le permettent (neige, pente forte, pas trop de traversée), on peut allonger le blessé la tête vers le bas, le dos dans la neige (on aura pris soin de bien avoir relevé sa capuche), les bras accrochés au skieur ou au marcheur qui descend droit dans la pente. Il est freiné par le poids du blessé qui aide avec sa jambe valide. Cette méthode de fortune est très efficace et la jambe blessée glissant dans la neige, dans l'axe, sans possibilité d'accrochage, ne fait pas trop souffrir. C'est une méthode qui a fait ses preuves et souvent utilisable.

■ **Pouce** : il n'y a pas d'autre solution que d'immobiliser par strapping et tenter de redescendre au plus vite. Une autre entorse fréquente est celle des ligaments interphalangiens, que l'on traitera par un bandage reliant deux doigts (syndactylie).

L'entorse du pouce doit être impérativement montrée à un médecin, car il y a risque d'impotence à vie.

Les fractures

En montagne il s'agit souvent d'un drame.

■ **Fracture des membres.**

A-Entorse du pouce. Strapping.
B-Syndactylie de deux doigts.

1) Reconnaître : le blessé a entendu un bruit de craquement, il a très mal (douleur aiguë, parfois sourde), le membre gonfle, la personne est pâle, parfois elle a des nausées, le membre est inutilisable.

2) Traiter : une fracture déplacée doit être réduite en tirant dans l'axe du membre atteint (sauf si les secours peuvent être rapides). Pour cela, donner un antalgique, puis après quelques minutes tirer le membre progressivement, fermement, et réaligner. Cela ne fait pas si mal et soulage toujours, pour pouvoir ensuite immobiliser. En cas de fracture ouverte, mettre une compresse désinfectante et panser.

3) Immobiliser : par des moyens de fortune (bâton de ski, piolet, autre jambe, sac à dos).

Attention à ne pas faire garrot (desserrer un peu la chaussure, ne pas serrer en regard d'une crête osseuse). En fait, les vêtements protègent en général contre les risques de compression. Il faut toujours demander au blessé s'il sent bien ses extrémités.

Si les fragments osseux sont très déplacés et ne permettent pas d'emblée la mise en place d'une attelle, on est en droit, avant l'immobilisation, d'aligner approximativement les fragments en effectuant une traction continue dans l'axe du membre.

Les sangles, les attaches de skis sur les sacs à dos, les bandes adhésives permettent d'immobiliser.

Un bâton de ski attaché au pantalon peut faire une excellente attelle. Faites preuve d'imagination avec les moyens du bord !

173

ALPINISME ET ESCALADE

Immobilisation sans attelle.

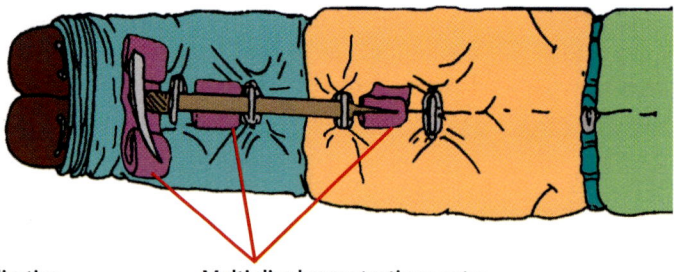

Immobilisation du membre inférieur par des liens qui solidarisent les deux jambes de pantalon. Le piolet sert à bloquer la flexion du genou. Transport du blessé dans un sac.

Multiplier les protections entre les deux membres et les contacts métalliques du piolet avec des morceaux d'habits.

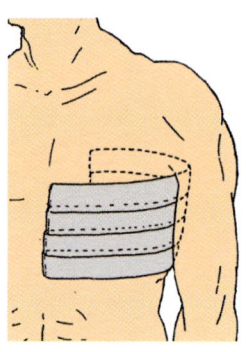

Fracture de côtes.

Fracture du tibia : attelle de fortune.

Si vous êtes en groupe et possédez de la bande de résine ou une attelle type Immoflex®, c'est le moment de les sortir.

■ Fracture de la colonne.

Elle doit être suspectée en cas de grand dévissage ou de choc direct. On doit d'abord constater s'il existe des lésions nerveuses (faire bouger les mains, les pieds) et ne déplacer le blessé qu'en cas d'absolue nécessité, toujours en respectant l'axe tête-cou-tronc (manipulation en bloc). Si l'on est seul, on peut tenter de tirer le blessé par les pieds ; une autre méthode est de tenter de rigidifier le blessé en roulant son vêtement sur la ligne médiane et ainsi pouvoir le déplacer.

Si le blessé ne peut être déplacé, l'isoler du sol (en faisant glisser par-dessous vêtements ou sac à dos), le réchauffer, le rassurer en attendant les secours.

On essaiera de mettre le blessé sur le dos s'il est conscient, ou en position latérale de sécurité (PLS) s'il est inconscient.

■ Fracture de côte.

Elle survient par choc direct sur le thorax : pierre, chute sur son piolet. Les signes sont assez évidents : douleur en respirant, à la toux, respiration superficielle, douleur précise très aiguë.

La fracture de côte sera soulagée avec la création d'une cohésion externe par une bande collante élastique (strapping par Elastoplaste®) sur l'hémithorax atteint.

Lors d'un traumatisme du thorax, il y a risque de pneumothorax, d'hémothorax (de l'air ou du sang viennent comprimer le poumon dans le thorax) et d'hémorragie interne (côte perforant la rate ou le foie).

Toutes ces lésions sont d'autant plus redoutables que l'on est déjà en hypoxie, une urgence : faire descendre !

SÉCURITÉ EN MONTAGNE

Si cela n'est pas possible, le mieux est d'asseoir le blessé ; on peut tenter une position type chaise longue ; s'il existe une plaie soufflante, on placera une compresse sans que celle-ci soit occlusive.

■ En résumé.

Une fracture suspectée doit être calmée, puis immobilisée.

Une fracture ouverte doit être pansée.

Une fracture grave (du fémur ou du rachis) doit être évoquée pour les risques d'hémorragie et de paralysie qu'elle peut entraîner.

Dans certains cas d'isolement, on n'hésitera pas à pratiquer plusieurs gestes qui pourront conditionner la survie du blessé.

Les luxations

Une luxation est un déplacement d'une surface articulaire hors de son logement. La plus fréquente est la luxation de l'épaule, suite à une chute en escalade ou à un accrochage par le bâton, à ski.

La luxation entraîne une forte douleur, l'épaule augmente de volume, l'attitude du membre est anormale. Le blessé sait qu'il a luxé son épaule, il tient son bras au niveau du coude, la main regarde vers l'extérieur.

Si les secours peuvent intervenir rapidement, il faut soutenir le bras lésé en glissant un sac à dos entre le coude et le thorax, une bretelle passera autour du cou, le patient sera un peu soulagé. Si ceux-ci risquent d'être très longs, il peut être tenté de la réduire en accord avec le blessé. Pour cela il faut tirer le coude du blessé doucement mais fermement, assez longuement, vers le bas. Souvent, l'épaule reprend alors sa bonne position et le blessé est presque complètement soulagé. Il suffit ensuite d'immobiliser le bras coude au corps main sur le thorax (à la Napoléon !).

La luxation d'une phalange sur une autre est un accident qui peut arriver ; il suffit de tirer sur la phalange dans l'axe pour la remettre assez facilement en place, puis d'immobiliser par strapping en utilisant un autre doigt comme attelle (syndactylie).

Suspension avec une sangle.

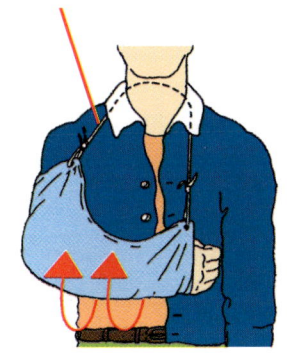

Luxation ou fracture d'un membre supérieur.

1-Blessé assis et prêt au transport dans un sac.

2-Une épaule luxée, soulagée par le sac à dos.

175

COMA

Le coma, c'est la perte de relation normale avec les autres. Il est essentiel de savoir le reconnaître et d'en définir *grosso modo* la profondeur.
– Stade 1. Le blessé est confus, il est désorienté et répète toujours les mêmes choses. Il faut le surveiller et le rassurer jusqu'à l'arrivée des secours.
– Stade 2. Il y a perte du contact verbal, mais les autres fonctions (respiratoire, réaction à la douleur) sont conservées. Mettre en PLS (position latérale de sécurité), le caler et le surveiller.
– Stades 3 et 4. Il y a, de plus, des difficultés ventilatoires et circulatoires. Il faut protéger la victime, libérer les voies aériennes et mettre en PLS, si besoin bouche-à-bouche et MCE. Le pronostic est sombre.

Traumatisme crânien

Les atteintes crâniennes représentent 25 % des accidents en montagne. Leur gravité est fortement dépendante du port du casque.

De la simple confusion au coma, tous les stades peuvent se rencontrer. Un impératif absolu : le respect de l'axe tête-cou-tronc, car tout traumatisé crânien est potentiellement atteint d'un traumatisme cervical.

Une perte de connaissance initiale suivie d'une reprise de conscience entraîne une redescente immédiate, même si le blessé se sent bien.

Tout plaie du cuir chevelu doit être comprimée et bandée, car l'hémorragie peut être très importante.

Traumatisme abdominal

Le blessé a reçu un choc à l'abdomen ; si ce dernier reste souple, ce n'est pas trop grave (surveiller régulièrement) ; si le ventre est dur, l'urgence est absolue.

Il y a toujours risque d'hémorragie interne par choc sur la rate ou le foie. Le blessé est allongé, jambes relevées.

La rapidité des secours conditionne la survie.

Les hémorragies

Par lésion veineuse : le sang coule en nappe => pansement compressif, surélever le membre, l'hémorragie va s'arrêter.

Par lésion artérielle : le sang coule par saccades => agir vite à l'aide d'un pansement compressif appuyé sur la plaie. Si cela ne marche pas, faire un point de compression sur l'artère. Si cela ne marche toujours pas, ne pas hésiter à faire un garrot (c'est mieux que de laisser mourir !) que l'on doit impérativement laisser en place.

De même si un membre est resté coincé longtemps sous un rocher (> deux heures), il faut poser un garrot avant de le dégager.

Les détresses circulatoires et ventilatoires

Une hémorragie externe (donc visible) ou interne (invisible) peuvent rapidement conduire à l'état de choc hémorragique : le pouls est filant, le blessé est livide, très angoissé, la respiration est rapide. Il faut l'allonger, relever les jambes, être doux et rassurant. Il y a risque de désamorçage de la pompe cardiaque et risque d'arrêt cardiaque.

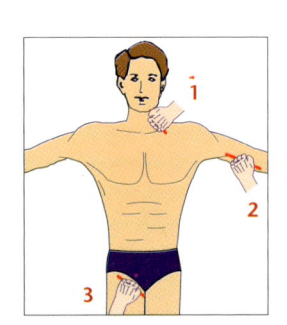

Les points de compression.
1-Point de compression pour une plaie à la carotide : on appuie avec le pouce au-dessous de la plaie.
2-Membre supérieur. Comprimer l'artère humérale sur la face interne du bras.
3-Pour le membre inférieur, comprimer l'artère fémorale battante au milieu du pli de l'aine avec le poing.

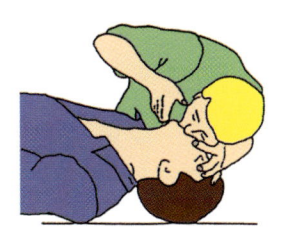

SÉCURITÉ EN MONTAGNE

L'arrêt cardiaque : le blessé est inconscient, il n'y a plus de pouls carotidien, pâleur, pupilles dilatées. C'est une urgence absolue qui implique massage cardiaque (MCE) et bouche-à-bouche.

La détresse respiratoire : la respiration est rapide, superficielle, il peut exister une cyanose (lèvres bleues). Les causes peuvent être évidentes ou connues (traumatisme du thorax, asthme). Il faut installer le blessé assis ou demi-assis, et si possible perdre rapidement de l'altitude. L'absence de respiration spontanée impose la ventilation artificielle (VA) par la technique du bouche-à-bouche.

Les gestes de l'urgence

Leur but est d'assurer :
– la liberté des voies aériennes,
– la ventilation,
– l'hémodynamique.

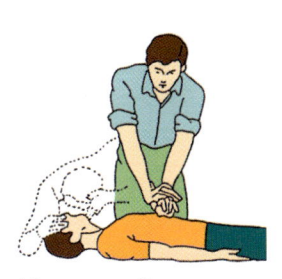

■ Le bouche-à-bouche.

Avant tout il faut désobstruer la bouche et dégager la langue. Pour insuffler de l'air, il faut impérativement placer la tête en extension, boucher les narines avec ses doigts et essayer d'être le plus étanche possible. La poitrine du blessé doit se soulever.

■ Le massage cardiaque externe.

Avant de réaliser le MCE, il faut d'abord installer le thorax sur un plan dur et amener de l'oxygène dans les poumons par au moins deux insufflations.

Se placer au-dessus du blessé et appuyer fermement de haut en bas avec les mains l'une sur l'autre. La pression s'effectue avec le talon d'une main, bras tendus, la compression doit être vive et profonde.

■ Le rythme.

– Pour un secouriste : 15 massages cardiaques pour 2 insufflations.
– Pour deux secouristes : 5 pour 2.

■ En résumé.

Étant donné l'isolement en montagne, le moindre petit accident peut prendre des proportions dramatiques. Il faut retenir :

– **prudence** ;
– **prévision météo et être bien équipé** ;
– **savoir ce que l'on est capable de réaliser, techniquement et physiquement** ;
– **partir tôt et ne pas s'attarder** ;
– **ne pas relâcher son attention** (en particulier à la descente, en terrain de neige et glacière, lorsque l'on a les crampons aux pieds).

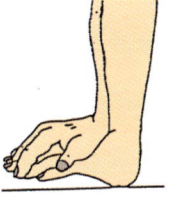

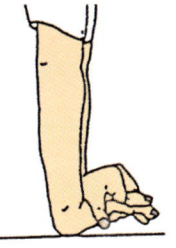

La pharmacie-trousse de secours en montagne

« N'emportez que ce dont vous savez vous servir ! »

La trousse de secours doit répondre à des critères d'efficacité, de poids et d'encombrement minimal. Son contenu est fonction de la nature et de la durée de l'activité. On aura toujours à l'esprit que même à quelques minutes d'un refuge, d'un téléphérique ou de la vallée, les conditions atmosphériques peuvent nous mettre dans une situation d'isolement total...

Technique du bouche-à-bouche.

Massage cardiaque externe et bouche-à-bouche seul. Compression et insufflation.

Technique du massage cardiaque externe. La pression s'effectue bras tendus.

▲ 177

La course à la journée

Il faut faire léger et prendre l'indispensable.

■ **Soins externes.**

– Une bande de contention élastique type Elastoplaste® ou rigide type Strappal®. Indispensable car d'usages variés, de la simple protection des doigts ou des mains dans les fissures à l'entorse du genou en passant par la réparation de fortune des lunettes ou des crampons ! Elle permet aussi la fermeture d'une plaie, la tenue d'un pansement compressif...

Trois ou quatre bandes prédécoupées de 6 x 20 centimètres suffisent pour améliorer bien des situations.

– Une couverture de survie.

– Un couteau (qui coupe !) ou une paire de petits ciseaux pour découper à la bonne taille l'Elastoplaste®.

Et éventuellement :

– du désinfectant en pochettes unidoses (mais laver à l'eau peut suffire) ;

– des compresses (un bout de tee-shirt, un mouchoir feront l'affaire) ;

– une pochette de sutures cutanées adhésives type Stéri-strip® (ou un morceau de Strappal®) ;

– une ou deux épingles à nourrice.

■ **Des médicaments.**

– L'aspirine qui, par ses propriétés antalgiques, anti-mal des montagnes, anti-inflammatoire, est vraiment incontournable. L'Aspirine du Rhône®, conditionnée en petits rouleaux, est bien pratique (comprimé à 500 milligrammes, maximum 6 par jour), 4 à 6 comprimés suffisent.

– Un ralentisseur du transit intestinal type Imodium®, 2 gélules prises dès le début des symptômes permettront à la cordée de ne pas être trop ralentie (prendre un antiseptique intestinal permettra d'attendre le retour en vallée).

Et éventuellement :

– Du paracétamol (Doliprane®, Daffalgan®), sous ses formes lyoc (qui fond dans la bouche), comprimés ou gélules. Intéressant en cas d'intolérance à l'aspirine. C'est un antalgique efficace (mais pas vraiment sur le mal aigu des montagnes), 4 à 6 comprimés à 500 milligrammes sont suffisants ; ils peuvent être pris en plus de l'aspirine.

– Un antispasmodique type Spasfon® en lyoc, 1 ou 2 en cas de spasmes douloureux abdominaux type colite ou colique néphrétique.

– Un pansement digestif pour les brûlures digestives, Maalox® en comprimés à croquer, ou un anti-ulcère comme l'Azantac®.

– Un antivomitif (Motilium®).

– Un anti-« coup de pompe » (Coramine glucose®).

– Un collyre antiseptique et antalgique comme Uveline® peut être utile.

On n'oubliera pas :

– ses lunettes de glacier, un stick à lèvres, un écran total ;

– une seconde peau type Spenco®, Compeed® ;

– du bon sens !

Enfin, parce qu'un bivouac imprévu est toujours possible, je conseille d'avoir toujours au fond du sac :

– un briquet ;
– une bougie qui réchauffe un bivouac et peut faire fondre de la neige !
– une barre énergétique (ça fait toujours du bien) ;
– un tee-shirt sec (la nuit sera très nettement plus agréable).

Pour plusieurs jours

Ce qui veut dire une ou plusieurs nuits en altitude.
– Le sommeil y est souvent perturbé, prendre éventuellement un hypnotique léger (Stilnox® ; Imovane®).
– Si vous n'êtes pas acclimaté, 1 comprimé de Diamox®, pour compléter le traitement logiquement commencé la veille (en n'oubliant pas de boire plus).

En groupe ou en raid

La probabilité d'un accident, de par le nombre de participants ou le nombre de jours passés en altitude, augmente. Ainsi, en plus des pharmacies individuelles, il faut prévoir une pharmacie de groupe plus conséquente (et un poste émetteur-récepteur). Celle-ci pourrait contenir :
– Une ou plusieurs bandes de résine pour réaliser une immobilisation rigide, à condition de savoir s'en servir (Scotchcast®).
– Ou une bande type Immoflex® (Labo Fano et Pharm - Tél. 03 23 24 71 68). Il s'agit d'une attelle métallique souple qui peut se rouler sur elle-même (pratique à ranger) et qui, une fois déroulée, peut réaliser une attelle suffisamment rigide pour être efficace. Elle est réutilisable.
– Une bande autoadhésive type Cohéban®, bien pratique pour fixer l'attelle ou un pansement compressif.
– Des compresses, de la crème grasse désinfectante (crème Bétadinée®).
– Un corticoïde injectable (Soludécadron®, présenté en conditionnement individuel complet : produit + seringue + aiguille). Utile dans toute situation d'urgence : douleur, œdème, allergie (asthme, peau).
– Un « anticalcique », pour l'œdème pulmonaire de haute altitude (Adalate®, Icaz® : 2 ou 3 gélules au cas où).
– Des comprimés antitussif (Silomat®) et pour le mal de gorge (Oropivalone®).
– Un réchaud.

Personnellement, dans un petit sachet plastique que je laisse toujours dans le fond de mon sac, je prends pour la journée : quelques comprimés d'aspirine à croquer, deux de Doliprane®, deux de Spasfon®, deux d'Imodium®, deux de Coramine-glucose®, trois morceaux d'Elastoplaste® prédécoupés, un petit paquet de deux compresses, un sachet désinfectant unidose, une couverture de survie, un briquet, un petit morceau de bougie, de la cordelette, un petit couteau.

Si je risque de passer une nuit, j'ajoute : du Diamox® (si je ne suis pas acclimaté), un ou deux antivomitifs (Motilium®), du Stilnox®, du Maalox® et un réchaud (car si je limite souvent le poids sur la nourriture ou sur un duvet, je ne limite jamais les boissons chaudes). Le réchaud est un élément de sécurité...

Parfois, un poste émetteur-récepteur ou un téléphone portable.

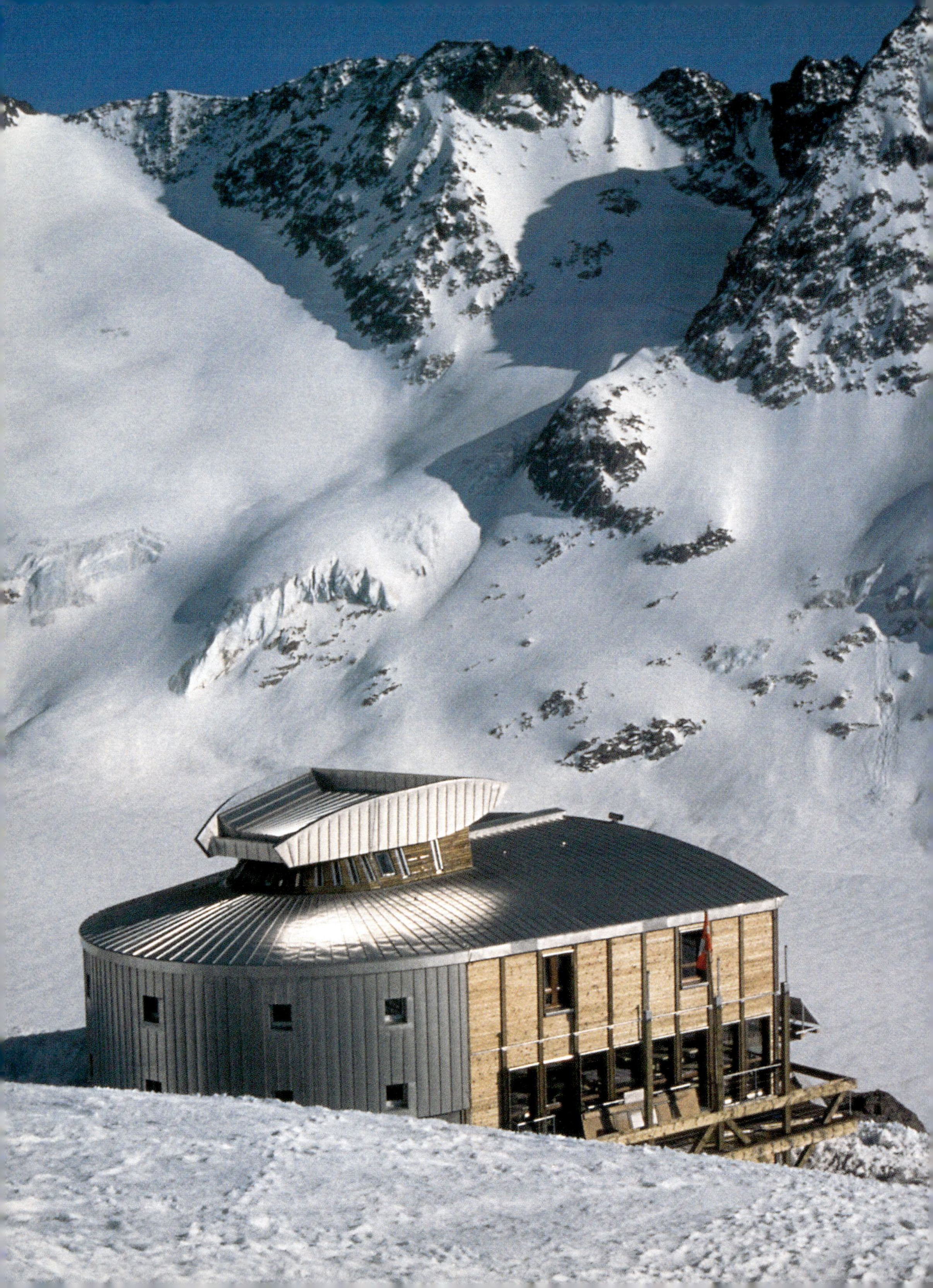

S'ABRITER EN MONTAGNE

Le développement de l'alpinisme dans les montagnes européennes est lié à la construction de refuges permettant un accès rapide aux montagnes. Nos ancêtres, des costauds à la foulée allègre, n'hésitaient pas à partir à minuit de Chamonix pour s'attaquer au Grépon… L'hôtel du Montenvers leur paraissait trop inconfortable et ne leur faisait gagner qu'une heure de marche… Ils préféraient alors ne pas manquer les soirées brillantes qui émaillaient les vacances des touristes de ce temps-là. La nuit en montagne a posé un problème aux premiers explorateurs. Bien sûr, ils devaient lutter contre le froid et le vent à l'aide d'un matériel lourd et rudimentaire, mais surtout ils devaient faire face aux nombreuses superstitions dont l'altitude faisait l'objet. Aujourd'hui encore, une nuit de bivouac en montagne reste un moment privilégié nimbé de mystère.

Les refuges

Ils peuvent être privés ou gérés par des clubs et des associations.

Refuges gardés

La plupart des refuges fréquentés sont gardés en période d'été ou de printemps lorsqu'ils sont situés dans une région propice au ski de randonnée. L'accueil y est assuré par un gardien. La tâche des alpinistes s'en trouve facilitée, mais vous ne devez pas perdre de vue que la vie en refuge est régie par des règles de savoir-vivre : au niveau du rangement du matériel, des sacs, de l'accès à certaines pièces en chaussures de montagne, etc. Un refuge est bien souvent trop exigu pour la fréquentation dont il est l'objet en été. Seule une organisation rigoureuse permet à chacun d'y passer un séjour agréable.

Si certains refuges aujourd'hui très confortables peuvent prendre l'allure d'auberges sympathiques, ils n'en restent pas moins des bases de départ pour des courses en montagne. Il en résulte des réveils matinaux pour les gardiens comme pour les visiteurs, et un travail intense à effectuer dans un laps de temps réduit. Un petit coup de main est toujours apprécié : débarrasser les couverts, nettoyer la table, participer à la vaisselle, plier les couvertures… Ceci sans entraver le travail des gardiens parfois organisé de façon précise en raison du manque de place. Ces quelques gestes contribuent à faire la différence entre « en haut » et « en bas »…

Il faut rappeler que la réservation est toujours souhaitable, même parfois obligatoire (groupes, refuges très fréquentés), et qu'il paraît évident de ne pas insister lorsque le gardien annonce que son refuge est complet. Dans certains refuges d'altitude, il n'est pas possible de refuser d'héberger des alpinistes. La sursaturation des locaux, de toute évidence, porte atteinte à l'agrément du séjour mais aussi à la sécurité…

Le refuge des Conscrits, 2 580 mètres, dernier né du CAF.

1-Alain Ghersen au refuge de Leschaux. Exigu ou pas, le refuge reste un lieu où organisation et savoir-vivre rendent les choses plus faciles.

2-Les refuges recèlent un peu des rêves et des angoisses des alpinistes : la face nord des Grandes Jorasses se découvre au regard des prétendants du lendemain.

En arrivant au refuge, il est d'usage de se présenter au gardien afin de lui indiquer sa destination, donc son heure de réveil, ainsi que ses éventuelles commandes. Il vous arrivera d'être un peu serré à table, ou d'avoir à terminer votre repas un peu plus vite pour laisser la place à d'autres : les salles à manger sont logiquement plus petites que les dortoirs.

Refuges non gardés

C'est le cas de petits refuges éloignés et peu fréquentés, des abris-bivouacs et des grands refuges en période hivernale.

Leur utilisation est laissée à l'initiative des alpinistes qui se débrouillent en général, dans les Alpes occidentales, pour les abandonner dans un état repoussant... Inutile de préciser que les taxes de nuit doivent être acquittées, il faut bien les entretenir... et les nettoyer !

Au-delà d'une attitude qui semble tenir du simple savoir-vivre et que l'on ne devrait pas avoir à évoquer dans un ouvrage traitant de montagne, il faut rappeler quelques précautions propres à ce type d'hébergement.

▪ Les ouvertures, portes et fenêtres, doivent être soigneusement fermées au moment du départ, sans cela, le moindre mauvais temps peut se révéler catastrophique, d'autant plus que la prochaine visite risque d'avoir lieu beaucoup plus tard.

▪ En hiver, il faut souvent dégager l'entrée à l'aide d'une pelle généralement laissée à la disposition des utilisateurs. Pensez à la remettre où vous l'avez trouvée : il s'agit la plupart du temps d'un endroit où elle ne risque pas d'être enfouie dans la neige...

▪ D'une manière générale, pensez aux suivants... Laissez le refuge propre, emportez vos détritus. Et évitez d'y mettre le feu ! Le nombre de constructions parties en fumée est plus important qu'on ne le pense, et l'on n'a jamais vu un refuge jouer seul avec des allumettes pour tromper l'ennui...

La tente

La tente reste un moyen agréable de s'abriter en montagne, d'autant plus que les tentes modernes sont devenues légères et simples à dresser. On prendra soin de s'informer sur les règlements en vigueur dans les régions traversées. On se trouve en effet souvent dans des sites classés, des parcs régionaux ou nationaux. En général, le camping est autorisé seulement pendant la nuit. La journée, la tente doit être repliée. On ne doit pas s'établir pour un séjour prolongé en altitude. La raison principale tient à des problèmes d'hygiène bien compréhensibles...

Hormis ces quelques contraintes, vous pourrez poser votre tente dès que vous trouverez un emplacement suffisamment plat... Dans le cas d'un sol rocheux rendant difficile la pose des piquets destinés à maintenir la tente à la résidence que vous lui avez assignée, utilisez les pierres, les arbustes, les piolets, des corps morts,

S'ABRITER EN MONTAGNE

Le camping sur neige exige de l'organisation, sous peine d'annuler la différence entre dehors et dedans!

tout ce qui vous tombe sous la main... Vous pouvez même imaginer de vous passer de piquets, c'est toujours cela de moins à porter!

Pensez à observer l'écoulement probable de l'eau en cas d'averse, ainsi qu'à protéger votre home des rafales de vent. Un petit mur de pierre ou de blocs de neige fera parfaitement l'affaire.

A l'intérieur de la tente, ne rentrez que l'indispensable. Les crampons peuvent passer une nuit dehors sans dommage... Et ne pénétrez pas dans votre chambre à coucher comme un goret, les pieds les premiers, encore crottés de vos dernières pérégrinations. Il ne s'agit pas là d'un souci de propreté, mais de confort: l'humidité, c'est l'ennemi...

Attention aussi à la cuisine! Une casserole renversée, c'est très désagréable: il faut nettoyer, sécher et recommencer le petit plat que vous mitonniez. Si c'est le réchaud qui se renverse, précipitez-vous sur le téléphone le plus proche pour appeler les pompiers... Les tentes, duvets, etc. étant éminemment inflammables! Autant que possible, effectuez ces opérations à l'extérieur...

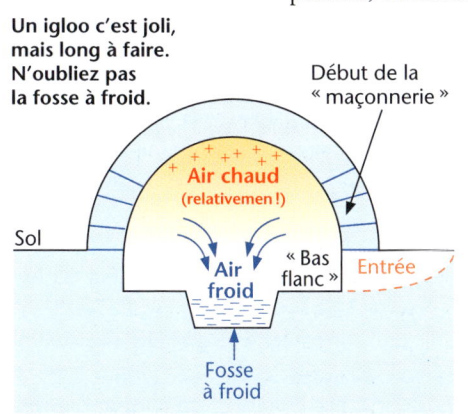

Un igloo c'est joli, mais long à faire. N'oubliez pas la fosse à froid.

N'oubliez pas votre matelas de mousse, qui reste la meilleure solution pour isoler du froid et de l'humidité, et passez une bonne nuit!

La tente reste un outil rarement utilisé en haute montagne, du fait de son poids et de son encombrement, qui limitent les évolutions des alpinistes. On la réserve aux départs en course, en la récupérant au retour, ou aux ascensions faciles s'apparentant à la marche sur neige.

L'igloo

Un peu long à réaliser, il nécessite au moins une pelle à neige, ou même une scie!... et une neige propice à la confection des blocs, c'est-à-dire compacte ou compactable.

ALPINISME ET ESCALADE

L'intérieur
d'un trou à neige.
Presque « cosy » !

Une fois construit, il se révèle confortable (s'il est assez grand!) : il résiste parfaitement au vent, il isole correctement du froid.

Vous prendrez soin de creuser au centre de l'igloo une « fosse à froid » : il s'agit d'un trou dans lequel l'air froid, plus dense, stagnera. On obtient une différence notable entre la température de la fosse et celle de l'endroit où se tiennent les occupants de l'igloo.

La construction est plus rapide, et plus facile, si vous creusez au préalable un trou autour duquel on élève les murs : le travail de maçonnerie est ainsi réduit.

Vous pouvez aussi profiter d'un rocher pour construire une demi-coupole...

Le trou à neige

Plus simple que l'igloo, il consiste à creuser dans la neige un trou dans lequel on s'abrite. Le trou peut être une solution de fortune pour s'isoler du mauvais temps, mais il est utilisé aussi dans les montagnes lointaines comme camp ou dépôt de vivres et de matériels. Certains sont restés célèbres par leur confort et leurs dimensions : à la directissime de l'Eiger en 1966, par exemple, où les alpinistes les nommaient « salon » ou « villa »... Détail pratique : creuser avec pente montante est plus facile pour évacuer la neige et favorise l'effet fosse à froid.

Le bivouac

La plus belle façon de passer une nuit en montagne, ou la pire, c'est selon... En course, vous serez normalement assez fatigué pour sombrer dans un sommeil sans rêve, malgré la dureté de la couche. Si vous bivouaquez au pied d'une paroi, l'angoisse du lendemain risque fort de perturber votre repos. « Ceux qui dorment avant une ascension ne méritent pas de la faire », comme remarqua un de mes clients débutants, traumatisé par le réveil matinal que je venais de lui imposer alors qu'il venait juste de réussir à s'endormir ! Il faudra vous installer le mieux possible.

Question matériel, tout dépend des circonstances ; on est vite limité par le poids du sac... Il existe aujourd'hui des sacs de couchage et des vestes en duvet très légers (un kilo pour le sac!). Associés à un matelas de mousse, ils assurent des nuits confortables, si l'on a le caractère un tant soit peu rustique!

Le confort du bivouac est fonction du terrain sur lequel il se déroule. Dans le cas d'un bivouac en vallée, avant la course (si, si, cela existe encore : au glacier Noir ou au vallon des Étages dans le massif des Écrins, par exemple), on choisit l'endroit idéal : on égalise le sol, on construit si possible un muret de protection contre le vent... Dans le cas d'un bivouac en course, il n'y a guère d'autre solution que s'adapter... Bien sûr, autant que possible, on s'arrête à un endroit propice, assez vaste pour accueillir la cordée. La nuit se passera au mieux étendu, peut-être assis, ou même... pendu à son autoassurage... Autoassurage obligatoire dès que l'on est en paroi. Un bivouac n'est jamais qu'un relais un peu long !

Vous prendrez soin d'assurer également le matériel. Toute perte peut se révéler catastrophique. Le plus simple est de tendre une corde entre deux points d'ancrage et de tout y suspendre. Cela fait un peu étendage de linge, je vous l'accorde, mais au moins vous retrouverez toutes vos petites affaires...

Le bivouac en paroi peut être totalement improvisé... Retard, mauvais temps, accident ou toute autre aventure... Les alpinistes ne disposent pas toujours du matériel approprié. On n'emporte pas du matériel de couchage dans une course notoirement reconnue comme faisable aisément dans la journée... Cela reviendrait à s'alourdir inutilement et à bivouaquer automatiquement ! On comprend toutefois l'intérêt de ne pas partir trop léger et de garder dans son sac quelques bricoles légères comme une couverture de survie, un sursac, un bonnet... Un petit réchaud peut rendre alors de grands services. Il en existe de compacts et légers. Un petit carré de mousse taillé dans un matelas permet d'isoler au moins une partie du corps (le bivouac improvisé se passe souvent assis). On s'installe alors avec ce dont on dispose : la corde fait un bon oreiller, le sac accueille les pieds, ou fait office de matelas... Important, le bonnet : chaud à la tête, chaud partout.

Si vous disposez d'un réchaud, pensez à protéger la flamme du vent (avec quelque chose qui ne brûle pas !). et prenez votre temps pour confectionner à boire et à manger : c'est indispensable... et ça occupe. La nuit sera moins longue. Et de toute façon moins difficile que le réveil, où vous vous extirperez de votre sac, engourdi, refroidi, endolori, raidi... La plus belle façon de passer une nuit en montagne, je vous dis !

Le bivouac est toujours bienvenu, après une rude journée sur les montagnes.

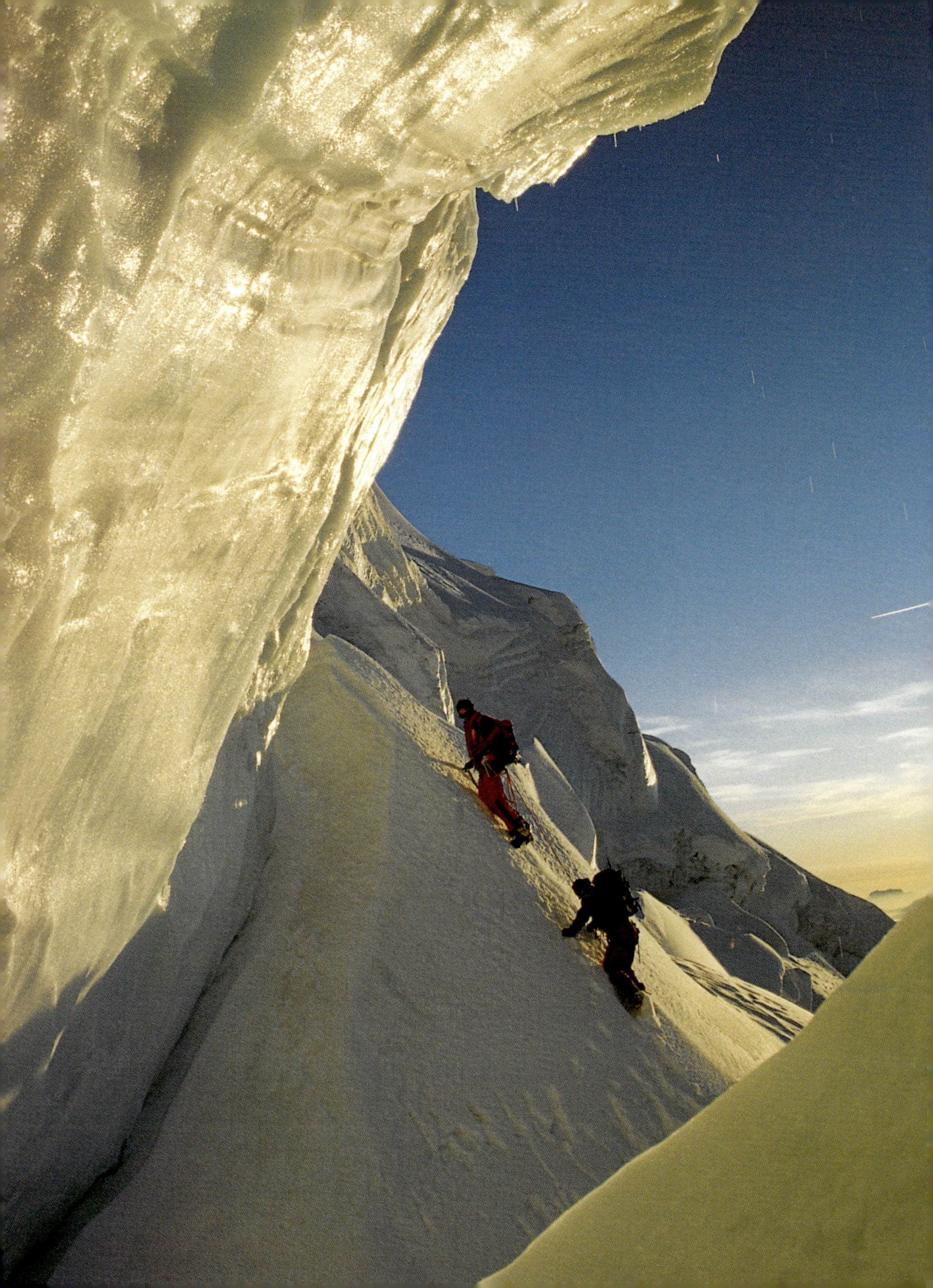

MENER UNE COURSE

CHOISIR SA COURSE

Les moyens d'information
Hormis quelques régions lointaines encore mal explorées, les montagnes du monde sont aujourd'hui bien connues et leurs itinéraires répertoriés. Les montagnes européennes font l'objet de nombreuses publications.
Chaque saison apporte son lot de nouveaux itinéraires, et les manuels, aussi exhaustifs soient-ils, sont vite dépassés. Un système informatisé permettra peut-être un jour de faire apparaître sur votre écran la course idéale de votre prochain week-end…
A l'heure actuelle, la culture de l'alpiniste reste encore livresque… Et c'est peut-être une chance : lire, chercher, comprendre, choisir, se préparer, rêver, c'est déjà grimper…
Une bibliothèque alpine a sa place chez vous au même titre que votre matériel. Quelques ouvrages bien connus vous aideront dans vos recherches.

Les topo-guides
Édités à l'initiative du Groupe de haute montagne, les guides Vallot sont les plus connus. Cette série de volumes dédiés au massif du Mont-Blanc reste la bible de l'alpinisme. Exhaustifs et d'un intérêt historique incontestable, ils sont aujourd'hui épuisés et introuvables, mais en cours de réactualisation.
Des rééditions récentes, allégées des itinéraires mineurs, ont déjà vu le jour.
Le massif des Écrins est couvert par des guides écrits sur le même modèle.
Les principaux massifs européens, certaines montagnes lointaines sont décrits dans des ouvrages de style et de qualité similaire.

Les autres productions
Le topo est un peu sec, un peu technique, aussi certains auteurs se sont-ils penchés sur la réalisation de « beaux livres », décrivant une sélection de courses agrémentée de photos. Les plus célèbres sont ceux de la collection des « Cent plus belles… », créée par Gaston Rébuffat. Seul reste disponible le volume dédié au massif du Mont-Blanc. D'autres séries ont vu le jour depuis.
Les revues spécialisées publient de nombreuses informations, tant sur les courses classiques que sur les nouveautés.
Les informations sont finalement nombreuses, mais pas toujours accessibles : éditions épuisées, livres rares ou revues étrangères. La plupart des clubs alpins assez anciens possèdent de belles bibliothèques.
Il existe également trois lieux de ressources en France :
- l'Office de la haute montagne (OHM), à Chamonix, ouvert à la belle saison (tél. 04 50 53 22 08) ;
- la bibliothèque de l'École nationale de ski et d'alpinisme (ENSA) à Chamonix (tél. 04 50 55 30 30) ;
- le Centre national de documentation (CND) Lucien Devies au siège du CAF (tél. 01 53 72 87 13).

Vous y trouverez la quasi-totalité des ouvrages disponibles sur la montagne.

Au mont Blanc du Tacul.

ALPINISME ET ESCALADE

Le compagnon de cordée

Celui ou celle qui partagera votre course… Et c'est tout dire !

La dimension sportive n'est pas absente de l'activité, mais le choix de la personne qui sera encordée avec vous reste un paramètre essentiel.

D'abord parce que vous allez vivre ensemble dans la joie comme dans la difficulté des moments qui demandent un minimum de complicité. Mais aussi parce que le niveau technique de votre compagnon déterminera les capacités de la cordée, donc le choix, puis le déroulement de la course.

Il est primordial de se connaître et d'avoir éprouvé les forces de la cordée avant d'envisager des entreprises longues et sérieuses. Quelques confluences dans la façon de vivre (régime alimentaire par exemple…) ou de penser semblent indispensables. Idéalement, deux membres d'une bonne cordée se complètent sur le plan technique. Chacun connaît ses qualités, ses défauts, ainsi… que ceux de l'autre. L'histoire alpine est riche de quelques cas célèbres de cordées harmonieuses, comme Lionel Terray et Louis Lachenal, Jean Couzy et René Desmaison. Ces associations ont été d'une efficacité redoutable, tout en restant rares : trouver son *alter ego* n'est pas si simple…

Cordée du côté de l'Aiguille du Midi.

188

Critères de choix d'une course

L'aura de certaines montagnes nous attire irrésistiblement. C'est parfois pour l'une seule d'entre elles que nous sommes devenus alpinistes... La part de rêve reste prépondérante dans le choix d'une course.

La réalité est parfois plus rude, et si nous rêvons, dès nos premiers pas, de la face nord des Grandes Jorasses ou des grandes voies du mont Blanc, nous n'échappons pas à quelques étapes intermédiaires.

Votre choix ne sera pas uniquement affectif.

Le massif

Vous pouvez choisir tel ou tel massif en fonction de la qualité et de la variété des courses qu'il propose, mais aussi pour ses facilités d'accès ou d'hébergement. Vous réussirez plus facilement une sortie de fin de semaine dans un massif bien équipé de téléphériques réduisant les approches ou desservi par un bon réseau routier...

La tranquillité, la solitude et les grands espaces se paient aujourd'hui par des marches longues à travers des massifs moins connus. Ceux-ci exigent plus d'efforts et de temps. Ils n'en sont que plus précieux, même si leurs montagnes sont moins prestigieuses ou leur rocher de moins bonne qualité.

La découverte de montagnes lointaines privilégie la découverte et les rencontres...

Le type de course

Quel que soit votre terrain de prédilection : rocher, glace ou mixte, les conditions de la montagne dictent leur loi... Les saisons sèches et chaudes sont propices aux chutes de pierres et fatales aux courses de neige classiques, au mieux servies sous forme de toboggans de glace grisâtres, au pire transformées en tas de cailloux... Le froid rend l'escalade pénible, le verglas l'interdit...

Vous devez apprendre à adapter vos projets aux conditions de la montagne, et ne pas prendre vos désirs pour la réalité ! Il vaut mieux différer un projet longtemps caressé que d'insister et de le réaliser dans des conditions désagréables ou dangereuses. Il y a toujours une solution de rechange.

La saison

Elle influence directement les conditions de la montagne. Ainsi, il est devenu classique d'entreprendre les courses de glace en hiver, du fait de la rareté de bonnes conditions en été. Les avantages sont nombreux : approche et retour facilités par l'utilisation des skis, activité diurne (contrairement à l'été où ces mêmes courses sont parcourues presque totalement de nuit)... Mais les inconvénients demeurent : jours brefs, gravité des accidents météorologiques (amplitude des brusques chutes de températures, force du vent...).

La longueur variable du jour oblige à une réflexion sur l'heure de départ en fonction de la saison... et donc de l'heure de retour. Bivouaquerez-vous, ou pas ?

La durée

C'est un facteur important dans la gestion de l'effort. Ne soyez pas trop ambitieux lors de vos premières sorties, même si vous êtes bien entraîné. Les horaires indiqués dans les topos sont en général calculés pour une cordée ayant le niveau moyen de la course. Ils peuvent varier énormément, en fonction surtout de votre dextérité dans les manœuvres de corde, de votre sens de l'itinéraire et de votre rapidité d'analyse et de prise de décision. La progression elle-même est difficile à réduire...

La confrontation de l'horaire moyen avec le vôtre donne une bonne indication de vos capacités. Si sans faire la sieste en route vous doublez un horaire, il est raisonnable de vous tourner vers des courses plus courtes ou plus simples ! Ou de revoir votre façon de grimper...

N'oubliez pas non plus que la rapidité est souvent gage de sécurité. Hormis les conditions de neige qui peuvent évoluer défavorablement au cours de la journée, les retards occasionnent fatigues supplémentaires et stress.

Maîtriser son « timing » ne signifie pas pour autant rester imperméable à la beauté de la nature. Vous découvrirez vite la force de la contemplation dans l'action...

La difficulté technique

A l'évidence un critère de choix fondamental. Les cotations sont là pour vous indiquer le niveau nécessaire à la réalisation de votre course.

Celle-ci prend en compte la difficulté technique pure des passages (en chiffres dans le système UIAA) et le sérieux global de la course (en lettres).

Les courses de rocher pur utilisent la cotation française en ce qui concerne les passages, un peu plus sévère que la cotation UIAA.

Vous devez toujours faire attention au système de cotation utilisé.

Ce tableau de correspondance aide à se retrouver dans ce qu'il faut bien appeler une tour de Babel.

UIAA	G-B	USA	FRANCE
V+	4c	5.7	5a
VI–	5a	5.8	5b
VI		5.9	5c
VI+	5b	5.10a	6a
		5.10b	6a+
VII–	5c	5.10c	6b
VII		5.10d	
VII+		5.11a	6b+
		5.11b	6c
VIII–	6a	5.11c	6c+
VIII		5.11d	7a
VIII+	6b	5.12a	7a+
		5.12b	7b
IX–	6c	5.12c	7b+
IX		5.12d	7c
IX+		5.13a	7c+
X–	7a	5.13b	8a
X		5.13c	8a+
X+		5.13d	8b
	7b	5.14a	8b+
XI–		5.14b	8c
XI		5.14c	8c+
		5.14d	9a

MENER UNE COURSE

La cotation d'ensemble du système UIAA est assez largement admise. En voici quelques exemples :
- F (facile) Gioberney, voie normale ; dômes de Miage, v. n. du Pt 3672 ;
- PD (peu difficile) barre des Écrins, v. n. ; mont-Blanc, arête des Bosses ;
- AD (assez difficile) Grandes Jorasses, v. n. ; Meije, v. n. ;
- D (difficile) les Drus, traversée ; Vignemale, face N, sortie originale ;
- TD (très difficile) mont Blanc du Tacul, pilier Gervasutti ; aig. de la Vanoise, voie Desmaison ;
- ED (extrêmement difficile) Ailefroide, voie Devies-Gervasutti ; les Droites, éperon N-E intégral ;
- EX (exceptionnellement difficile) cotation attribuée jusqu'à présent à des itinéraires rocheux comportant de nombreux passages de 7... Peut-être applicable en mixte à No Siesta (face N des Grandes Jorasses).

Les grimpeurs délaissent l'appellation officielle de cette cotation pour un plus folklorique ABO (abominable !).

En ce qui concerne la cascade de glace, les cotations sont établies en chiffres romains pour évaluer le sérieux de l'entreprise (engagement, isolement, exposition...), et en chiffres arabes pour renseigner sur la difficulté technique pure. Ce système de cotations est souvent employé pour les courses de glace et mixte en haute montagne.

L'altitude

Celle-ci génère des troubles physiologiques (voir Aspects médicaux, p. 162). Suivant les individus, une fatigue importante peut se faire sentir au-dessus de 3 000 mètres, même au cours d'un séjour de courte durée.

Le choix de vos courses doit tenir compte de votre acclimatation et des réactions de votre organisme à l'altitude. Vous pourrez observer celles-ci au cours de vos incursions successives.

Les ascensions à haute altitude demandent une bonne préparation physique, même à l'échelle des Alpes.

L'altitude est un facteur compliquant la réalisation d'une course. Vous serez moins performant à 4 000 mètres qu'à 3 000... Vous devez en tenir compte au moment d'évoquer la difficulté technique ou la longueur d'une course d'altitude.

Les conditions météo

La météo est bien sûr déterminante dans le choix de la course. Un risque d'orage l'après-midi autorise une course rapide, attaquée tôt le matin. Reste à évaluer à l'avance votre aptitude à réaliser telle ou telle escalade, en respectant l'horaire prévu. Il vous faudra tenir compte également de la descente...

Les conditions de la montagne sont directement influencées par la météo. De mauvaises conditions de gel vous feront abandonner le couloir de neige dont vous rêviez pour une course de rocher, sous peine de patauger dans une neige désagréable, déjà molle au petit matin et battue par les chutes de pierres.

L'abri ou l'hébergement

Il serait dommage de manquer une sortie parce que vous avez négligé de réserver le refuge... Ils sont pour la plupart très fréquentés et non extensibles. Les gardiens sont souvent les mieux placés pour vous renseigner sur la faisabilité d'une course.

David Ravanel, sur la calotte de la Verte, versant mont Blanc.

ALPINISME ET ESCALADE

Lever de soleil
sur le mont Blanc.

PRÉPARER SA COURSE

La préparation matérielle et physique conditionne la réussite de votre course, ainsi que le plaisir que vous ressentirez lors de sa réalisation.
Informez-vous
Glanez des renseignements sur votre objectif, même si vous êtes encadré.
Consultez les documents que vous aurez pu réunir : topos, articles, sans oublier d'étudier la carte qui vous donne une idée du terrain dans lequel vous allez évoluer.
Vérifiez votre matériel avant le départ
– Contrôlez l'état de votre corde.
– Contrôlez les nœuds de vos sangles.
– Contrôlez le réglage des crampons, l'état de vos lacets de chaussures, des lanières de crampons, des dragonnes de piolets.
– Affûtez vos crampons.
– Vérifiez l'état de votre sac à dos (les bretelles ne sont pas éternelles...).
– N'oubliez pas le matériel d'orientation nécessaire à la course en question.
Ne remplissez pas votre sac de choses inutiles, mettez dans la poche supérieure les accessoires dont vous aurez besoin souvent : crème solaire, lunettes de soleil, gants, lampe frontale, etc.
Prévoyez des vêtements de protection adaptés. N'hésitez pas à vous munir d'une couverture de survie.
Prenez des sous-vêtements de rechange qui vous permettront de rester sec au refuge ou au bivouac.

MENER UNE COURSE

Pour votre confort et votre sécurité
Réservez le refuge.
Prévenez toujours quelqu'un de votre départ, de votre destination et de votre horaire probable de retour.

Calculez votre horaire
Prenez l'habitude de situer votre cadence par rapport à l'horaire moyen : certaines cordées sont naturellement rapides, d'autres moins (parfois volontairement d'ailleurs...).
Prévoyez votre heure de départ et de retour, ainsi que les limites d'horaire imposant un demi-tour.
Pour les marches d'approche, les horaires moyens sont calculés sur la base de 300 mètres à l'heure, cadence permettant d'arriver frais à l'attaque de la course, donc dans le vif du sujet.

MENER SA COURSE

L'autonomie en alpinisme reste un aboutissement. Vous allez l'acquérir par la conjonction de la formation technique (dans le cadre d'une institution ou non) et d'une pratique régulière.

Devenir responsable de sa course en modifie totalement le caractère. Vous serez confronté à des prises de décisions permanentes. Votre maîtrise des aspects techniques doit vous procurer une certaine marge de manœuvre. Une course est une application plus qu'un terrain d'apprentissage, bien que l'on y apprenne toujours quelque chose...

Les qualités du premier de cordée font souvent l'essentiel des capacités d'une cordée, même si l'évolution de celle-ci reste une affaire d'équipe.

Essayez d'évaluer votre état d'esprit : si vous êtes capable de profiter sereinement du paysage, de guetter au loin les signes avant-coureurs d'un changement de temps, vous êtes sûrement à votre place... ou du moins les troubles du comportement liés à une surcharge affective ne vous ont pas encore atteint...

Marchez lentement durant les approches, mais arrêtez-vous le moins souvent possible.

Soyez rapide dans les manœuvres. Toutes les manœuvres inutiles ou désordonnées (chercher les lunettes au fond du sac, remettre un crampon mal fixé...) se comptent au bout de la journée en heures de retard.

Pensez aux autres : évitez de provoquer des chutes de pierres.

Renoncez aux courses trop fréquentées : la foule est lente et source de chutes de pierres.

Ne vous décordez jamais sans être autoassuré.

Buvez et alimentez-vous régulièrement.

Préférez rebrousser chemin plutôt que vous entêter : ça n'est peut-être pas, comme on l'a parfois dit, une preuve de courage, mais sûrement de lucidité.

Enfin ne confondez jamais froide détermination et entêtement.

Les arêtes de Rochefort, course PD.

ANNEXES

CONSULTATIONS DE MÉDECINE DE MONTAGNE

Hôpital Avicenne
125, route de Stalingrad
93009 Bobigny
Drs Rathat, Larmignat et Richalet
Tél. 01 48 95 56 31

ENSA
74400 Chamonix
Service médical Dr Herry
Tél. 04 50 55 30 07

Hôpital Michalon
38700 La Tronche
Consultation de médecine du sport
Drs Eteradossi et Tollenaere
Tél. 04 76 76 54 94

Hôpital Sabourdin
Service du Pr Coudert
63008 Clermont Ferrand
Dr Bedu
Tél. 04 73 31 61 53

Hôpital de Nantes
Service du Pr Potiron
1, rue Gaston-Veil
44035 Nantes
Drs Guilhard et Ginet
Tél. 02 40 08 33 80

CHU Purpan
Exploration fonctionnelle
et respiratoire
31059 Toulouse cedex
Dr Dugas
Tél. 05 61 77 22 90

Hôpital de Briançon
24, avenue Adrien-Derelle
05100 Briançon
Drs Chardonnet et Cigarini
Tél. 04 92 25 34 99

ADRESSES DES UNITÉS DE MONTAGNE

Alpes

CNISAG
BP137
74403 Chamonix
Tél. 04 50 55 94 40

PGHM Chamonix
BP 112
74403 Chamonix
Tél. 04 50 53 16 89

PGHM Bourg-Saint-Maurice
73700 Bourg Saint Maurice
Tél. 04 79 07 04 25

PGHM Grenoble
BP 1226
21, avenue Léon-Blum
38023 Grenoble cedex
Tél. 04 76 40 44 40

PGHM Briançon
Caserne Le Gros
BP 86
05106 Briançon cedex
Tél. 04 92 21 10 42

PGSM Modane
BP 48
73500 Modane
Tél. 04 79 05 11 88

PGSM Bourg-d'Oisans
17, avenue Aristide-Briand
BP 7 - poste 15
38520 Bourg d'Oisans
Tél. 04 76 80 00

PGSM Saint-Gervais
74170 Saint Gervais
Tél. 04 50 93 50 47

PGSM Briançon
Chemin des Sagnes
05106 Briançon
Tél. 04 92 21 34 36

PGSM Embrun
Caserne Surian
05200 Embrun
Tél. 04 92 43 16 02

PGSM Jausiers
04850 Jausiers
Tél. 04 92 81 07 60

PGSM Saint-Sauveur-sur-Tinée
06420 Saint Sauveur sur Tinée
Tél. 04 93 02 01 7

Pyrénées

PGHM Pierrefite-Nestalas
65260 Pierrefite Nestalas
Tél. 05 62 92 75 07

PGSM Bagnères-de-Luchon
31110 Bagnères de Luchon
Tél. 05 61 79 00 17

PGSM Oloron-Sainte-Marie
Quartier Saint-Pee
64400 Oloron Sainte Marie
Tél. 05 59 39 86 22

PGSM Osseja
4, avenue de la Gare
66340 Osseja
Tél. 05 68 04 51 03

PGSM Ax-les-Thermes
09110 Ax les Thermes
Tél. 05 61 64 22 58

Massif central

PGSM Murat
33, avenue Peschaud
15300 Murat
Tél. 04 71 20 04 80

PGSM Le Mont-Dore
63240 Le Mont Dore
Tél. 04 73 21 04 06

PGSM Besse
63610 Besse
Tél. 04 73 79 60 36

Vosges

PGSM Gérardmer
88400 Gérardmer
Tél. 03 29 63 02 90

PGSM Travexin
88310 Cornimont
Tél. 03 29 24 12 23

PGSM Munster
68140 Dumbuhl Munster
Tél. 03 89 77 14 22

Jura

PGSM Les Rousses
908, route Blanche
39220 Les Rousses
Tél. 03 84 60 31 02

PGSM Mouthe
68, Grande-Rue
25240 Mouthe
Tél. 03 81 69 27 29

Corse

PGSM Corte
Caserne Porette
20250 Corte
Tél. 04 96 46 04 81

BIBLIOGRAPHIE

AMY, Bernard, *Techniques de l'alpinisme*, Arthaud, Paris, 1977.

BELLEFON, Patrice de, *L'Alpinisme. Connaissances et techniques*, Denoël, Paris, 1987.

Collectif, *Grimper! Pratique et plaisir de l'escalade*, Arthaud, Paris, 1985.

Collectif, *Pathologie et altitude*, Masson, Paris, 1991.

Collectif, *Santé et altitude* (4ᵉ éd.) :
- ARPE, UFR de Médecine, Bobigny.
- SANDOZ France, Reuil-Malmaison.

DAMILANO, François et PERROUX, G., *Neige, glace et mixte, 500 itinéraires dans le Massif du Mont-Blanc*, Ice Connection, 1996.

DECORPS, Gérard, HAGENMULLER, J.-F. et MOULIN, Christophe, *Alpinisme*, ENSA/Glénat, Paris, 1997.

ÉTIENNE, J.-L., *Médecine et sports de montagne*, Presse Leaumont Schimpff, Paris, 1987.

FFME, *Cahiers techniques de l'entraînement en escalade*.

GARDIEN, Claude et DAMILANO, François, *Montagne Passion*, Hachette, Paris, 1997.

HERRY, Dr Jean-Pierre, *Accident de foudre en montagne*, Département médical ENSA, Chamonix, 1994.

–, *Reconnaître et traiter les petits traumatismes en montagne*, Département médical ENSA, Chamonix, 1994.

LABANDE, François, *La Chaîne du Mont-Blanc*, Guide Vallot, Vasco, Paris, 1987.

–, *Guide du Haut-Dauphiné GHM*, Éditions de l'Envol, 1995.

PIOLAT, Michel, *Le Mont-Blanc* (2 vol.), Glénat, Paris, 1990.

RANDER, John, *Assure sec! Techniques d'escalade en falaise*, Edisud, Paris, 1990.

REBUFFAT, Gaston, *Les 100 plus belles courses du Massif du Mont-Blanc*, Arthaud, Paris, 1995.

RICHALET, J.-P., *Médecine de l'alpinisme*, Masson, Paris, 1984.

SALOMON, J.-C. et VIGIER, Claude, *Pratique de l'escalade*, Vigot, Paris, 1989.

TERRAY, Lionel, *Les Conquérants de l'inutile*, Guérin, Paris, 1995.

VERDIER, Jean-Pierre, *Initiation et perfectionnement à l'escalade : techniques et pédagogie*, Amphora, Paris, 1989.

VIENS, Thierry, *L'Escalade, partager une passion*, Amphora, Paris, 1988.

INDEX

Absorbeurs d'énergie, 33
acclimatation, 162
ampoules, 170
ancrage, 125, 136
antibottes, 30
assurance, 161
assurer au relais, 93
autoassurage, 96
avalanches, 148

Ballerine, 24
bâtons télescopiques, 36
bivouac, 184
bloc, 51
bouche-à-bouche, 177
broches à glace, 29
brouillard, 153

Casques, 33
chaîne d'assurage, 85
chausson d'escalade, 24
chausson taille basse, 24
chausson taille haute, 24
chaussure cuir, 24
chaussure plastique, 25
chute en crevasse, 138, 144
coinceurs (pose des), 102
compagnon de cordée, 188
cordes dynamiques, 26
cordes statiques, 26
corps mort, 33, 132, 137
cotations, 72
courbatures, crampes, 171
crampon, 29, 119
crevasses, 134

Dangers objectifs, 148
dangers subjectifs, 155
débuter en alpinisme, 14
débuter en escalade, 13

dégaines, 27
descendeur et freins, 31
double corde, 101
dragonnes, 31
dropping zone, 159
élongations, 171

Encordement (longueur d'), 42
encordement sur glacier, 44
engagement personnel, 14
entorses, 171
épuisement, 166
équilibre et placements, 60
étrier, 33

Facteur chute, 39
force choc, 40
foudre, 153
foudres (accidents dus à), 167
fractures, 173

Gants, 34
gelures, 164
grimper en tête, 63
guêtres, surbottes, 34

Harnais, 25
hématome sous-unguéal, 170
hémorragies, 176
hypothermies, 165
hypoxie, 162

Identifier les prises, 55
igloo, 183
initiateur, 14

Lampe frontale, 36
lire une voie, 58
lolotte, 67
lunettes, masque, 35
luxations, 175

MAM, 16
marteau, 28
massage cardiaque, 177
Montagnes de la terre, 19
moulinette, 87
mousquetonnage, 88
mousquetons, 7

Nœud d'encordement, 42
norme CE, 3

Oedème, 163
ophtalmies, 167

Pan, 51
parage, 87
PGHM, 195
piolet, 31
piton à expansion, 28
pitons, 28
plaquettes, 32, 84
poignées d'ascension bloqueurs, 32
poser des coinceurs, 102
poser des pitons, 104
préhension des prises, 56
progresser en alpinisme, 16
progresser en escalade, 16, 71

Rappel, 92
réchappe, 95
réchaud, 36

récupération d'un blessé, 111, 139
refuges gardés, 181
refuges non gardés, 182
relais, 84, 93
répertoire gestuel, 62
retraite, 108

SAE, 50
sac à dos, 34
saignement du nez, 171
sangles, 27
sauvetage, 109
secours (appeler les), 159
secours (organisation), 157, 160
secours en crevasse, 140
sommeil, 168
strapping, 172
structures associatives, 17
structures professionnalisées, 18

Tableau de nœuds, 111
taille de marches, 121
tendinopathies, 169
tente, 182
traumatismes, 169, 171
trou à neige, 184
trousse de secours, 177

UCPA, 19

Vêtements, 35

REMERCIEMENTS

En plus des auteurs principaux cités,
nous remercions pour leurs conseils, suggestions ou relectures :
Bernard AMY, Jean-Paul BOUQUIER, Gérard CRETON,
André CROIBIER, Claude GARDIEN,
Bernard MUDRY, Pierre RISLER, Louis VOLLE.

CRÉDITS PHOTOGRAPHIQUES

Couverture : Cl. Gardien.
L. Jourjon, 8 à 19 – Cl. Gardien, 20 à 37, 96 à 115, 116 à 146, 181 à 190 –
J.-P. Verdier, 46 à 95 – M. Cadot, 147 à 179 –
SCP Guerzou, 180 – F. Marsigny, 165 – J.-F. Hagenmuller, 151.

Schémas et dessins : Cyrille Morillon
Photogravure : IGS Charente Photogravure, Angoulême

Achevé d'imprimer par Mame Imprimeurs à Tours
D. L. mai 1998. N° 21085 (98042212)